黄金十年
向海路

广西北部湾经济区开放开发看北海
（2008—2018）

北海市社会科学界联合会　上海社会科学院／合编

上海社会科学院出版社

编　委　会

珠城新貌（许振国／摄）

序　言

2008年的春天，注定载入北海发展史册。

2008年1月，国家批准实施《广西北部湾经济区发展规划》，标志着广西北部湾经济区开放开发上升为国家战略，为北部湾经济区带来重大历史性机遇，是北海向海发展的大事、喜事。

北海历史是一部向海发展的文明史，每次向海的大转型都带来发展的大跨越。第一次向海在西汉时期，扬帆印度洋，奠定了北海合浦“古代海上丝绸之路”始发港的地位；第二次向海在晚清时期，北海被辟为通商口岸，“外洋各国夷商云集”，店铺林立，贸易兴隆；第三次向海是北海被列为首批全国沿海开发开放城市后，实现了从边陲渔村向初具规模现代化城市的蜕变。

如何抓住北部湾开放开发的重大机遇，再创北海向海文明新辉煌？

2008年年底，一场国际金融危机，在形成产业转型升级倒逼压力的同时，也带来了北海经济浴火重生的宝贵机遇。重新审视北海向海发展历程，全市上下凝聚共识：必须用发展来统一思想，用发展来坚定信心，用发展来凝聚力量，用发展来改善民生，用发展来解决问题，用发展来维持稳定。秉持这一思路，北海市坚持化压力为动力，以“实施北海三年跨越发展工程”为载体，加快“工业补课”，增强产业支撑，打造城市发展新标杆，实现了经济社会大发展、大跨越的华丽转身。随后几年北海市又推出了“舞起四个龙头”“实施四大会战”等系列创新举措，全面打造经济升级版，搭上了转方式、调结构的头班车，在新一轮竞争中走在了前列，综合实力大幅增强，推动了经济持续进入高速发展的良性轨道，创造了“黄金十年”的奇迹：2017年与2008年相比，地区生产总值从276.49亿元增长至1 229.84亿元，增加4倍多；财政收入从27.03亿元增加至200.67亿元，增加7倍多；固定资产投资从200.31亿元扩大至1 099.68亿元，扩大5倍多；规模以上工业总产值从191.09亿元增长至2 537.29亿元，增加13.3倍。城乡居民收入快速增长，城镇居民收入年均增长9.7%，农村居民年均增长 12%。

十年栉风沐雨展风貌。深入实施“四大会战”，奋力舞起“四个龙头”，开启了新时代北海发展新征程。如今的北海，走进港区，昔日一片木薯地已被塔罐林立的现代化厂区取代，昔日一片海滩涂已变成千帆竞发的深水港区、昔日一片旱坡地变成了生机勃勃的产业园区。驱车市区，民生路网建设持续升温，七纵七横路网四通八达，目及之处长虹飞架，高厦林立，霓虹竞丽。漫步滩岛，国家全域旅游示范区创建如火如荼，文旅相融并进尽显芳华，国家历史文化名城、国家级优秀旅游城市等亮丽名片让更多人认知、认可。涉足阡陌，乡村巨变，渔区貌新，山绿水碧，展现了美丽乡村建设的独特魅力和实施乡村振兴战略的无限风采。习近平总书记视察北海时称赞“北海有这么好的空气质量，是群众真正的福利”。

十年扬帆逐浪添底气。坚持创新引领发展理念，立足于把北海建设成为广西体制改革的先行区、开放创新的引领区、高新技术产业示范区和创新创业集聚区，成立了市行政审批局，实现“一枚公章管审批”，成为全国首个实现“多证合一、一照一码”登记制度改革全覆盖的设区市，总体投资环境满意度持续多年居全区前列。积极抢占开放开发的制高点，实现了北海港口岸正式扩大开放，成功入选国家海洋经济创新发展示范城市，出口加工区获批国家高新技术产品全球入境维修 / 再制造示范区和广西首批 CEPA 先行先试示范基地，国家海洋局第四海洋研究所落户北海，龙港新区和桂台产业合作北海示范区获批设立。海洋生产总值位列广西第一，占广西海洋生产总值的 37.8%，占全市地区生产总值的 46.5%，海洋经济成了北海市经济高质量发展的支撑点。

十年砥砺奋进惠民生。坚持把保障和改善民生作为一切工作的出发点和落脚点，着力实施民生优先的财政支出政策，每年都有 80% 以上的公共财政预算支出用于改善和保障民生，重点用于为民办 10 件实事上。十年来，增加城乡就业人口 20 多万人，城镇登记失业率持续走低，2017 年为 1.88%，是 2004 年以来的最低值。北海中学、体育休闲公园、市人民医院银滩医院等一大批教育、文化、卫生重大项目投入使用，让人民群众尽享开放发展的红利。平安北海建设提档进位，群众安全感满意度明显提升，安全生产形势持续稳定向好。

十年弹指一挥间，春华秋实谱新篇。这十年，是全国高质量发展的重要时段，也是北海向海发展的最重要时期，北海在与全国同频共振中奏出的令人惊艳的华章，很值得我们去回味、去品读、去铭记。为此，我们编辑出版《黄金十年向海路——广西北部湾经济区开放开发看北海》一书，从中央和自治区主流媒体视角上真实地展现北海十年发展历程，让更多的人感受北海经济前行的铿锵脚步，领略北海向海转型跨越的崭新姿容，从而凝聚上下共识，增强发展底气，激励广大干部群众向着北海市委确定的目标前进。

“雄关漫道真如铁，而今迈步从头越”。2017年4月19日，正在搭建“海上丝路”新支点的北海又迎来了新节点，习近平总书记在北海考察时强调：“要建设好北部湾港口，打造好向海经济，写好新世纪海上丝路新篇章。”谆谆嘱托重如千钧，新美蓝图跃然而出，北海向海跨越之路和发展前景豁然开朗。在迈向新时代、开启新征程的关头，认真回顾北海十年向海发展历程，不断总结成功经验，将促使全市上下不辱使命，以更坚定的信心、更科学的谋略、更有效的举措，来抓住重大历史机遇，再谱北海“向海”发展新篇章，向党中央和广西壮族自治区党委、自治区人民政府交出最满意的答卷。

编　者

2018年10月

目　录

Contents

前　言

正值广西北部湾经济区开放开发上升为国家战略十周年之际，在上海社会科学院的大力支持帮助和精心策划指导下，我们编印了《黄金十年向海路——广西北部湾经济区开放开发看北海》一书，从新闻视角对风雨兼程、充满传奇的北海开放开发十年进行生动记述。

2017 年 4 月 19 日，习近平总书记在北海视察时强调，“向海之路是一个国家发展的重要途径”，“要建设好北部湾港口，打造好向海经济，写好新世纪海上丝路新篇章”。总书记的嘱托赋予了北海新使命，也契合北海发展的历史方位。广西北部湾经济区的开放开发一路走来，正是践行总书记的嘱托逐浪向海的十年，是北海跨越式发展的黄金十年。

从经济学理论角度来解读北海这十年现象，可以揭示出北海市跨越式发展的五个基本特征。一是快速发展。2017 年与 2008 年相比，地区生产总值增长四倍以上，财政收入增加七倍多；全社会固定资产投资扩大了 5 倍；规模以上工业总产值增长 13.3 倍；城乡居民收入增长较快。二是高水平发展。通过全面推进工业化建设，形成并壮大了电子信息制造业、石油化工产业、临港新材料三大主导产业，带动了相关产业发展。通过深化旅游城市建设，促进了旅游业连续十年两位数增长；通过加快发展商贸等服务业，促进第三产业增速高位运行。产业结构从 2008 年的 22.8：43.0：34.2 调整为 2017 年的 15.5：54.4：30.1，产业结构优化配置促进了全市发展质量和水平实现整体跃升。三是超常规发展。在观念、体制、机制、科技创新等方面发力，打造了国家历史文化名城等一批国字号名片，实现了北海港口岸正式扩大开放，成为国家海洋经济创新发展示范城市和国家高新技术产品全球入境维修 / 再制造示范区，获批建设国家海洋经济发展示范区，促成了国家海洋局第四海洋研究所在北海落户。四是非均衡发展。坚持在不同领域有先有后、有所侧重，在基础好、具备发展条件的重点领域、重点产业、重点区域率先突破的发展思路，立足于舞起北部湾经济区扩大开放合作、临港产业尤其是电子信息产业升级发展、海洋经济发展和滨海旅游发展“四个龙头”，全面推进全市实施工业转型升级、城乡建设管理、全域旅游城市建设、农村脱贫攻坚“四大会战”，进而带动整体和全局的跨越。五是跨越式发展、可持续发展。围绕经济、社会和人口、资源、生态环境协调发展的目标，统筹推进城镇化、工业化建设；大力实施乡村振兴战略，全面提升美丽乡村建设和精准扶贫工程水平；坚持不懈抓好“十大提升行动”，加快创建全国文明城市步伐，“绿水青山生态美”的品牌效应持续增强，人民群众有了更多的获得感、幸福感，全市可持续发展能力得到全面提升。

10 年来，北海市委、市政府团结带领全市人民，挥就大开大合的如椽大笔，抓住重点，突破难点，抢占制高点，实现了一个又一个新跨越。其中的每一个新跨越的演进都赋予时代特色和发展烙印，为此，在将这十年的发展要素和特征进行定量定性分析后，我们认为可以把这一时期划分为启动发力、跨越崛起、转型升级、高质腾跃四个发展阶段，这四个发展阶段是一个逐步深化、相互衔接、层层推进的过程，最后进入良性发展轨道。

改革永远在路上，逐浪向海永远没有休止符。

站在新的历史方位，洞察国际国内大势，我国正处于百年不遇的大变局。今后十年，是广西北部湾经济区开放开发承前启后、继往开来、开拓奋进的关键时期，也是北海深化改革、扩大开放，打造下一个向海发展黄金十年的战略机遇期。“这是一个千载难逢的机遇，必须千方百计紧紧抓住，抢占制高点，加快高质量发展”。上海社会科学院党委书记于信汇在指导我们编写本书时一再强调。对此，我们深受启发和教育。

“所当乘者，势也；不可失者，时也”。辨明了历史方位，就把握住了发展大势。时刻牢记习近平总书记嘱托，进一步凝聚共识，全面把握“向海之路是一个国家发展的重要途径”的时代内涵，加快发展向海经济，将北海打造成为广西副中心城市，当好书写 21 世纪海上丝绸之路北海新篇章的答卷人，这是全市上下的使命所在、职责所在，也正是我们编著这本书的目的所在。

扬帆逐浪十年一路走来，北海已夯实了雄厚的发展基础，积累了丰富的实践经验。我们坚信在习近平新时代中国特色社会主义思想伟大旗帜指引下，有市委、市政府的坚强领导，全市上下一定能以时不我待、只争朝夕的精神，撸起袖子加油干，全面推进北海进入下一个黄金发展十年！

编　者

2018 年 10 月

2018 年 12 月 24 至 26 日，上海社会科学院党委书记于信汇率领该院调研组到北海指导工作，表示要加强上海社会科学院与北海市委、市政府的合作，积极为推进北海经济社会发展提供智力服务。图为于信汇书记一行考察广西北部湾（北海）发展研究院。

至 2017 年，经济总量增长 4 倍

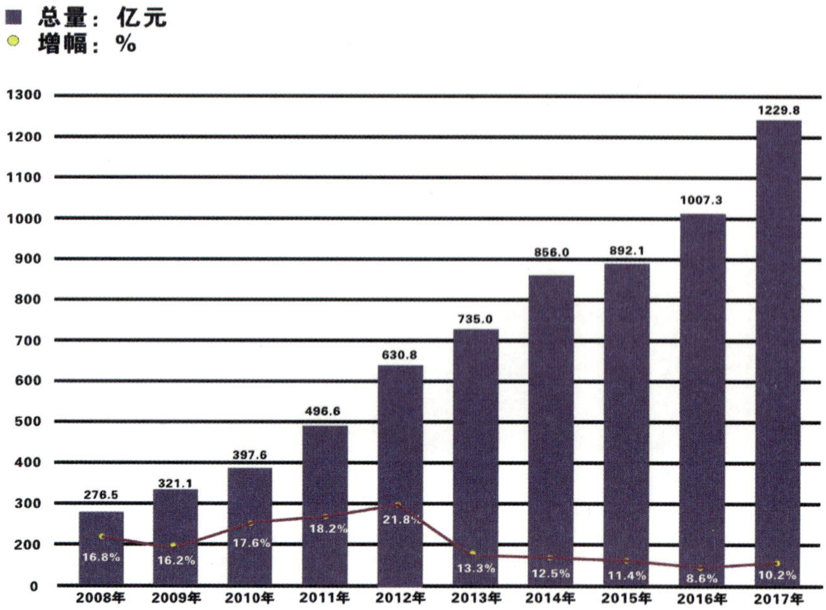

备注：地区生产总值总量采用当年价格，增幅采用不变价格。
数据来源：北海市统计局

至 2017 年，财政收入增加 7 倍多

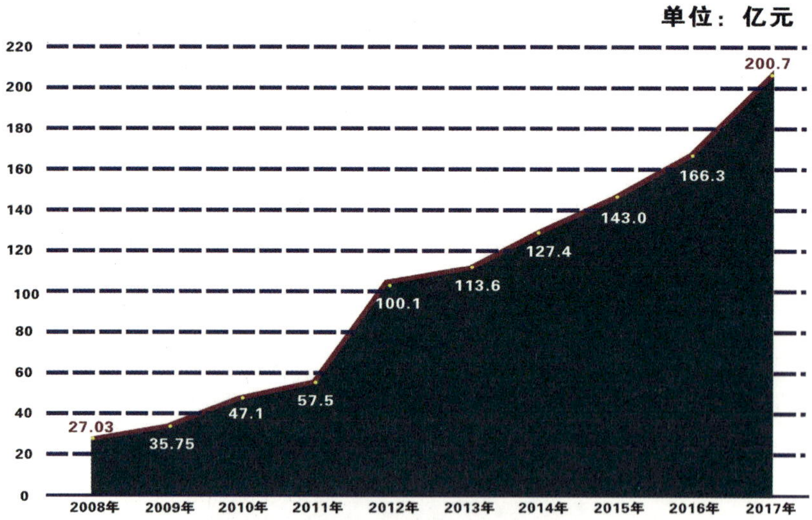

北海市近年财政收入一览表

年 份	2008年	2009年	2010年	2011年	2012年	2013年	2014年	2015年	2016年	2017年
财政总收入(亿元)	27.03	35.75	47.1	57.5	100.1	113.6	127.4	143.0	166.3	200.7
财政总收入增幅%	26.8%	32.3%	31.8%	22.2%	73.9%	13.5%	12.1%	12.2%	16.3%	20.10%

数据来源：北海市财政局
北海市统计局

至2017年，固定资产投资扩大5倍

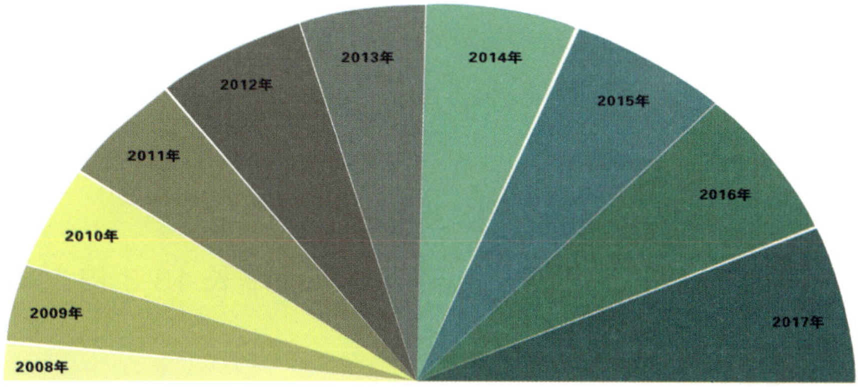

总量:亿元
增幅:%

年份	2008年	2009年	2010年	2011年	2012年	2013年	2014年	2015年	2016年	2017年
总量	195.39	316.34	475.1	589.1	707.8	674.9	786.2	920.4	1011.1	1099.7
增幅		61.9%	50.2%	24.0%	20.1%	23.8%	16.5%	17.1%	9.9%	8.8%

数据来源：北海市统计局

城乡居民收入分别实现了快速增长

绿色区域部分数字为城镇居民人均可支配收入
红色区域部分数字为农村居民人均收入
单位：元

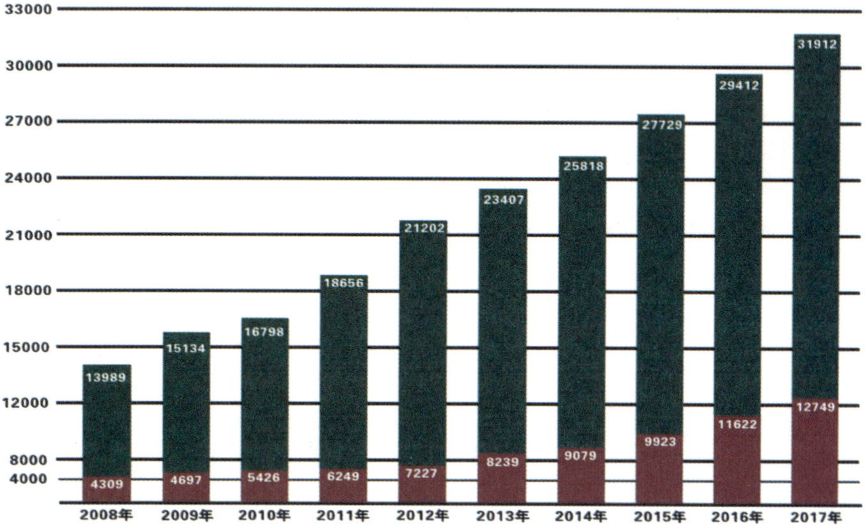

数据来源：北海市统计局。

至 2017 年，规模以上工业总产值增长 13.3 倍

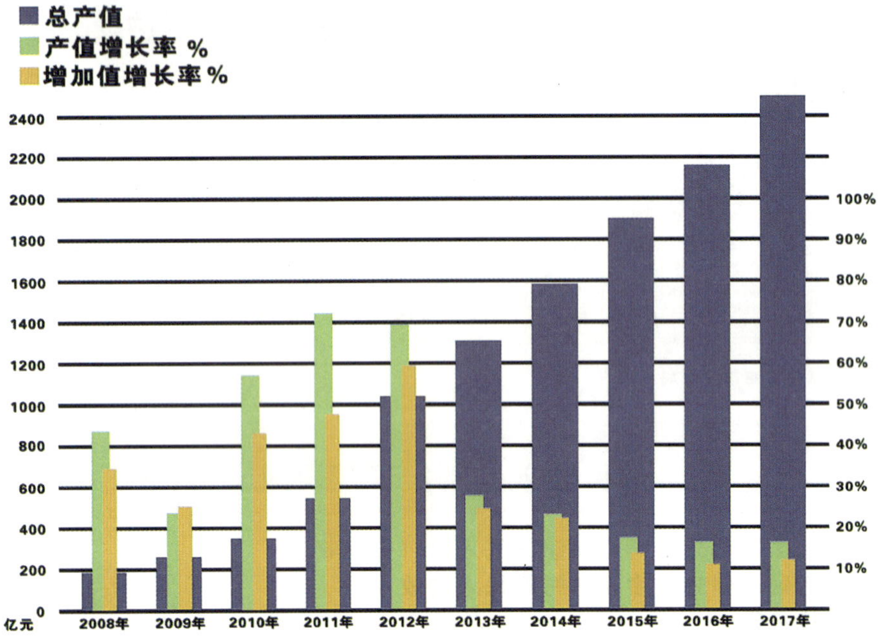

北海市2008-2017年规模以上工业发展概况

指标	2008年	2009年	2010年	2011年	2012年	2013年	2014年	2015年	2016年	2017年
规模以上工业总产值	191	236.47	365.9	550.7	1020.9	1300.9	1597.9	1871.4	2180.7	2537.3
规模以上工业总产值增长率 %	43.3%	23.8%	57.7%	71.9%	69.5%	27.0%	22.7%	16.7%	16.4%	16.40%
规模以上工业增率 %	33.0%	25.4%	42.1%	47.1%	59.5%	24.6%	21.5%	14.7%	10.3%	11.9%

备注：由于国家制度规定，规模以上工业增加值只公布增速。

2008年以来北海获得的荣誉名片

◎ 国家生态示范区城市（2008年）

◎ 最具国际影响力旅游城市（2008年）

◎ 中国最美十大海滨城市之一（2009年）

◎ 首届建设创新型国家十强市之一（2009年）

◎ 国家历史文化名城（2010年）

◎ 国家园林城市（2012年）

◎ 国家节水型城市（2013年）

◎ 中国十佳优质生活城市之一（2013年）

◎ 涠洲岛火山国家地质公园——中国最令人向往的地方（2013年）

◎ 山口红树林——中国十大魅力湿地之一（2013年）

◎ 最美中国旅游目的地城市（2014年）

◎ 最具潜力目的地城市（2014年）

◎ 中国十佳空气品质城市之一（2014年）

◎ 中国最佳养老城市五十强之一（2014年）

◎ 全国文明城市提名（2015年）

◎ 涠洲岛——中国最美的十大海岛之一（2015年）

◎ 宜居城市竞争力前200名城市（2015年）

◎ 中国十大避寒旅游名城之一（2015年）

◎ 国家级海洋生态文明建设示范区（2016年）

◎ 国家全域旅游示范区（2016年）

◎ 金海湾红树林生态旅游区——全国生态文化示范基地（2016年）

◎ 涠洲岛——中国十大美丽海岛之一（2016 年）

◎ 广西首家国家湿地公园——广西北海滨海国家湿地公园（2016 年）

◎ 第十五届东盟博览会中国“魅力之城”（2017 年）

◎ 国家海洋经济创新发展示范城市（2017 年）

◎ 第七轮自治区文明城市（2017 年）

◎ 国家第二批城市设计试点城市（2017 年）

◎ 北海港口岸扩大开放通过国家验收（2017 年）

◎ 北海出口加工区被国家质检总局评为北海国家高新技术产品全球入境维修 / 再制造示范区（2017 年）

◎ 国家发展改革委、自然资源部批准建设北海海洋经济发展示范区（2018 年）

◎ 2018 年 WFBA 中国最具投资潜力城市 50 强之一（2018 年）

第一篇

启动发力　扬帆向海

（2008年1月—2009年12月）

“2008 泛北部湾经济合作论坛”在北海举办（李君光 / 摄）

民生路网建设赢得了广大群众赞誉。图为 2009 年 12 月 31 日，湖南南路举行通车仪式，道德模范应邀剪彩（李君光 / 摄）

经　济

2008 年 12 月 16 日，斯道拉恩索北海林浆纸一体化项目厂址奠基典礼在北海举行（李君光 / 摄）

2008 年 10 月，北海市领导出席第五届中国东盟博览会北海项目专场签约仪式（李君光 / 摄）

2009 年 10 月 23 日，时任北海市委书记的王小东（第二排中）视察工业园区景光电子厂房（李君光 / 摄）

2009 年 10 月 22 日，繁忙的出口加工区的建兴光电科技园生产车间（马继涛 / 摄）

北海炼油异地改造石化（20 万吨年聚丙烯）厂区（李君光/摄）

北部湾经济区掀建设新高潮
北海 14 大项目同日开工

《广西日报》记者 / 曾俊峰

3 月 21 日上午，北海市园区建设再掀高潮，总投资近 20 亿元的 14 个重大项目同日开工，为今年北海经济继续又好又快发展带来强劲支撑。自治区党委常委、北海市委书记温卡华出席北海冠德电子产业基地二期工程等 9 个项目的开工仪式并宣布项目正式开工建设。

繁忙的北海港（北海市志办 / 提供）

当天开工建设的14个项目涉及电子、化工、机械制造、建材、水产加工等，均属于该市今年全力统筹推进的100个重大项目中的一部分。其中位于北海市工业园区的9个项目为冠德电子产业基地二期工程、卓达重型炼油化工设备生产、华星电声与照明器材生产、博力工程机械制造、景光电子原件生产加工、万领包装印刷、大正预拌混凝土生产、广聚泰塑胶模具及塑料制品生产、快讯达五金冲压及模具制造，总投资达10.2亿元，建成投产后可实现产值约12.6亿元，新增就业人数约4 000名。位于合浦县工业园区的5个项目为：洪恩水产品冷冻加工、味莱鲜水产品加工、天歌鹅肝酱蟹黄酱及鹅系列产品深加工、羧甲基淀粉钠生产和合浦工业园综合配套项目，总投资达8.3亿元，建成达产后可实现产值约11.5亿元，新增就业人数约2 500名。

这批项目的开工建设是北海市深入贯彻落实科学发展观，科学规划发展园区、合理开发利用土地资源，加快广西北部湾经济区开放开发，深化泛北部湾经济合作的重大举措，拉开了项目建设的又一轮高潮。庆典仪式上，项目业主们对置业北海、谋求发展表现出强烈信心。他们认为，已经列入国家重点开放开发地区之一的北海，区位优势明显，劳动力资源丰富，水、电等生产要素成本低廉，投资环境明显优化，服务更加完善，招商引资、项目建设得到当地政府部门大力支持，是企业安心发展的重要保证。

据悉，北海市委、市政府将进一步加大项目建设工作力度，统筹推进100个重大项目。这批项目涉及总投资1 614亿元，今年计划完成120亿元，将进一步加强农业、工业、能源、旅游、商贸、基础设施、社会事业等重点领域和薄弱环节建设。

（转载《广西日报》2008年3月22日）

“福达汽车”在北海投产 填补北部湾汽车工业空白

《广西日报》记者 / 曾俊峰

7 月 13 日上午，广西福达车辆有限公司低速汽车、专用汽车项目在北海工业园区顺利投产，首批福达低速卡车正式下线并交付客户使用。此举既填补了广西低速车和专用汽车规模生产的空白，同时也为广西汽车工业在北部湾合理布局奠定基础。自治区党委常委、北海市委书记温卡华，自治区副主席杨道喜，以及中国工程院院士郭孔辉，广西福达集团董事长黎福超，北海市、柳州市、桂林市政府和企业代表参加了项目投产及新车下线仪式。

庆典仪式上，温卡华宣布广西福达车辆有限公司正式投产。杨道喜代表自治区政府对项目投产表示祝贺。他表示，“福达汽车”落户北海并顺利投产，填补了广西汽车工业在北部湾地区布局的空白，是北海工业化水平提升的一个重要标志，将带动众多采购商、供应商，形成新的产业链条，为广西北部湾经济区开放开发带来新的活力。项目入户到投产不到一年时间，再次证明北海有着优越的投资环境。

去年落户北海市工业园区的广西福达车辆有限公司预计投资数亿元，园区占地 800 亩，计划建立年产低速汽车、专用汽车 3 万—5 万辆。项目计划分两期完成，一期项目投产后，将形成年产 2 万辆整车的生产能力，年产值 8 亿—10 亿元，年上缴税收 3 000 万元，提供就业岗位 600 个；二期项目将在 2015 年年底完成投资，并形成 5 万辆整车生产能力。项目达产后，年产值将达 20 亿元，上缴税收 6 000 万元，将成为北海经济发展的一个新亮点。

福达集团董事长黎福超表示，挥师北海，建设大型汽车整车生产基地，是顺应广西北部湾经济区开放开发大潮，是天时、地利、人和之举，今后福达汽车发展将“立足广西、发展西南、进军东盟”，成为广西汽车制造业的重要一分子。

2008 年 7 月 13 日，广西福达车辆有限公司在北海工业园正式投产（李君光 / 摄）

随着近几年快速发展，汽车工业已经逐步成为广西的一个重要支柱产业。2007年，广西汽车产量达到 60 万辆，总产值 500 亿元，其中微型车比重较大，中高级轿车仍处空白，低速汽车、专用汽车规模不大、布局不集中，是我区一个薄弱项目。专程从长春赶来的中国工程院院士郭孔辉表示，目前我国专用车在整个汽车制造行业比重不大，而国际上专用车生产已占整个汽车生产的 60%，福达汽车在毗邻东南亚、背靠大西南的北海发展，选择广大农村市场使用的低速汽车和从事专业用途的专用车作为主要生产方向，市场前景极为广阔。

（转载《广西日报》2008 年 7 月 14 日）

北海：通道经济集聚提速

伍朝胜　李舜国

2009 年最后两天，北海淫雨霏霏、寒风刺骨。与严寒完全不同，熙熙攘攘的铁山港区十万吨级公共码头正举行开港仪式，锣鼓喧天的中国电子集团北海产业园正举行开园庆典，“银滩 1 号”项目、北海冠岭项目在鞭炮齐鸣中开工剪彩……喷薄而出的项目建设热潮，如春潮涌动，暖意融融。

这只是北海通道经济集聚放量的一个缩影。

在近两年中收获了“建设创新型国家十强市”“中国投资环境 40 优城市”等诸多金名片的北海，在科学发展观的呼唤中，奋力向前，再次焕发出令人瞩目的勃勃生机。2009 年，全市实现地区生产总值 335 亿元，增长 16%；财政总收入 35.75 亿元，增长 32.28%；全市规模以上工业增加值 115 亿元，增长 20.8%；外贸进出口 8.02 亿美元，增长 13.2%；实际利用外资 1.31 亿美元，增长 46.2%。

2010 年 1 月，乘 2009 年港口货物吞吐量突破 1 000 万吨良好势头，北海市港口货物吞吐量完成 91 万吨、外贸货物吞吐量完成 48.65 万吨、集装箱吞吐量完成 4 693 标箱，分别为去年同期的 162.30%、228.95%、132.76%。图为已正式开港的广西北部湾港北海铁山港区新貌（马继涛 / 摄）

北海市委书记王小东说：“北海发展的良好势头得益于全市上下认真贯彻落实中央和自治区党委、

政府的决策，危机之年把压力变动力，大力优化环境，强力推进项目，着力改善民生，干成了多年想干没干成的事。”

“把事干成”：危机之年的华丽转身

坐拥北部湾，东邻粤港澳，西倚云贵川，南望东南亚诸国的北海，历来是我国对外开放的战略要冲。20 世纪 90 年代初，北海万商云集，红火一时，利用外资额曾高居广西 2/3。然而，由于种种原因，一些重大项目长期难以突破，致使北海难续当年的辉煌，加上悄然袭来的国际金融危机，北海进入了一个发展徘徊阶段。

如何发挥优势，化危为机，加快发展，是北海市委、市政府面对最为紧迫的任务。

推进项目建设，关键要落实到行动上。针对一些大项目落户建设难的问题，北海市加大“临门一脚”的力度。3 月，市委、市政府主要领导进京沟通；5 月，就北海炼油异地改造石化项目与中国石化集团公司签署战略合作框架协议；7 月，这个争取了 16 年的石化项目终于实质性动工，项目投入每年可实现销售收入 110.8 亿元。为确保中国电子集团北海产业园如期投产，北海市在完善拆迁补偿、就业安置、社会保障机制的同时，安排领导干部深入一线，宣讲政策，主动帮助被搬迁户干农活，仅 3 天时间就与涉及搬迁的 80 多户农民达成协议，不到 10 个月就完成厂房竣工 11 万平方米、开工 14 万平方米，招商入园企业 13 家，实现了“当年开工、当年竣工、当年招商、当年建设、当年投产”的目标。项目一期投产后，预计年内实现产值 100 亿元，用工 7 000 余人，产值占广西电子产业半壁江山。

“把事干成”的发展思路的实施，促使北海发生嬗变：企求了 16 载的北海炼油异地改造石化项目实质性动工；广西北部湾银行北海分行成立；北海机场打破开航 22 年来的纪录、年客运量突破 50 万人次；被耽搁多年的 11 条“烂尾路”相继建成，铁山港通往玉林全长 175 千米的高速公路今年将建成通车，铁山港铁路支线正加快建设。2009 年，北海市全社会固定资产投资 330 亿元，同比增长 65%，实现了在危机之年逆势而起的华丽转身。

产业通道：经济发展的强力引擎

北海市大力发展园区经济，为通道经济发展提供引擎。

借势发力，北海出口加工区积极抢抓国家实施广西北部湾经济区开放开发机遇，拓展保税物流功能和开展研发、检测、维修业务，加大招商引资力度，努力打造中国—东盟区域性物流基地、商贸基地、加工制造基地。截至目前，该区已引进项目43个，投资总额超过45亿美元，实现进出口额6亿多美元，就业人数增加到8 000多人，综合实力跃居全国59个出口加工区第13位。

该市利用珠江三角洲、长江三角洲和环渤海地区研发、生产成本已经相对较高的机遇，出台优惠政策，从财税、审批、开发建设、人才、技术创新等方面给予园区政策扶持，完善产业配套设施，吸引东部发达地区的人才、项目、资金、技术，壮大优化电子信息产业，积极打造北部湾“硅谷”。

2009年，全市电子信息产品进出口总额3.62亿美元，同比增长37.12%。同年10月，北海成为商务部、科技部批准的第三批国家科技兴贸创新基地。

产业兴，经贸活。园区经济发展带动了电子通信、旅游、水产、食品、运输、仓储、房地产等一大批产业的发展兴起，很多传统产业都买到了出口“船票”，驶入发展快车道。目前，全市产品出口遍及66个国家和地区。

绿色通道：“寒冬环境”的“温室气候”

该市政府在“寒冬大环境”下营造“温室小气候”，让服务更主动、更全面、更精细，让发展更科学、更和谐、更顺畅。

为促进项目落户发展，北海市积极拓宽项目投资绿色通道。

完善项目审批通道，将市级行政审批事项由487项减为341项，审批时限缩短30%；建立“跨部门并联审批”“大项目跟踪服务、协助办理”等全程服务机制，由政府充当企业“公关”，招商人员帮助企业跑订单，政企联手攻克“出口难点”；完善招商引资优惠政策，降低投资门槛，优化投资环境。

完善项目服务通道，建立重大项目领导联系制度、项目工作统筹协调制度，着力推进重大项目建设。

完善投融资通道，出台《关于应对国际金融危机服务北海经济平稳较快发展的意见》等措施，加强财政手段与金融手段有效配合，破解企业融资难。去年，全市引进项目125个；签项目合同投资额308.3亿元；实际到位资金总额174.6亿元，比上年增长30.4%。

为加强对外贸易，北海市构建与东盟国家合作的通道。积极参与创建“中国—东盟自贸区”，与泰国合艾市、菲律宾普林塞萨港市、印尼三宝垄市结为友好城市，定期派出代表团进行互访，增进了解，加强合作，促进经贸往来。如今，东盟国家成为北海市吸引外资的主要来源地之一，仅在第六届中国—东盟博览会上北海就签约项目 23 个，投资总额超过 40 亿元。2009 年北海市与东盟国家的进出口贸易总额为 9 731.5 万美元，增长 44.9%。

（转载《广西日报》2010 年 2 月 27 日）

生态文明

生态北海（王宏武/摄）

北海：白鹭翩飞产业腾跃

《人民日报》记者 / 郑盛丰　庞革平

“白鹭翩飞翠林处，海豚腾跃碧水间”。这是广西北海一景。

北海作为我国民族省区中唯一列入 14 个首批对外开放的沿海城市，改革开放以来，实现了生产总值和财政收入双双增长 80 多倍的历史巨变，现今的北海，不仅白鹭翩飞，海豚腾跃，而且产业经济跃起，北海的另一景也展现在世人面前。

建设现代滨海城　筑就发展新平台

背靠大西南、面向东南亚的北海，早在 2 000 多年前，就是我国“海上丝绸之路”的重要始发港之一；明清时期，是广东广西及云贵川货物的主要进出口岸；1876 年，它被辟为对外通商口岸。然而，潮起潮落，沧海桑田，曾创造了历史辉煌的这座城市，却慢慢淡出了历史视线。

1984 年，北海重新进入人们的视野。这一年，北海在 14 个沿海开放城市中榜上有名，由此加快了这座城市的发展进程。

独特的区位决定了北海的发展与进步。为重振昔日的辉煌，北海以建设美丽的现代化滨海城市为目标，不断加强城市基础设施及交通设施建设，大力打造开放发展的城市新平台。

改革开放之初，还只是县级建制的北海年财政收入只有 3 519 万元。要领略对外开放的风采，打好基础是不可逾越的一步。20 世纪 90 年代初，北海抓住改革开放再掀浪潮的历史机遇，制定以土地补偿修路投资的优惠政策，引进大量资金，全面开工建设 14 条城市干道，初步形成了北海现代化的城市路网框架。

北海是中国走向东南亚和东南亚进入中国大陆的门户，以风光秀美、资源丰富而闻名遐迩。如何充分发挥这些区域优势和自然优势，打造生态城市，一直萦绕在北海决策者头脑中。2006 年，北海提出了“一带两湾”城市发展战略。“一带”，就是以海景大道为纽带的重点发展地区，最终形成以海景大道为重点的多节点多组团发展的滨海经济带。“两湾”，一是铁山港（湾），总体规模 300 平方千米，建设大型临海工业园区、亿吨大港、商贸基地和物流中心；二是廉州湾，总体规模 80 平方千米，重点发展高新技术、海洋、电子信息等产业，打造大型工业园区和美丽宜人的海湾新城。

如今，北海不仅有了现代化的铁路、高速公路、机场和港口码头，还有宽阔整洁的市区大道。据北海市市长介绍，到 2007 年年底，北海城市道路达 1 250 条，道路总长度 330 千米，是 10 年前的 10 倍。

今年 1 月，国家正式批准实施《广西北部湾经济区发展规划》。按照《规划》，到 2020 年，北海城市建成区面积将发展到 140 平方千米，建成区人口发展到 100 万—120 万人，两者均相当于 2007 年的 3 倍。届时，一个现代化的滨海城市将崛起在北部湾畔。

生态建设产业化　产业发展生态化

北海拥有独特的滨海自然风光和丰富的人文景观。但 30 年前，北海的旅游景点除了简陋的水产馆外，只有尚未开发的“白虎头”海滩（现银滩），游人甚少。

1992 年 10 月，国务院批准建立北海银滩国家旅游度假区以来，北海将旅游业作为重要支柱产业之一，采取一系列政策措施加快发展。

2003 年，随着一声炮响，银滩中区改造拉开了序幕。经过 10 个月的奋战，48 幢低矮错杂的建筑物灰飞烟灭，一个全新的生态新银滩向全球免费开放，国内外游客纷至沓来，对新银滩赞不绝口。

如今，北海逐步形成了以银滩国家旅游度假区为中心，涠洲岛及星岛湖、红树林为南北两翼，具有浓郁滨海特色，集休闲度假、观光考察、运动娱乐、会展购物为一体的大旅游业新格局。北海市入选“最具国际影响力旅游城市”，就是旅游业发展取得喜人成果的证明。

“坚决拒绝污染产业！”这一共识已成为北海决不动摇的社会实践。近年来，一批高科技、低污染、低能耗和高附加值的产业相继落户北海。就在《广西北部湾经济区发展规划》被国务院批准实施之际，日本三洋公司、德国沃尔特集团、中国台湾地区光宝集团建兴电子公司等国际知名企业纷纷瞄准了北海出口加工区。目前，北海的投资商已从珠三角拓展到长三角，从港、澳、台地区拓展到美、日、韩等发达国家。2008 年前三季度，北海电子信息产业实现产值 56.3 亿元，同比增长 94.2%。现在，北海已成为广西首个信息产业基地。

北海“一带两湾”城市发展战略，则把生态建设与产业发展融为一体，促进“生态建设产业化，产业发展生态化”。眼下，以海景大道为重点的滨海经济带已初具规模，成为全国独树一帜的“高污染燃料禁燃区”。

就在这个禁燃区中，恒基伟业光能手机问世并批量生产，成为世界首创；中电集团北海电子产品研发生产基地首批笔记本电脑下线，填补了广西空白；永亲激光头基地、惠科电子等一批电子信息产业项目正式投产，为发展注入了新动力；北海大学园区开启了北海文化经济一体化，占地 1 200 多亩的北京航空航天大学北海学院已成为一个环境幽雅的校园。铁山港（湾）、廉州湾生态经济建设也渐显姣容。北海由此初步形成了以电子信息、制药、海洋生物等为主的生态型产业结构。

近年来，北海附近海域频频出现中华白海豚扎堆畅游的奇观。专家介绍说，北海近海海域污染小、水质优良，是中华白海豚扎堆出现的重要原因。

（转载《人民日报》2008 年 12 月 20 日）

党的建设

2012 年 9 月 18 日，北海市委召开北海市创先争优活动总结表彰暨基层组织建设年工作推进会（市政府经济研究中心 / 提供）

基层党组织分类定级让党员群众说了算。图为 2012 年 6 月 5 日，盛塘村开展基层党组织分类定级党员群众测评（市政府经济研究中心 / 提供）

北海市以人为本促进科学发展纪实

《广西日报》记者 / 曾俊峰　通讯员 / 伍朝胜

“晴天满天灰，雨天路泥泞”。过去北海市重庆路社区居民老庞常用这样的一声叹息描述出行难。而就在今年，短短数十天，不仅重庆路修通了，上海路、西南大道11条摆在群众家门口的烂尾路也即将修通，仅此一项，市政府就投资7亿多元。“有了这样宽敞、四通八达的道路，我也准备买辆汽车开开啦！”老庞喜上眉梢。

路通人心舒畅，气顺干群和谐。如今的北海，包括中石化北海炼油异地改造项目等一大批重点项目相继开工，全市各项经济指标一路飘红，老百姓对城市的自豪感也日渐提高。

北海市委书记王小东说，这是北海市学习实践科学发展观，真抓实干，把事干成，使学习实践成果体现在改善民生、造福百姓的真实写照。

鼠标问计：集中民智促发展

今年6月，北海当地一家网站上一则帖子《一条烂尾路和市委书记的八次暗访》披露了一件事：今年年初刚赴任的市委书记王小东8次私访“烂尾路”，倾心听取民意，密切关注项目施工进程，促使“烂尾路”在短期内修复完工。帖子发出后，很快引起网民热议，有关部门及时跟进与网民互动，集思广益，探讨改进机关工作作风的有效办法。

通过网络问计于民，已成北海市集中民智，促进工作的重要渠道之一。为了更好地发挥网络在推进政务公开中的作用，实现单位与社会互动、领导与群众互动，北海市90个市级政府部门和企事业单位都建立健全了网上政务公开信息平台，增设了“政务信息”“政务公告”等政务邮箱栏目，让群众、投资者发布动态信息，充分发挥电子政务利民、便民作用。市环保局除了按统一要求在政府信息网对群众意见建议作出反馈外，还注意从民办网站的论坛上收集、了解群众对环境污染情况的反映，直接答复群众反映的问题；规划、卫生、工商、地震、住房公积金管理、自来水公司等部门和单位，也在网络论坛上与市民进行互动性的答疑解惑，得到了网民好评。公安部门根据网民的建议，推出巡警上街、交警上路、武警巡逻的举措，促使发案率降低、破案率提高，增强群众安全感；组织、纪检部门采纳网民意见，把对干部考察、培养、监督放到项目推进一线中去，促进了项目建设和干部健康成长。

现在，网络不仅成为市民关注的焦点，也是各部门各单位收集民意、了解社情、科学决策的平台。

排解民忧：情系于民聚人心

去年末，受金融危机影响，6 万多名在广东等地务工的农民工返乡，市内部分出口加工企业停工裁员，全市需要解决就业人数超过 9 万人。“就业压力前所未有”，北海市劳动和社会保障局局长张海涛感慨地说。

产业短腿、就业困难、保障不足是北海长期的痛。要解决就业压力，就必须在更好地服务现有企业的同时，创造更多的就业机会。今年以来，北海市争取上级专项转移支付资金 7.66 亿元投入项目建设，市财政也在财力紧张的情况下拨付和预借资金 15.2 亿元支持产业园区和重点项目建设，促使一批项目投产达产。同时，从各机关事业单位抽出党员组成企业解困、金融扶持服务队，上门服务，帮助企业走出困境，稳定现有企业，发展壮大更多企业。上半年，全市内资企业数增长 10%，外资企业数增长 7%。冠德科技（北海）有限公司是产品出口劳动密集型企业，去年 9 月后订单逐月下滑，生产开工严重不足，工人流失 10% 以上。对此，该企业在市党组织服务队的帮助下，充分利用优惠政策，加强管理，形成产业规模，降低生产经营成本，增加了订单，稳定了生产。上半年，该企业安排就业人员达 6 600 多人。

为促进就业，北海市加快推进统筹城乡就业试点工作，安排就业创业资金 2 300 多万元，强化对返乡农民工的免费技能培训和职业介绍工作，使全市 60 982 名返乡农民工中 55 327 人实现了再就业，再就业率达 97.3%。

为扩大社会保障覆盖面，北海市将被征地农民、城镇居民和农村纳入社会保障体系，上半年，23.5 万城镇居民获得医疗保障。同时，积极筹备新农村养老保障试点县区工作，逐步实现农民老有所养；出台优惠政策，给 2 836 名退休后没有享受养老保险金待遇的退休人员发放了工资。

凝聚民力：加快发展添优势

人民群众的根本利益最终要在加快发展中得到进一步实现，加快发展也只有凝聚民力才能得到推进。这是北海市委学习实践科学发展观的出发点。

项目建设是促进城市科学发展的重要载体，而征地搬迁是项目前期准备最难做、最首要的环节。没有群众的支持，北海的发展只能是纸上谈兵。今年以来，北海市征地工作时间紧、任务重，市委、市政府要求各级领导要换位思考，做搬迁户的“贴心人”，确保补偿足额到位；要做好政策宣传工作，让群众为党的真情所感动、为北海发展的态势所激奋，主动配合拆迁。铁山港兴港镇石头埠村民老黄说：“要拆除自己一砖一瓦亲手盖起来的房子，真是舍不得！但铁山港发展了，子孙后代才有出路。我相信政府是在给老百姓办好事，项目建成了大家的生活肯定会越过越好。”林浆纸一体化、玉铁高速公路建设等项目征地2.67万亩，没有出现一起上访和投诉，其中涉及中石化北海炼油异地改造项目建设征地的119户村民仅用43天就完成了搬迁任务。征地搬迁工作顺利推进，有力地支持了项目建设。上半年，全市建设项目176个，完成全社会固定资产投资204.74亿元，同比增长50.5%，进度排广西第一位。

现在，走进北海，到处是机器轰鸣、热火朝天的建设景象。年内计划完成投资15亿—20亿元的中石化北海炼油异地改造项目全面开工，产值100多亿元的林浆纸一体化项目累计移交林地47.27万亩，产值50多亿元的中国电子北海产业园将于年内投产，沿海基础设施建设大会战二期8个项目完成投资近11亿元，铁山港公用码头两个泊位即将投入使用，玉林至铁山港高速公路、玉林至铁山港铁路、冠岭山庄等一批重大基础设施和产业项目加快推进。上半年，北海完成地区生产总值166.15亿元、增长18.16%，增幅居广西第二；财政收入17.61亿元，增长21.14%，增幅排广西第一；引进项目68个，到位资金82.4亿元，同比增长25.8%，项目履约率达96%。

（转载《广西日报》2009年9月1日头版）

国旗把北海大道装点得焕然一新（李君光/摄）

第二篇

跨越崛起　逐浪向海

（2010 年 1 月—2012 年 12 月）

时任北海市委书记、市人大常委会主任王小东（右二）与时任北海市市长周家斌（右一）在北海工 业园区了解园区企业产品情况（《北海日报》/ 提供）

2010 年，中电北海产业园内的北海电子信息产业创造多个“广西第一”：广西第一块笔记本计算机电池、第一台电脑电源在北海长城能源公司生产；广西第一台 LED 自适应显示器在广西长城计算机公司下线；广西第一台液晶电视在北海新未来公司生产……（《北海日报》/ 提供）

关于北海历史文化与城市发展的思考

中共广西北海市委书记 / 王小东

一个城市的发展，应该是其内在和外在推动力共同作用的结果。借助自身的基础、条件，与特定的机遇结合，在“内”“外”合力的作用下，就会实现可持续的快速发展。为此，深刻认识北海历史悠久的开放进程，从历史文化中汲取科学发展的动力，培育城市发展的内驱力和生命力，是北海抢抓机遇，在北部湾经济区确立比较优势，实现跨越发展的重要课题。

2 000 多年前的汉代，北海属下的合浦就是“海上丝绸之路”的重要始发港。这条见诸史乘的最早对外海上贸易航线，从北部湾畔的合浦等地出发，沿中南半岛海岸，经南洋抵达印度洋，进入中亚，与名闻遐迩的陆上“丝绸之路”殊途同归。《汉书》记载的这条海上航线，并非一般的民间往来，而是一条由“黄门”宦官和译长率领、私商应募参与的官路。北海在两汉时代就成为对外开放的前沿地带，成为传播中华文明和中外经济文化交流的重要门户。

作为最早的“海上丝绸之路”始发港，在北海市合浦县城廉州镇周边，至今仍保存着近万座汉墓。在历年来的抢救性发掘中，出土了大量珍贵文物，数量众多的舶来品，如琥珀、水晶、玛瑙、玻璃制品、黄金饰品等。这些有着封土坟丘和厚葬礼制的汉墓，虽然主人身份难以考证，但专家们普遍认为应属于郡守、县令、官吏、豪商、甚至还有王公贵族等上层人物。正如范文澜先生在《中国通史》所说：“可以想见西汉时期的合浦已是一座商贸发达、水陆运输畅达、人烟稠密的江海港口城市。”

19 世纪，清王朝在帝国主义的坚船利炮逼迫下打开了闭关锁国的大门。在 1876 年签订的《中英烟台条约》中，北海与芜湖、温州、宜昌一起被辟为通商口岸，英、法、德、日等相继在这里设立领事馆、洋关、教堂，开办洋行、医院、学校，北海成为列强入侵劫掠资源的落脚点以及扩张大西南的通道。在“欧风东渐”的过程中，北海作为得风气之先的沿海城市，其接纳西方工业文明之早令人啧啧惊叹：光绪十一年（1885 年），北海即设立了官办的电报局；光绪二十四年（1898 年），英、法教会在北海开办义学和女子学校，开设英、法文课程；光绪二十六年（1900 年），北海的英国教会用上了电灯；同年，借助从英国进口的设备，北海有了木材机械加工；光绪三十四年（1908 年），人们就能在北海的英国领事馆里观赏到电影默片；1909 年，北海出现了中外合办的电灯公司；1918 年，飞机的踪影现身北海，到了 1929 年，北海开通了与广州的航空邮路……当地至今还保留着众多西洋建筑，以及有着中西合璧风格的老街。

回顾历史上北海的开放，几度崛起，又几度衰落。“海上丝绸之路”始发港繁富的历史遗存，基本限于两汉时期，这个“外洋各国夷商，无不梯次出航海，源源而来”的“海疆第一繁庶之地”，晋代以后就盛况不再；19 世纪下半叶开埠的北海迎来商贾如云的兴旺景象，短短数十年间“洋楼矗起，巍然并峙”，诞生了“开埠第一城”“百年西洋街”，但贸易中心的地位很快就风流云散。历史上两次大的开放，都未能形成持续的发展。这样的周期在 20 世纪 90 年代初再度重演：北海 1992 年、1993 年世人瞩目的“大开发热”，持续了一年多就骤然退去，短暂的发热，使城市的“元气”长时间未能恢复。

在经济全球化和区域经济一体化深入发展的背景下，在加快实施《广西北部湾经济区发展规划》的进程中，扩大开放是北海实现加快发展的必由之路，是使北海的区位和资源优势成为区域经济中的市场优势、现实优势的唯一途径。以申报历史文化名城为切入口，充分发掘开放历史的文化资源，通过弘扬历史文化培养人们对城市的认同感和荣誉感，用开放精神凝聚心智，提高市民素质，塑造城市品格，构成以开放为灵魂的城市先进文化和人文精神家园，把文化的张力变成城市的活力；把文化的影响力变成城市的竞争力；把文化的软实力变成社会生产力，并以这种薪火相传的文化“定力”，作为强大的精神支柱，为发展提供源源不竭的动力，这对于北海推动科学发展，有着不可忽视的重要意义。

发掘历史文化资源，有利于树立城市品牌。北海拥有得天独厚的旅游资源，但由于丰富的历史文化资源未能与旅游有机结合，使得北海的旅游缺乏文化内涵，更造成了北海城市形象的苍白与模糊。实际上，除了大量汉墓和作为近代开埠象征的老街与西洋建筑群，北海还有涠洲天主教堂、海角亭、东坡亭、文昌塔、大士阁、惠爱桥、白龙珍珠城遗址等众多文物古迹，以及客家和疍家风俗等非物质文化遗产。此外，北海拥有绵延数千年的采珠史和“合浦珠还”等传说，形成的南珠文化名闻遐迩。申报“中国历史文化名城”，并在今后的发展中加强保护和开发利用这些历史文化资源，使之成为北海重要的文化产业、旅游产业，使人们在耳濡目染中颠覆外界“北海没有文化”的成见和误读，改变一些人妄自菲薄的心态，通过展示深厚的文化积淀来树立北海的城市品牌。

发掘历史文化资源，有利于塑造城市精神。一个城市的历史文化是城市精神的源头，它作为一个城市的“底色”，蕴含着城市的个性，正如园林之于苏州，外滩之于上海。“海上丝绸之路”始发港和开埠建筑群，体现着北海以“开放”为特征的城市品格，它的突出特点就是进取、包容和诚信。2 000 多年前北海先人以不畏“风波艰阻、沉溺相系”勇于进取的顽强意志，以海纳百川、兼收并蓄的气魄，扬帆起航走向大海走向世界，内纳中原文化，外引西方文明，创造了始发港的繁荣昌盛；同时，在“市明珠、璧琉璃、奇石异物，赍黄金杂缯而往”的贸易往来中，在开埠后涌现的众多商誉斐然的铺号里，培养形成了平等友善、诚实守信的品格。而这正是今天寻求加快发展的北海所需要继承和弘扬的城市精神。

发掘历史文化资源，有利于提高市民素质。历史文化具有“宣教化，敦风俗”的显著功效。在 20 世纪 90 年代初的大开发中，一些人在潮起潮落中，形成了小富则安、因循苟且的心态，或被动观望，或怨天尤人。究其根本，与缺乏深厚的文化素养和精神支柱不无关系。对外开放进程构成的历史文化，是北海人的精神富矿，大力宣传历史文化，以历史文化作为“教科书”，从中汲取营养，增进教益，引导市民摒弃封闭观念，开拓视野，开阔胸襟，形成“人人皆环境，个个是形象”的发展气候，从而提高市民素养、增强文化“体质”。

发掘历史文化资源，有利于形成发展合力。文化伴随着城市的发展，不断丰富和发展。申报历史文化名城、发掘历史文化的过程，既是一个不断认识其价值的过程，也是一个培养热爱传统文化感情的过程，更是一个不断汇聚发展合力的过程。对北海历史文化的发掘和弘扬，将极大地激发广大市民对历史和城市的自豪感、荣誉感，增强加快发展的责任感、使命感，因知而爱，因爱而行，在重新建树文化自信中增强开放意识，增强加快发展的信心，焕发建设共同家园的热情，形成推动发展的强大动力。

北海已经站到了新的历史起点。2010 年中国东盟自由贸易区建成，作为在古代“海上丝绸之路”时期就与东盟密切交往的城市，北海的跨越发展，除了产业兴旺、经济繁荣，同时应体现历史文化的光大，体现城市文化品格和城市精神。申报历史文化名城，促使人们从源头上审视北海的开放历程，发掘历史文化资源，重塑北海的文化形象，寻根探本，以史为鉴，扬起开放风帆，推进实施《广西北部湾经济区发展规划》，发挥作为大西南地区出海通道和中国与东盟“桥头堡”的作用，主动融入区域一体化，增强与周边城市的合作共赢意识，共筑增长一极。

（转载《光明日报》2010年3月14日）

经　济

“大北海”欣欣向荣，姣容耀目（李君光/摄）

如一弯新月般纯洁无瑕的涠洲岛（邓超斌/摄）

建设“大北海” 实现新崛起

——北海市实施《广西北部湾经济区发展规划》综述

《广西日报》记者 / 邓　萍　通讯员 / 伍朝胜

国家正式批准实施的《广西北部湾经济区发展规划》，要求北海按照特大城市规模规划建设，到 2020 年，北海城市建成区人口要发展到 100 万—120 万人。这一决策注定载入北海市史册，并赋予“大北海”新亮色。

秉承新的使命，北海市紧紧把握千载难逢的历史发展机遇，加快“大北海”建设步伐。继 2010 年年初实施北海三年跨越发展工程后，今年召开的北海市第十次党代会再为未来发展定位：5 年后，北海地区生产总值将达到 1 200 亿元、力争达到 1 300 亿元，即在 2012 年实现三年跨越发展目标 600 亿元的基础上再翻一番；人均 GDP 实现 6 万元、力争突破 7 万元；财政收入达到 200 亿元、力争达到 230 亿元，在实现三年跨越发展目标 100 亿元的基础上再翻一番。建成亿吨大港，基本形成与大开放大发展相适应的陆海空现代立体综合交通体系，城市对外交通能力和服务辐射功能全面提升。规模以上工业总产值达到 3 600 亿元、力争达到 4 100 亿元，也就是在实现三年跨越发展目标 1 000 亿元的基础上再翻两番。

风鹏正举九万里，春潮涌动北部湾。目前，“大北海”建设正沿着《广西北部湾经济区发展规划》航道扬帆起航、踏浪前进。

新兴产业群集聚，引领“大北海”建设

实现“大北海”崛起，路在何方？

产业是城市崛起之本，要发展关键看实体产业。以此为共识，北海市进一步加强对战略性新兴产业的规划引导和政策引领，出台并全力争取上级产业扶持政策，鼓励

企业做大做强，努力形成新兴产业集群。

2010年1月，北海领回了“国家科技兴贸创新基地（电子信息）”的金招牌，从此，北海电子信息产业拥有了一个国家层面的政策平台。同年11月，北海被列为第三批加工贸易梯度转移重点承接地，电子信息产业发展空间再一次得到提升。如今，北海电子信息产业链条日趋完善，核心技术不断增加，辐射能力逐渐增强，获得一批在国际上很有名望的电子企业垂青，中国电子、建兴光电等知名企业纷纷入驻。2010年，北海电子信息产业产值达到187亿元，占据广西“半壁江山”；北海电子信息产业园将由原来规划面积的4.67平方千米，扩大到20平方千米，争取到2015年实现产值1 000亿元。自治区主席马飚今年5月底考察北海时指出，这已到了一个重要里程碑式的节点，北海电子产业将实现爆发式发展。

实现跨越发展的远不止一个电子产业。第一期工程总投资达150亿元的北海炼油异地改造石化20万吨聚丙烯项目，工程进展迅猛，今年9月底建成试车，将在12月底转入商业运行。一期工程建成达产后，可实现年均营业收入300多亿元、年均利税约70亿元。二期将追加约338亿元建千万吨炼化一体化项目及建设广西液化天然气项目。一、二期工程年产值将超过1 000亿元。诚德新材料项目一期已于今年3月投产，今年产值可达100亿元，利税10亿元，二、三期正紧锣密鼓推进，其工艺和产品列入2011年国家鼓励类产业名录。

北海的电子信息、石化、新材料3个产业产值到2015年将超过3 000亿元。届时，北海将建成我国电子信息产业的重要基地、西南及我区石化产业的重要基地、我国及我区新材料产业的重要基地，展现出“大北海”底气十足的发展前景。

民生工程建设，打造“大北海”格局

经济学表明，城市化率提高1%，可拉动GDP增长1.5%—2%，促使成千上万人进入城镇居住和生活。“城市建设是促进就业、繁荣经济、推动发展的重要载体”。秉承这一思路，北海市致力于把改善民生这条主线贯穿于“大北海”建设中，增强城市承载力和吸引力。

2009年，“大北海”民生路网建设大幕开启。当年，北海斥资3亿多元建设民生路网一期工程，11条“烂尾路”“断头路”年底实现通车，随后二期、三期工程相继实施。投资10多亿元的36条民生路网的全面改造，推进了城市建设。与此同时，市人民医院住院大楼、市中医院住院大楼以及北海污水处理厂、经适房、廉租房等一批民生项目也相继建成并投入使用；投资数亿元的北海中学异地搬迁和第二人民医院迁建项目加快推进，这两个项目建成后，将实现北海公共服务承载力的提升。

瞄准完善大西南最便捷出海口的目标，北海市去年投入近30亿元进一步编织铁路、公路、海港、空港“四位一体”交通网络。目前，高速铁路建设加快推进，到2012年，从北海至南宁将由现在的3小时缩短为52分钟，北海正式融入以南宁为中心的“1小时经济圈”。港口建设全面提速，铁山港公用码头1—2号泊位建成开港，3—4号泊位和石步岭港区三期工程、国际邮轮码头项目加快推进。2010年北海港口货物吞吐量累计完成1 250.51万吨，同比增长23.22%。航空建设实现腾飞，仅在2010年就投入4 000万元作为新航线扶持资金，新增航线10条，当年北海机场完成旅客吞吐量70.4万人次，同比增长37%，刷新历史纪录。

大交通建设促进了市政、旅游和产业园区基础设施日趋完善，城市建成区面积由2006年的66.05平方千米扩展到目前的85.82平方千米，城镇化率从47.8%提高到51.3%。2009年，北海市荣获“中国人居环境范例奖”“全国生态示范区”称号。

擦亮文化底色，铸造“大北海”灵魂

文化是城市的灵魂。集中原文化、客家文化、西洋文化于一城的南国古郡北海，拥有独特的人文现象。

如何让古今文化和中外文化之花在珠城尽情绽放？在反复论证和调研的基础上，“还原自然、文化韵味、南珠风格”的建设思路，成为全市上下的共识。以此为支点，北海市把旅游景区开发与历史文化建设融为一体，全力推进主题公园的保护、整合和开发建设，构筑一城（白龙珍珠城遗址公园）、一园（汉文化公园）、一港（海上丝绸之路始发港遗址公园）、一岛（涠洲岛西洋文化公园）等文化公园的新景致。

今年5月，穿越2 000多年的历史舞剧《碧海丝路》以及北海水彩画展到马来西亚“回访”成功，随之海上丝绸之路文化遗产联合“申遗”工作也全面启动。

“发掘历史文化资源，把文化的软实力变成社会生产力，并以这种薪火相传的文化‘定力’，作为强大的精神支柱，为发展提供不竭动力”。在“大北海”建设实践中，市委书记王小东一再这样强调。去年以来，该市通过北海历史文化大展演、广场文艺晚会、春节文艺汇演、群星风采优秀文艺展演周、魅力北部湾等活动，宣传、弘扬珠乡人自强不息、重信尚德、开拓开放、锐意创业的精神，彰显了北海历史文化魅力。

坚持历史文化积淀和现代城市发展有机结合，在彰古郡之韵、传文化之魂、展现代之气、树文明之风等方面铺陈泼墨，不断提升北海成为“国家历史文化名城”的

“含金量”，赋予了“大北海”建设古郡文化灵魂和鲜活的时代血液。如今，在北海，现代摩天大楼与文物古迹交相辉映，现代文明与历史文化相得益彰，国家历史文化名城品牌得到越来越多的旅游者感知和认可，有效地促进了旅游业发展和“大北海”建设。

（转载《广西日报》2011 年 10 月 25 日 1 版头条）

产业转型带动跨越发展

——北海转变经济发展方式显成效

《广西日报》记者 / 邓　萍　通讯员 / 伍朝胜

“跨越发展”，时下在北海又成为热议的话题。

2010 年年初，北海市委九届八次全会向全市党员干部提出了郑重要求：“一年继续打基础、两年明显见成效、三年实现大跨越。”这彰显了市委、市政府推进北海三年跨越发展工程的信心和决心。

伴随两年来的铿锵脚步，大型厂房如春笋般拔地而起，集装箱将码头垒得像一座座小山，日益完善的路网让城市动感十足……如今的北海，已显示出强劲的发展活

石化产业横空出世，成为全市经济发展重要支撑（刘毅坚 / 摄）

力：GDP、财政收入、全社会固定资产投入等主要经济指标实现年均 20% 以上增长，连续两年雄居广西前三位。去年 5 月，自治区主席马飚在北海调研时指出，北海进入了产业带动跨越发展的新阶段。

北海实现经济发展转型，得益于认真贯彻落实中央关于北部湾开放开发战略决策，真抓实干，把事干成。

战略转移，引领新兴产业“开疆拓土”

2008 年年初，广西北部湾经济区开放开发上升为国家战略，一个全新发展平台展现在北海人的面前。怎样才能把北海“经济总量小、产业基础薄弱”的帽子摘掉？这也成了北海决策者面临的艰难抉择。

在实施广西北部湾经济区开放开发战略决策过程中，市委、市政府重新审视自身优势，明确了科学发展的路径。在转身发展大产业之时，努力把北海打造为北部湾经济区域的产业富集区。如今，被《广西北部湾经济区发展规划》列为 5 个建设组团之一的铁山港（龙潭），千亿元产业项目建设正夜以继日、热火朝天地推进着。第一期工程总投资达 150 亿元的北海炼油异地改造、石化 20 万吨聚丙烯项目 12 套炼化生产装置于 2011 年 12 月 29 日成功进油，标志着这一北海迄今投资最大的工业项目顺利投产，而与之配套的 60 平方千米的石化产业园区已通过评审，以石化项目为龙头的配套石化产业链项目已经入驻。诚德新材料公司一期 2011 年 3 月投产，全年产值完成 74.7 亿元，利税实现 8.7 亿元，二、三期正在紧锣密鼓推进，今年可形成 200 亿元产值。目前，正规划建设的总面积 10 平方千米的铁山港新材料产业园，将引进炊具、厨具、装饰、医疗卫生用品等下游生产企业，进一步促进新材料产业的延伸和发展。

北海经济转型取决于新兴产业的成长速度。以此为产业发展导向，近年来，北海大力引导新兴产业集聚，吸引了景光电子、六禾科技、朗科科技、三诺数码等一大批在国内外有较大影响的龙头电子企业落户北海，加快了电子信息产业“开疆拓土”。2011 年全市电子信息产业产值 300 亿元，占全区总额六成多，提前 1 年实现北海三年跨越发展工程确定的目标。与此同时，24.3 平方千米的北海电子产业园正抓紧规划建设，到 2015 年北海电子信息产业年产值可望达到 1 000 亿元以上。

产业转型，“海上丝路”景更美

开放成就了北海“海上丝路”的美誉和今天的辉煌。北海市弘扬“海上丝路”的精魂，进一步扩大对外开放，加快传统产业转型升级，拓展产业走向世界的渠道。

水产业是北海的传统支柱产业。从扶持和培植农业龙头企业入手，北海市加快推进水产品生产基地建设，抓好招商引资，完善“养殖-加工-出口”产业链，不断提高国际市场竞争力。目前，全市拥有水产加工企业92家，其中水产品出口加工企业17家；国家、自治区产业化水产龙头企业5家。一批外资水产企业开发的领域也从单一的养殖业发展到养殖与加工业以及集生产、旅游观光、科普教育为一体的综合性开发项目。2011年全市水海产品出口总额2.5亿美元，增长27.6%，出口额占全区总额的70%。

随着广西北部湾港一体化战略的实施，北海市海洋产业也加快转型升级步伐，北海港逐步成为内外贸易物资运输结合、商贸、旅游及工业开发并重的多功能综合性港口，北海作为大西南最便捷出海口的优势得到体现。目前，在建15万吨级泊位两个。投入运营的泊位52个，其中万吨级以上泊位8个，与世界98个国家和地区的218个港口有贸易往来。2011年，全市港口货物吞吐量完成1 590.44万吨，增长27.18%。

既要立足已有产业基础，也要着眼转型升级，推进文化与旅游相融并进，打响国家历史文化名城品牌，带动相关产业发展。北海市把这一理念贯穿到做大做强旅游业的实践中。北海市加强了对外友好交往，深化对外文化交流，促进了旅游、商贸、港口与物流、教育文化等领域和产业的合作，推进了经贸发展。2011年，全市共接待国内游客1 100万人次、比上年增长17%，接待入境旅游者约8.3万人次、比上年增长13.7%；外贸进出口增长28.06%、实际利用外资增长30%。

机制创新，构建产业发展“大磁场”

体制机制创新是北海再创新优势、谋求新发展的有效保障。致力于打造便捷、高效的办事“通道”，北海以建设新政务服务中心为契机，将进驻窗口单位由原来的35个增加到61个，办理事项由原来的231项增加到956项。而对入住的企业，则实行“首问制”和“一站式服务”，在第一时间为企业和投资者提供咨询和帮助，促进了产业聚集。与此同时，全面清理行政审批项目，出台多项简政放权规定，截至目前，全市削减行政许可项目42项、非行政许可审批项目59项，清理行政事业性收费184项。良好的投资环境吸引了大批投资者来北海“淘金”。国钰电子、冠捷科技、朗科科技、三诺数码等一个个大项目纷纷落户；项目建设工地上如火如荼、气势如虹。2011年，新引进项目130个，合同投资总额260亿元，实际到位资金总额超过310亿元，同比增长25%。

以“高端产业引领、高端人才集聚、高端研发支撑”为共识，北海全面创新人才开发机制，加大政策、资金扶持力度，加快“人才小高地”建设，对高层次人才、特殊人才、急需人才，打破地域、户籍、身份等限制，采取兼职挂职、项目开发等办法，吸引了一大批产、学、研高层次人才来北海创业，2010 年以来带动 40 多个创新创业项目落户建设。

以产业带动为跨越发展的平台，北海市全面推进经济发展方式转变，促进了经济指数全线飘红。最近，北海市被评为“2011 年度中国最具投资潜力城市 50 强”之第 35 强。2011 年，全市实现地区生产总值 452 亿元，增长 17%；财政收入 57.54 亿元，增长 22.16%；全社会固定资产投资 603.1 亿元，增长 26.1%；社会消费品零售总额 128 亿元，增长 18%；城镇居民人均可支配收入 1.865 6 万元，增长 11.1%，农民人均纯收入 6 248 元，增长 15%。

（《广西日报》2012 年 2 月 13 日 1 版）

强力推进三大产业 坚持打造生态优势

——北海三年跨越科学转型

《人民日报》记者 / 庞革平

有海的地方，总有波折。

广西北海，北部湾畔，发展如潮，一波三折：从古代“海上丝绸之路”始发港，到中国首批沿海开放城市，几度崛起；却在20世纪90年代因“房地产泡沫”破裂，陷入沉寂。

有海的地方，更有力量。

2010年，国际金融危机暗流汹涌，中国各地深受影响。北海何以恢复安澜？这成为对地方执政者严峻的考验。同年，“北海三年跨越发展工程”应势而出。

上下同欲者胜。2012年上半年，北海的GDP、财政收入、规模以上工业总产值、工业增加值的增幅有史以来第一次创下广西“四项第一”。北海市委书记、市人大常委会主任王小东表示，这是北海的巨大飞跃，是贯彻落实科学发展观的生动实践。

“三年跨越”做强产业

昔日的一片海滩涂，变成今天前景广阔的深水港区；昔日的一片旱坡地，变成今天生机勃勃的产业园区；昔日的一片木薯地，变成今天塔罐林立的绿色工厂……

欧发伟，铁山港区兴港镇陂头村村民，是“北海变化”的见证者。据介绍，入列国家鼓励类产业的诚德新材料项目70%的占地在他们村。“原来这些地方就是一片木薯地，今天变成了如此现代的厂区”。

更令村民们高兴的是，不用“别妻离子”地外出打工，“家门口工作，既赚钱又顾家。”

然而，北海走过弯路。在 20 世纪 90 年代初，北海因为“房地产热”名噪一时，大潮退去，留下了众多“半拉子”工程、巨额债务和无数的诉讼。到 2008 年，北海的 GDP 为 276.5 亿元，人均 GDP 为 1.76 万元，财政收入 27 亿元，在当年的 14 个沿海开放城市中位居末位。

北海决策者敏锐地发现，过去，北海的繁荣主要寄望于外部力量的带动。当外部力量撤出时，北海便沉寂了下来。

王小东认为，工业化是一个国家或地区走向繁荣发达的必由之路，而产业的发展则是工业化的具体体现。作为后发展地区的北海，必须补上工业化这一课。

2009 年，机遇来了。为应对国际金融危机，中央投资和重大产业布局向西部倾斜，同时《广西北部湾经济区发展规划》正加快实施，北海市选定一批重点，强力推进项目建设。

2010 年年初，北海市作出“北海三年跨越发展工程”战略部署，确定了发展石化产业作为北海快速增强经济实力的突破口，做大做强北海电子信息产业，加快推进一批临港产业项目，以这些重大产业为依托，经过“一年继续打基础、两年明显见成效、三年实现大跨越”，实现与 2008 年相比，国内生产总值翻番达到 600 亿元，财政收入翻两番达 100 亿元，规模以上工业总产值达 1 000 亿元的发展目标。石油化工、临港新材料、电子信息三大产业迅猛发展，形成“三足鼎立”之势，撑起了北海产业发展的一片天空。

“北海机会”带来成效

自北海“新政”以来，众多企业前来投资。

在北海炼油异地改造石化项目、诚德新材料项目和中电北海产业园等三大支柱产业的示范效应下，3 年多来，知名企业接踵而来，其中包括中国电子旗下的长城计算机，全球最大的液晶显示器制造厂商台湾冠捷科技集团等。

这是“北海机会”的感召。统计数字显示，今年上半年，北海电子信息、石油化工、临港新材料三大产业分别完成产值 160 亿元、142 亿元、32 亿元，占全市规模以上工业产业 90%，合计贡献税收 17.29 亿元，占全市财政收入的 38.22%。

从经济先行指标中，众多企业嗅到了国际金融危机下逆势而上的可能，纷纷加大投资。

目前，中石化北海炼化年加工原油 1 000 万吨的二期工程正在推进；投资 188 亿元的广西管道燃气（LNG）项目正在紧锣密鼓施工；诚德新材料二期已经建成，已启动三期投资 70 亿元的 120 万吨冷乳板项目。

从结构上说，北海的三次产业比例从 2008 年的 25.5 ∶ 34.9 ∶ 39.6 调整为目前的 18.8 ∶ 46.6 ∶ 34.6，工业对经济增长贡献率达 80.6%。北海的经济结构已由昔日的“葫芦型”变身“榄核型”，正快速由农业向工业转化。

保护环境力促转型

中石化北海炼化厂区，生产技术部科长陈或带记者到含盐污水池旁，指着污水池里窜动的小金鱼说：“这是我们养的。”

陈或解释说，公司对污水排放实行 24 小时在线监测，污水处理后 90% 以上回收作为补充水循环使用。

据北海炼化新闻中心负责人刘志乾介绍：“企业仅环保投入就达 5.6 亿元，接近生产装置区建设投资额的 10%。”在北海参观许多公司的厂区后，记者发现，绿草如茵俨然成了“标配”——这是北海在跨越中寻求转型的最好说明。

在推进三年跨越发展过程中，北海坚持把保护生态环境放在突出位置，做到了既要“金山银山”，又要“绿水青山”，更要“碧海银滩”。据悉，全市森林覆盖率达 35.96%，空气质量多年来一直名列全国前茅，赢得了“氧吧城市”的美名。

“我们坚持项目用地与投资强度、产业强度、辐射强度相挂钩，对引进的每个项目在用地指标、投资强度、建筑容积率等方面提高准入标准。”北海出口加工区管委会主任沈平说。

北海市工信委主任黄忠东说，北海产业的后劲很足，连续 3 年多共计 1 800 多亿元的投资积聚的效能正在释放，产业集聚效应逐步显现。

北海市市长周家斌说，这个曾跻身全国开放前沿的城市，将真正担负起沿海开放城市引领和带动发展的重任，为把广西沿海发展成为新的一极作出应有的贡献。

（转载《人民日报》2012 年 10 月 5 日）

极目北海，夜景醉人（邓超斌/摄）

北海三年跨越发展的“密码”

伍朝胜

在北海市召开总结大会，盘点北海三年跨越发展工程的一组数据引人眼球：

2012 年与 2008 年相比，北海地区生产总值从 276.49 亿元增长到 630.78 亿元，翻了一番以上；

人均 GDP 从 2008 年的 1.76 万元提高到 3.9 万元以上，超出全国平均水平；

财政收入从 27.03 亿元增加到 100.09 亿元，翻了近两番，成为全区第五个财政收入过百亿元的城市；

全社会固定资产投资从 200.31 亿元增长到 725.36 亿元，扩大了 2.6 倍；

规模以上工业总产值突破千亿元大关，翻了两番多。去年 GDP、财政收入、规模以上工业总产值和增加值的增速在全区排名第一。2009—2012 年，北海经济增速在全国首批 14 个沿海开放城市中位居第一。

被泡沫经济纠缠了十多年的北海，是如何实现跨越发展的？

北海市委书记王小东给出答案：坚持走“产业带动跨越发展、文化引领持续繁荣、开放增添不竭动力”的发展路子。

路径之变：产业发展勇立潮头

曾经以城建闻名遐迩的北海，在房地产泡沫破裂后遭遇“天花板”：小而散的发展模式在日益激烈的市场竞争中举步维艰。

在国际金融风暴的冲击下，区位优势、自然资源禀赋等引为自傲发展要素也已风光不再。

与此同时，周边城市重大项目陆续上马形成的发展落差，让一些干部群众信心受挫、怨天尤人。

如何破解发展瓶颈?

“必须补上‘工业化’这一课，做大做强产业，推动城市发展。”市委书记王小东点拨着北海跨越发展的新路径。

然而，要推进工业化谈何容易！许多干部群众有三怕：一是怕工业污染，没有回头路可走；二是怕再造半拉子工程的泡沫经济；三是怕搞形象工程，劳民伤财。

“关键要用事实取信于民。”市委、市政府的工作理念清晰而坚定。

重大项目是产业发展的突破口。北海市采取定人员、定职责、定时间、定进度的“四定”办法，举全市之力推进一批发展有需要、资金有保障、群众有期待、现实有支撑的重大项目建设，努力形成电子信息、石油化工、临港新材料三大千亿元产业比翼齐飞的态势。

2009 年，中国电子北海产业园在实现当年开工、当年建成、当年开园、当年招商。2011 年，中国石化北海炼油异地改造（20 万吨 / 年聚丙烯）项目历时 18 个月建成投产，创造了国内同行业最快的建设速度。2010 年 3 月项目正式上马的铁山港临港新材料产业园，成为广西最大镍铬合金生产企业，其项目工艺和产品于 2011 年被列为国家鼓励类名录。2012 年，电子信息、石化、临港新材料产业分别实现产值 500 亿元、300 亿元和 150 亿元，年均增长分别为 59.75%、72.39%、81.34%。

三年来，实施产业项目 179 个，竣工 63 个，三次产业比例从 2008 年的 26 : 35 : 39 变为 2012 年的 22 : 49 : 29，工业化“补课”从蓝图变为现实。

创新之变：对外贸易百舸竞发

初春，美丽的北海港十分繁忙，一艘艘集装箱船紧张有序地装卸，许多货轮竞发东盟、拉美、俄罗斯等新兴市场。

经历国际金融危机和南海争端两场大考的北海，缘何能实现外贸水平不降反升?市长周家斌说，北海市以“开放合作”的理念引领外贸工作，紧盯国际市场，在科技兴贸创新上下功夫，在承接加工贸易产业转移上动真格，使外贸转型迈上了通往国际市场的康庄大道。

为拓宽开放平台，北海市积极参加中国—东盟博览会、桂台经贸文化合作论坛、泛珠三角合作论坛暨经贸洽谈会等大型商务交流互动，组团出访韩国、日本等国家及台北、深圳、东莞、厦门等城市，诚邀国内外知名企业到北海考察，成功承办第二十四届世客会，促进多层次、宽领域的交流合作。2012 年，北海市外贸进出口总额达 20.8 亿美元，同比增长 21.3%，继 2007 年达 5 亿美元、2010 年超 10 亿美元后，实现 5 年翻两番。

加快自主创新，打造外贸产业高地，培植外贸出口品牌，是北海市大批外贸企业在市场竞争中挺立潮头的重要原因。短短三年，国家科技兴贸创新基地（电子信息）、国家加工贸易梯度转移重点承接地、第七批国家外贸转型升级专业型示范基地（水产品）等外贸基地相继在北海建立。

2012 年，电子信息产品出口额占全区同类产品出口的 28.2%；承接加工贸易产业转移能力不断提升，加工贸易进出口总额占全区加工贸易进出口的 20.45%；通过完善国家外贸转型升级专业型示范基地（水产品基地）科技支撑体系，促进了水产品加工业的集聚发展，水产品出口额增长 34.29%，占全区同类产品出口的 85.38%。

民生之变：文化建设催旺正能量

文化是魂，民生是魄。北海市在实施三年跨越发展工程中强化文化建设，为城市赋魂；在推进文化建设中实现惠民，为跨越发展强魄，让市民享受到“文化民生”带来的正能量。

多年来，北海市积极传承历史文化。北海“海上丝绸之路”项目列入世界申遗预备名单，大型历史舞剧《碧海丝路》作为全国优秀剧目多次进京、出访，深受国外观众青睐。合浦汉文化博物馆等一批文化基础设施建成开放。2012 年 9 月，北海市荣获“全国文化体制改革工作先进地区”称号，坚定了全市上下深化改革的信心。

三年来，北海以创建生态文明宜居城市为突破口，投入民生领域资金总计 184.66 亿元，完善“七纵七横”城市主干路网，实施千里乡村畅通工程。相继建成市人民医院、市中医医院等项目，实现市二医院和北海中学动工迁建。一大批民生项目建设，促进了“看病难、入学难、出行难”问题的缓解，让市民尽享宜居宜业之乐。

如今，极目珠城，丽景醉人。三年来收获的“国家历史文化名城”“国家园林城市”“中国人居环境范例奖”“中国最具投资潜力城市 50 强”等一系列金招牌，见证了北海已扫尽泡沫的阴霾，华丽转身为宜居宜业宜游的城市。

（转载《当代广西》2013 年 5 月下半月号第 10 期）

民生工程

2013 年保障房建设让 1.45 万户居民受益。图为杭州路廉租房小区（许振国 / 摄）

“南北钦防”四市启动社保卡“一卡通”，北海市民有望实现异地办理社保业务。2013 年 8 月 16 日，北海市政务服务大厅社会保险业务办理窗口办理业务（莫倩芸 / 摄）

北海市开展“辅导读物喜进农家书屋”活动。图为银湾社区群众往农家书屋搬运全会精神读物及科普知识等书籍（李君光/摄）

北海市社会福利院老人公寓“长大啦”。图为该院养护楼二期主体工程竣工，新增床位80个，预计2013年10月投入使用（蔡志军/摄）

藏富于民展新姿

——北海市实施民生工程纪实

伍朝胜

“看看世博，见识世界各国文化，玩得挺开心的，这点钱花得真值啊！”不久前从上海旅游回来的北海市银海区银滩镇关井村农民老陈高兴地说。如今，腰包渐鼓的农民外出观光、购物，在北海正成为时尚。这是北海市藏富于民的新姿态。

远洋捕捞：远洋归来鱼满舱。北海海洋捕捞由近海、浅海、海面向远海、深海、海底拓展（《北海日报》/供稿）

近两年来，北海在经济实力增强、财政收入增加的同时，百姓收入也以两位数增长。截至今年 9 月，城镇居民家庭人均可支配收入增长 10.46%，农村居民家庭人均现金收入增长 11.58%，是城乡居民收入增长最快的一个时期。

北海市委书记王小东说，藏富于民，让百姓分享经济发展和改革开放的成果，是落实科学发展观的必然要求，也是北海三年跨越发展的重要任务。

藏富于民就是“造池养鱼”

阳光与白鹭齐飞，碧海共长天一色，宜人的气候、充沛的阳光、丰茂的植被以及中国“最大氧吧”的美誉，北海有着人人称羡的生态居住环境。

然而仅靠“氧吧”难以催旺人气。“要推进经济持续快速增长，不仅要呵护好‘氧吧’这一金名片，更要扶持产业发展壮大，为老百姓提供更多更好的就业机会”。这已成为北海市决策层清醒而坚定的共识。

实施开放带动战略，更好地承接台湾地区、东盟国家及我国东部发达地区的产业、企业转移，推进了园区经济的迅猛发展。目前，北海市产业园区累计引进项目 363 个，计划投资额 300 多亿元，从业人员 4 万多名。上半年，仅市工业园区规模以上工业总产值完成 44.13 亿元，增长 61.94%；其中电子信息产业新增就业人员 6 050 名，成为吸引社会就业的大磁场。

北海市整合旅游资源，加快旅游景区景点和高星级酒店建设，大力发展休闲、居住、旅游经济，拉动了交通运输、饮食与商业服务、文体娱乐、房地产与外贸等第三产业的发展，拓展了社会就业空间。目前，全行业直接从业人员达 3.8 万人，带动了 5 万多名渔农民转产转业，脱贫致富。

推行“简化、减免、贴息、奖补、促销”等各项优惠政策和措施，加大对非公经济的扶持力度，促进非公经济发展。至今年上半年，全市非公经济企业发展到 5 100 多家、个体工商户 33 000 多户，一大批市民在市场经济大潮冲浪中发家致富。

“‘造池养鱼’直接带动一、二、三产业结构优化，促进产业链延伸，扩大了就业面。”北海市社保局负责人说。今年以来，北海市筹集资金 3 515 万元，加大对镇村居民转产转业培训服务力度。截至 2010 年 7 月底，全市新增农村劳动力转移就业 1.792 4 万人，新增城镇就业 2.715 4 万人；免费对下岗失业人员、进城务工农村劳动者及水库移民、被征地农民进行职业技能培训 1.875 8 万人次；为下岗失业人员、失地农民提供创业培训 2 514 名，开发公益性岗位 1 710 个。

藏富于民就是“放水养鱼”

“密切党和政府与人民群众的鱼水关系，就是让每个群众住有所居、少有所教、病有所医、老有所养、出行方便”。秉承这一执政理念，北海市大力实施为民办实事项目 12 项和民生路网二期工程，让老百姓安居乐业。

“想想用不了多久出门就是宽阔、整洁的大路，心里暖乎乎的。”尝到民生路网工程建设甜头的市民信心满满。北海市在去年投资 3 亿元建设路网工程，今年又投入 5 亿元兴建二期工程，目前 12 条“问题路”正加快施工。

“攸关百姓福祉的民生项目必须放在优先位置，财政再难也不能难民生”。为确保改善民生的措施真正落实到位，北海市提高民生领域财政支出比例，上半年全市用于民生领域的资金 10.4 亿元，增长 42.61%。

为让绝大多数人享受到改革发展的成果，北海市建立了城乡居民收入增长机制，使企业职工收入随效益提高而提高，机关单位职工收入随财力增长而适当增长，离退休人员基本养老金随在职职工收入增加而增加。同时，完善城镇居民基本医疗保险制度，参保人数达 41.88 万人。开展新型农村社会养老保险试点工作，上半年，实现 4.587 5 万人参保。深化新农合改革，全市参合农民现已达 107.5 万人，参合率为 95.06%。银海区平阳镇平阳村农民老李深有感触地说：“有了劳保和医保，我们这辈子生活、就医再也不用发愁了。”

北海市还筹集 1 亿多元资金推进安居工程建设，目前，2 652 套 5.2 万平方米廉租房和经济适用房基本建成。全面落实强农惠农补贴政策，上半年支农惠农支出超过 1 亿元。同时，筹措 4 000 多万元资助困难学生、推进职教攻坚和校安工程建设。

藏富于民就是“清淤养鱼”

中秋时节，走进北海市工业园区，到处是热火朝天的建设场景：起吊机、挖掘机来往穿梭，施工人员挥汗如雨。目前，园区在建的 17 个重大项目正抓紧推进。每个项目由园区管委会指定责任人不定时深入项目（企业）走访，对于项目（企业）发展的问题及时处理，确保及时解决项目推进和企业生产经营中遇到的困难和问题。

“这里的干部服务热情高，投资环境好。”景光电子深圳公司负责人动情地说。为帮助该公司推进项目建设，园区管委会领导曾 8 次深入景光电子深圳公司，帮助协调项目建设工作，这使景光电子公司增强了投资信心，由此带动了三诺、欧美亚等企业入驻园区。上半年，该园区引进了 24 个项目，30 多家企业有明确意向到该园区投资建厂，意向投资额 41 亿元。

“抓环境就是抓发展。”为了解决行政审批服务的“中梗阻”问题，北海市投资近 1 亿元建设了 1.3 万平方米的政务服务中心，实行统一收件、牵头办理、相关配合、并联审批、限时办结的运行方式，并在大厅设电子监察系统，加强办事过程的监控，防止怠慢群众的事情发生。

合浦县实行“新型农村百姓政务服务通”，依托现代网络技术，将生产服务、文化娱乐、医疗保健、法律援助、政务办理、党员服务共六大服务功能下移到农村基层，将村（社区）“两委”所在地建设成为农村的政治中心、议事中心、调解中心、文化中心、信息中心、宣教中心、物流中心和保健中心，使证件办理、民政业务、生育审批、建房审批、缴纳税费等公共事务服务在村里完成，减少了行政成本与农民办事开支，深受群众欢迎。

（转载《广西日报》2010 年 10 月 11 日）

为农民撑好健康“保护伞”

——北海市“新农合”蓬勃发展纪实

《广西日报》记者 / 邓　萍　通讯员 / 伍朝胜

“看病不难不贵，刷卡及时报销”。北海“新农合”阔步走在广西前列。图为医疗卫生机构街头设点，向市民普及卫生知识（韩　倩 / 摄）

2010年圣诞节，透骨的寒风难抑合浦县沙田镇沙田村张淑娟老太太家温馨的喜气。不久前，张老太突发冠心病在医院救治康复获得4.5万元新农合补偿金，获悉喜讯的儿子梁鼎强特意在圣诞节从加拿大赶回家给母亲庆贺。

谈到“新农合”的好处，梁鼎强感慨万端地说：“还是社会主义好！”

去年，北海市像张老太一样参加“新农合”的农民有107.5万人，参合率95.69%；人均获住院补偿金额1 232.49元；参合农民的最高支付限额达农民人均收入6倍以上。

资金小投入，做出民康大事业

“新农合”启动以来，北海市每年都把推进“新农合”作为政府为民办实事的重要一项工作来抓，成立专门组织机构，制订方案，健全机制，加强政策和典型宣传，让受益群众现身说法，使农民真正认识到新农合的实惠和好处。同时，通过采取定时定点集中、上门入户等形式，方便农民缴费。经过辛勤培育，“新农合”结出了累累果实，农民踊跃参与、主动缴费，参合率从 2005 年的 55.4% 提高到 2010 年的 95.69%。

去年 7 月，铁山港区营盘镇黄稍村谢余发老汉患了急性尿潴留，在北海市人民医院住院花费近 2 万元，由于老伴私下替他参加了新农合，出院后就获得 6 500 多元医疗补偿，免受了负债之苦。当谢老汉拿到补偿金时激动地说：“参加合作医疗好，政府这回帮了我家大忙啊！”年底，听说要交新农合费时，谢老汉第一个跑到村委把全家 8 口人的都交了。“每年只交 30 元，换来一生平安。”老人脸上露出憨厚朴实的笑容。

许多农民更喜称“新农合”是自己安康的“保护伞”。北海市卫生局负责人也深有感触地说，“新农合”让农民得实惠的同时，也激发卫生事业发展活力。这主要体现在五个明显变化：一是就诊病人增幅提高。乡镇卫生院门诊病人增加了 113%，县医院门诊病人增加了 23%；二是看病流向趋于合理。2010 年与 2005 年相比，乡镇卫生院住院率由 48% 提高到 73%，县级医院住院率由 60% 提高到 95%，县级以上医院住院率由 81% 提高为 93%；三是卫生院职工工资从难以保障变为领到足额工资，激发了职工工作积极性；四是卫生院医生安心工作，基层医疗服务整体水平得到提高；五是乡镇卫生院由等吃财政“皇粮”变为有余钱兴医办院。廉州镇卫生院院长朱有昌对此深有感触：“这几年医院的收入年年都上新台阶，2005 年业务收入 185 万元，到 2010 年达 887 万元，增长近五倍。医院实行药品售价与进价一样的零差价销售，农民也很乐意用门诊账户的钱来开药。”

农民建立起了健康档案

隆冬时节，冷暖无常，稍不小心，合浦县廉州镇烟楼村的陈老太就感到身体不适：头痛，发热，胸闷，被家人送到烟楼村卫生室。走得匆忙，家属忘了带病历本。“不要紧，先看看老太太的健康档案。”村卫生室蒋医生边说边用鼠标一点，电脑屏幕上马上就跳出了陈老太的健康档案，里面详细记录了包括体温、脉搏、血压、吸烟史、疾病家族史等个人健康基本信息，以及个人的生活习惯、健康锻炼、药品过敏史、既往病史、诊治情况、现病史、健康体检记录及疾病的发生、发展、治疗过程等几十种健康指标。

从 2008 年起，北海市卫生部门成立普查组，逐村逐户为群众进行健康体检，将个人健康信息录入电脑。去年，又充分利用新农合每年免费为 60 岁以上老人健康体检的政策，对全市 1 万多名 60 岁以上的农民进行了健康体检，并全部为他们建立了个人健康档案。目前，全市配置上网电脑的村级定点医疗机构有 276 家，农民健康档案电子网络还将逐步延伸到全市每个村落。“城里大医院有的现代化服务，我们村里也能享受啦。”农民们高兴地说。

“健康档案走进了农民的生活，避免重复检查、重复用药，不仅为病人节约了医疗开支，也为早期诊断、早期治疗提供了条件。”合浦县新农合办主任黄思伦说。如今，合浦县的农民健康档案已实现每个乡镇有 2 个以上村（居）委农民健康档案建档工作，建档人数达 85% 以上。

北海市还将农民健康档案工作与推进“降消”项目“牵手”，及时检查孕产妇健康状况，及时采取预防措施，有效地降低孕产妇死亡率和消除新生儿破伤风，提高农村孕产妇住院分娩率。

看病结算、补偿“一卡通”

2010 年 11 月，山口镇山口村委农民老陈因病到山口卫生院治疗，住院 20 天花去医疗费 5 443.1 元，出院时他拿着就诊磁卡到卫生院新农合窗口结算，不到 3 分钟电脑结算系统就打出补偿清单，当场就兑现 3 810 元的补偿，新农合“一卡通”即时补偿让他亲身感受到方便快捷的医疗服务。

过去参合农民看病、治疗和报销都必须携带新农村合作医疗证到乡镇卫生院，由卫生院把数据上传到县新农合管理中心，等候久、不算余额也不能及时显示，很不方便。对此，北海市大力推进信息化网络建设，建立了新农合信息管理平台，完善新农合“一卡通”网络。如今，在合浦县、银海区和铁山港区，参合农民只需凭合作医疗卡，便可到全市任何一家定点医疗机构就医，出院结算时即可获得补偿，实现了当天门诊、当天出院、当天报销的无缝隙衔接。

“一卡通”不仅方便了农民报销，也拓展了门诊、住院、慢性病、健康体检、单病种等各种费用实时监控功能，成为促进新农合工作规范、有序、稳健发展的“法眼”。现在，只要在电脑上点击一下，各定点医疗机构药品使用、参合患者诊疗、报销情况都能一目了然，同时，还能保存数据修改记录、操作人员、时间等信息，随时可以追踪检查，有效地解决了手工操作效率低、漏洞多、监管难等弊端。

（转载《广西日报》2011 年 1 月 23 日第 1 版）

水清渠畅惠民生

——北海市推进水利建设掠影

伍朝胜

“惠农政策暖人心，水泥村道堤岸宽；江湖变成鱼米川，碧水翠绿白鹭翩……”早春二月的北海，堤岸上欢快的歌声在春风里荡漾，田野上处处感受到农民对党的感激真情。

2010 年，北海市完成水利固定资产投资 6.3 亿元（韩　倩　邓惠明 / 摄）

2010年，北海市完成水利固定资产投资6.3亿元，清淤渠道215千米，新增恢复灌溉面积6.78万亩、改善灌溉面积17.86万亩，农业总产值实现152.48亿元，农民人均纯收入5 426元、增长15.5%。水利建设有力地促进了农业增效、农民增收。

市委书记王小东说，要以贯彻落实中央一号文件精神为契机，把事干成，让水利事业发展成果更好地普惠民生。

沐歌春天：惠农政策暖农家

“你们送政策下乡，实在是做得周到，我们在田边干活也能清楚党的政策关怀。”合浦县党江镇沙冲村农民老王，在田边听完驻村干部给他讲的今年中央一号文件精神后高兴地说。

抓水利建设，首先抓惠农政策落实。北海市把提高群众对今年中央一号文件精神的知晓率作为加快水利建设的重要手段，创新宣传形式，扩大宣传面，实现村组全覆盖。

今年以来，北海市结合推进新农村建设和开展“兴农富民”春季大行动，抽调1 000多名机关干部进村入户，开展宣讲惠农政策活动，将惠农政策宣传小册子、主题宣传画、宣传单发到农民群众手中，并逐项逐条向农民群众进行详细解答，方便群众掌握各项惠农水利政策。同时，充分发挥农村文艺队生力军的作用，通过走村入户开展文艺演出的形式，以最鲜活的语言、最贴近群众的方式宣传惠农政策，使宣传更富感染力。

以“兴农富民”春季大行动为平台的政策和技术培训正如火如荼展开，农民参与水利建设的积极性空前高涨。今年以来，全市举办春耕和冬春水利技术培训班429期，培训农民7.9万人次；开展现场技术指导100多人次，出动宣传车60次，印发技术资料3.9万份，为推进水利建设提供思想和技术保障。

开春以来，银海区组织500多名干部和一批“土专家”“田秀才”、大棚农业技术人员等深入生产一线、田间地头传授种植技术，在指导农民搭建大棚中大力宣传发展节水型农业的好处，做到大棚农业发展到哪里、技术服务和政策宣传就跟到哪里。该区福成镇100多名镇村干部帮助群众砍运甘蔗2.5万吨，种植木薯等农作物6万亩，在帮困中密切了干群关系，收到了良好宣传效果。

借力春风：水利建设掀热潮

岁末年初，合浦县白沙干渠工地高潮迭起，120个市、县直机关，5个乡镇共1.2

万多干部职工参加了冬修水利大会战。由于多年老化失修，设施损坏严重，白沙干渠已 10 年无水灌溉，为此，市政府投入 1 000 万元，推进白沙干渠修复整治工程，沿渠 15 万人在该项目中受益。在冬修现场，王小东强调，水利基础设施建设是当前一项十分紧迫的任务，要形成长效机制，持续投入，长期坚持。

“2010 年我市累计争取中央投资水利项目 34 个，总资金 3.33 亿元，是 2008 年和 2009 年总投资的 1.1 倍。‘十一五’累计完成水利投资 13.3 亿元，是‘十五’的 2.33 倍。”市水利局局长李武团掰着手指算着。“今年要借‘一号文件’的春风，多上项目，上大项目，让水利建设造福更多百姓。”

2011 年，北海市将打好水利基础设施建设“四个攻坚战”：完成 3 座小病险水库除险加固任务；解决 4.8 万农村人口的饮水安全问题；建成标准海河堤防 19 千米；完成中小河流综合治理投入 3 000 万元。与此同时，推进合浦县全国重点县小型农田水利建设，3 年内完成 5.5 万亩水稻种植集中连片区域水利设施改造，提高农田水利基础设施整体保障能力。

“只有完善水利投入稳定增长机制，才能解决水利建设资金短缺瓶颈问题。”市政府负责人表示，将进一步提高水利建设资金在固定资产投资中的比重，年度增幅在 10% 以上；市本级预算内基建投资专项资金每年用于水利建设的总额不少于 2 000 万元，并保持适度增长。同时，提高以工代赈资金用于水利工程建设的比例，把水库防汛公路纳入乡村公路建设范围，扶贫财政专项资金要围绕整村推进扶贫开发，加强贫困村小型农田水利设施建设，增强水利保障能力。

翠绿春色：饮水工程造福祉

“我家小儿子光荣入伍啦！”铁山港区黄丽窝村农民老钟在自家水龙头接水时，一脸灿烂。“这两年我们村一共有 4 人参军，这都是饮水安全工程带来的好处。”老钟说。据卫生部门统计，黄丽窝村群众因长期饮用地表水和苦咸水，肝病、癌症发病率比其他村高 5.24%，部分村民染上肝炎病毒，全村连续 20 年兵检没有一个人过关。如今，这一不堪回首的历史已被饮水工程建设成果改写。

近两年来，北海共实施农村供水项目 147 个，35 万村民与城里人一样，都喝上了清澈甘甜的自来水。“北海农村饮水工程进度快，质量好，注重民生，成效明显！”自治区水利厅厅长钟想廷考察北海水利建设工程时给予高度评价。现在，合浦县已在广西率先实现农村集中供水，全面覆盖。铁山港区供水工程投入使用，不仅保障了铁山港工业区的开放开发，而且从根本上解决该区农村饮水安全问题。

憧憬未来，李武团信心十足，“十二五”北海将推进规模连片集中供水工程建设，提高农村自来水普及率。同时，扩大城镇自来水厂向周边农村供水的辐射，逐步实现城乡供水一体化目标，全面解决剩余的23.4万农村人口饮水安全问题。

（转载《广西日报》2011年4月6日）

水利建设要突出民生突出生态

《广西日报》记者 / 邓　萍

继续开展“兴水利、大种树、优生态、强基础、惠民生、促发展”主题活动，是自治区党委、政府作出的决策部署，是保障和改善民生、加快建设生态文明示范区的实际行动。

去冬今春，全区各地把水利建设放在更加突出位置，以更大的决心和更扎实的举措，紧紧抓住当前的有利时机，统筹考虑、协调推进，建立长效机制，确保主题活动取得良好实效，不断开创我区水利改革发展新局面。北海市兴修水利长期坚持，持续投入，逐步形成长效机制，“十一五”累计完成水利投资 13.3 亿元，是“十五”的 2.33 倍；目前兴修水利的热潮仍轰轰烈烈。其目的很明确：让水利事业发展成果更好地普惠民生。

兴修水利不仅对调整农业产业结构、转变农业增长方式，而且对改善人民生活环境，都有非常重要的支撑作用。所以，在兴修水利中，更要注重突出民生、突出生态。各地要将水利工作与开展“工作落实年”活动相结合，与贯彻落实中央加快经济发展方式转变的重大战略部署相结合，与宣传贯彻中央和自治区“三农”工作的各项政策相结合，通过多渠道、多形式的宣传营造领导高度重视、全民积极参与水利建设的浓厚氛围。

一项民生水利工程应具有保障生命安全、促进经济发展、改善人民生活、保护生态环境的多重功能和多重效益。因此，发展水利，关键要牢固树立以人为本的理念，把群众呼声作为第一信号，把群众利益作为首要目标，把群众需求放在优先领域，把群众满意作为根本标准，扩大群众参与，保障群众权益。同时，从生态角度出发进行水利工程建设，建立满足良性循环和可持续利用的水利工程体系，达到安全、民生、生态效果。这就是把科学发展观贯彻落实到水利工作的体现。

（转载《广西日报》2011 年 4 月 6 日）

银海区福成镇宁海村大棚种植喜获丰收（马继涛 / 摄）

北海市引进全自动水稻育秧播种流水线，抢先在全区成功培育出首批机械化播种、无土基质秧苗——试点水稻育秧实现全自动化，出苗率达到95%以上（严 丹 / 摄）

文化旅游

2010 年 10 月上旬，北海南珠赴韩国参展，博览会嘉宾在欣赏北海南珠（北海市志办 / 提供）

2010 年 11 月，“文化名城　美丽北海”书法摄影作品晋邕展举行，展示艺术成果，宣传美丽北海。观众在观摩展出作品（林业霞 / 摄）

跨越海洋

——中国『海上丝绸之路』九城市文化遗产精品联展第五站广西开展

北海版块再现汉代海丝文明史

10月23日，由北海、南京、扬州、宁波、泉州、福州、漳州、蓬莱、广州九个城市联合举办的“跨越海洋——中国‘海上丝绸之路’九城市文化遗产精品联展”在广西民族博物馆开展。来自九个城市260余件珍贵文物亮相此展，展品涵盖沉船模型、陶瓷、服饰、碑文、琉璃、金花球、外国钱币等，代表了九个“海上丝绸之路”申遗城市的贸易特色，比较全面地反映了中国“海上丝绸之路”在世界文明史上的影响与贡献，展现了“海上丝绸之路”的辉煌历史。

展览共分为九大版块，分别是：北海——光彩夺目的南海明珠、南京——“海上丝绸之路”的文化中心、扬州——盛世大唐的“海丝”奇葩、宁波——东亚海域的商贸中心、泉州——盛极宋元的东方大港、福州——东南福地的控海咽喉、漳州——全球化初期的映海明月、蓬莱——中原文明的海上门户、广州——永不关闭的对外窗口。

“跨越海洋——中国‘海上丝绸之路’九城市文化遗产精品联展”是目前为止关于“海上丝绸之路”的首个综合性联合巡展，自2012年5月18日首展以来，已在宁波、福州、扬州、蓬莱进行了四站巡展，第五站进入广西，在广西民族博物馆展出，展出时间为2013年10月23日至2014年2月17日，广大文物爱好者可以免费参观。

此次文化遗产精品联展是联合申遗的重要宣传步骤，根据九城市在“海上丝绸之路”发展历史中的特点、地位和贡献，联合整合了一批与海上丝绸之路相关的文物精品，向世人展现海丝文明的重要价值和独特魅力。此联展获得了国内外的广泛关注，并已入选国家文化部对西亚、北非地区文化交流精品项目，这对扩大“海上丝绸之路”的宣传将起到积极作用。

“海上丝绸之路”联合申遗具有深远的历史意义和重大的现实意义。2012年11月，国家文物局正式批复同意将广西北海“海上丝绸之路”文化遗产申报世界文化遗产项目列入中国世界文化遗产预备名单，广西这项申遗工作取得了重大阶段性成果。

严丹 摄

严丹 摄

本版图片除署名外，其它图片均由北海市海上丝绸之路始发港遗产保护与申遗工作领导小组办公室提供。

▲（扬州）双鸾衔绶带纹铜镜

▲（北海）鼓形镶花金球

▲（广州）青花开光广彩人物图海棠形瓶

▲（福州）景德镇窑青花花卉海马纹军持

▲（北海）多面体紫色水晶串珠

▲（南京）青花折枝花卉纹碗

▲（蓬莱）元白釉酱花龙凤纹罐

▲（漳州）五彩开光忠孝廉节福字纹大盘

▲（宁波）玻璃瓶

▲（泉州）宋代海船残体

2013 年 10 月 23 日，跨越海洋——中国“海上丝绸之路”九城市文化遗产精品联展第五站广西开展。北海板块再现汉代海丝文明史（严　丹 / 摄）

古城喜获“新名片”

——北海市着力打造国家历史文化名城

伍朝胜

立冬甫至，寒风飒飒，北海市获批国家历史文化名城的喜讯像暖流般驱散寒意，振奋全城。

南粤故地添虎翼，汉唐名郡焕新颜。融中原文化、客家文化、西洋文化、海洋文化于一体的千年古城北海，终于赢得了“国家历史文化名城”的青睐。

文化客厅与文化公园
相映生辉

“百年老街”珠海路、“千年古郡”合浦、“海上丝绸之路”始发港……每一个历史文化元素都在倾诉这座城市的厚重往事。然而，随着岁月流逝，曾经璀璨的明珠一度黯然失色。2009 年年初，北海市几经研究，“建设宜居北海，打造文化名城”的思路渐渐明晰。同年 5 月，市委、市政府作出申报国家历史文化名城的决定。

老城区、历史街区是历史文化名城必需的条件。为此，北海市通过实施老城改造工程，全面修复北海老城临街立面和恢复老城的历史风貌，修缮北海天主堂旧址、女修院旧址、会吏长楼旧址、德国信义会教会楼旧址和法国领事馆旧址等全国重点文物保护单位，展现历史的真实性、风貌的完整性和生活的延续性，形成以老街为主厅、楼堂馆所为辅厅的历史“文化客厅”新格局。

按照“还原自然、文化韵味、南珠风格”的建设思路，北海市把旅游景区开发与历史文化建设融为一体，全力推进主题公园的保护、整合和开发建设，形成了一城（白龙珍珠城遗址公园）、一园（汉文化公园）、一港（海上丝绸之路始发港遗址公园）、一岛（涠洲岛西洋文化公园）等“文化公园”的新景致。

如今，徜徉于“文化客厅”，百年古风、西洋文化扑面而来，处处彰显北海兼收并蓄、海纳百川的胸怀；漫步在“文化公园”，承载着本土历史的海上丝路遗韵、汉唐文化古风，让人深深品味到珠城独特的文化个性。

文化精品与人文精神
相融并进

开放兼容的汉唐海上丝路，熠熠生辉的南珠文化，驰名中外的珠海老街，风光秀美的涠洲天主教堂，多姿多彩的民间民俗文化，为北海文化大发展大繁荣奠定了丰厚基础。

挖掘汉唐海上丝路文化内涵，打造海洋文化特色品牌。荣获2009年中宣部第十一届“五个一工程”奖的大型舞剧《碧海丝路》，在第五届国际文博会、疍家艺术节等大型活动的演出64场次，深受观众喜爱。大型歌舞史诗《奔腾的大海湾》也受到了“两广”粉丝的热捧。

发掘南珠文化内涵，打造珠还合浦的特色文化品牌。粤剧《珠还合浦》根据《后汉书·孟尝传》“合浦珠还传说”创编而成，是一部反映南珠兴衰的风情史诗，也是最具南珠文化特征的典范。该剧在南宁国际华人粤剧文化节演出时，得到了国内外粤剧社团的一致好评。

发掘风土民情文化内涵，打造民间民俗特色文化品牌。源自北海民间曲调“咸水歌”的大型舞蹈诗《咕哩美》，经十年修改完善已成精品，先后获“文华奖”、全国“五个一工程奖”和“荷花奖”等多项殊荣，长演不衰。

近两年来，北海市通过加强文化精品建设，让文化艺术活动更加贴近实际、贴近生活、贴近群众。“北海历史文化大展演”“广场文艺晚会”“群星风采优秀文艺展演周”“魅力北部湾”“和谐文化服务”暨“千团万场”文艺演出等活动，宣扬了珠乡人自强不息、重信尚德、开拓开放、锐意创业的精神，成为提升城市人文精神的有效载体。

文化繁荣与旅游发展
相得益彰

北海市在推进历史文化名城建设中，坚持以历史为媒，文化搭台，旅游唱戏，形成文化与旅游共赢的新态势。

以滩发力，北海市连续举办了五届国际海滩旅游文化节暨世界比基尼小姐大赛，以“突出海滩旅游文化、打造北海美丽经济”为核心，将时尚的比基尼元素与海滩文化、丝路文化、南珠文化完美结合，倾情演绎“南珠之乡”宜居城市的活力和动感，使海滩旅游文化成为北海的“金名片”。

以馆搭台，完善“北海海洋之窗”“海底世界”等场馆的设施，注入海上丝绸之路、郑和下西洋、贝类文化、南珠文化等内容，让游客在观赏中体验北海浓郁的历史文化。

以园联姻，大力推进涠洲岛国家级地质公园建设，保护利用好火山岛原始遗迹、海蚀地貌和环岛珊瑚礁，使之成为岛内观光的“翡翠”；修缮星岛湖“水浒城”，再现北宋末年的历史场景，让游客引发思古之幽情。完善白龙珍珠古城遗址公园设施，增设游客参与性和娱乐性项目，再现当年珍珠盛世风采，构建南珠旅游文化的龙头品牌。

以节为媒，通过举办北海国际海鲜美食节、北海素食文化节等，展示风格独特的北海传统饮食文化，增加“海”文化的韵味，使游客在享受饮食文化之余，感受到北海风格迥异的地域文化风情。

文化大繁荣促进了旅游大发展。今年前三季度，北海市接待国内游客 710 万人次，同比增长 16%，接待入境旅游者 5.17 万人次，同比增长 17.65%；实现国内旅游收入 49.7 亿元，同比增长 19%，国际旅游外汇收入 1 486.98 万美元，同比增长 20.28%。

（转载《广西日报》2010 年 12 月 9 日）

“镜头里的北海”2013 年群众摄影大赛颁奖，展出的获奖作品吸引了许多市民和游客驻足欣赏（黄　娴/摄）

铸造跨越发展的新引擎

——记北海市大力推进文化惠民工程建设

《广西日报》记者 / 邓　萍　通讯员 / 伍朝胜

“那样的情景，肯定会有人下去救人的。我只是做了自己该做的事。”10 月 17 日，救起一名落海者“匿迹”多日后被网友搜索发现的市民庞子旺，在北海市道德模范颁奖晚会上坦然说道。10 月 18 日，中央电视台《新闻 30 分》《共同关注》等栏目播出了庞子旺等 3 人救人事迹，并配发了评论《我们应该做什么样的“路人”》。“这件事折射出人们对社会道德、社会正义的呼唤。”很多市民袒露心迹。

随着文化的传承与发展、道德的淬砺与提升，在北海，像庞子旺这样的好人、传奇好事不断涌现。在第二届北海市道德模范评选表彰活动中，就有 40 名“师德模范”、“医德模范”、“孝老爱亲模范”和“见义勇为模范”受到表彰。

市民思想道德素质是一个城市文化发展水平最直观的指标。北海市委书记王小东明确表示，要认真贯彻落实党的十七届六中全会精神，大力实施文化惠民工程，构建先进文化品牌，让文化软实力成为实现北海跨越发展的新引擎。

弘扬主流文化，构建时代标识

在推进文化惠民工程、提高全社会文明程度的过程中，北海市推出了一系列活动。2009 年 5 月，北海启动了国家历史文化名城申报工作。随之，从北海历史文化大展播、大展演、大展示等活动中提炼出“认知北海、热爱北海、唱兴北海、建设北海”的鲜活主题。这一主题的内核，就是要通过深入挖掘城市历史内涵，建设社会主义核心价值体系，弘扬主流价值观，形成友善文明、积极进取的内聚力。

以此为支点，“北部湾海疆文明示范带”“银滩百里文明海岸”等群众性精神文明创建活动亮点纷呈。近年来，北海荣获了国家历史文化名城、中国优秀旅游城市、全国园林绿化先进城市和全国双拥模范城、自治区文明城市创建工作先进城市等称号，入选“中国十佳宜居城市”，荣获“中国人居环境范例奖”“最具投资潜力特色城市奖”。全市仅自治区级文明单位就有 183 个，被命名为全国文明村镇、文明单位、全国精神文明创建工作先进单位和军（警）民共建精神文明先进单位的有 13 个。可贵的是，关爱农民工子女“五送”、义务诊疗、交通安全宣传、助学、敬老、法律援助等志愿服务，已成为社会全员参与的常态性活动。

文化建设产生了强大磁场，一大批在 20 世纪 90 年代初被经济泡沫溅飞的外地客，纷纷重返北海置业定居。从福建回北海创业的李子福坦言：“现在的北海文化更具魅力，让我们这些外来客找到了安居乐业的自信。”

创新文化景致，增强传播能力

在加强文化阵地建设中，北海市坚持城乡统筹发展。一方面，抓好北海老街、汉文化公园、涠洲岛、廉州古城等历史文化资源的保护、整合和开发；加快北海体育中心建设，启动北海文化艺术中心、北海博物馆建设，打造城市文化形象的新名片。另一方面，尽量将财政“蛋糕”向农村倾斜，着力抓好乡镇文化站、村文化室、村级公共服务中心、村文化中心户等三级文化网络建设，形成了以城区为中心、乡镇文化站为枢纽、村文化大院为基础、文化专业户为补充的多层次、多体制的群众文化网络体系，致力增强文化传播能力。

为提高群众活动的“文化含量”，北海市实行了公共图书馆、文化馆（站）免费开放，实施“历史文化进校园”“文化欢歌到农家”“艺术培训到乡村”“名家名角下基层”“文化专车下企业”“流动舞台进社区”“艺术精品进院校”“文博展览进社会”“科技图书送农户”“文化共享利群众”等文化惠民工程。仅今年上半年，就组织文化惠民文艺演出 60 多场次，放映电影 2 107 场次，指导群众文艺团队演出 90 场次，组织展览 40 多场次，新建图书流动点两个，举办讲座、报告会 16 场次，让文化“大餐”成为群众闲暇之余的时尚追求。

凸显文化特质，搭好经贸戏台

如何在新的历史时期，充分挖掘海洋文化资源，打造开放文化的新名片，形成助推北海跨越的新引擎，成为北海市面临的重要课题。

发挥文化的吸引力和感染力作用，以“向开放要发展”构建北海发展的新格局。作为中国与马来西亚 2011 年文化交流的主要项目，5 月 19—24 日，北海历史舞剧《碧海丝路》和北海水彩画作在中国与马来西亚文化交流活动中深受马来西亚国家观众青睐。文化搭台、经贸唱戏的实践，使北海在参与中国与东盟经贸合作的地位越来越突出。截至 2010 年，6 个东盟国家在北海共设立企业 82 家，北海与东盟的贸易额达 2.074 6 亿美元，同比增长 113%。

与此同时，以促进北海与各地经贸合作和文化交流为主题的北海商会文化艺术周活动如火如荼，北海疍家文化，湖南、江西、福建等地民间文化的大展演，拉近了北海与八方来客的距离。为举办世界客属第 24 届恳亲大会造势的一系列文化招商活动，也吸引着中外客商的眼球。目前，在北海注册的外地商会、协会共 7 家，拥有数百家会员单位，投资涉及生物科技、物流运输、房地产、餐饮食品、教育以及文化产业等 20 多个领域，仅北海湘商投资协会的投资就超过 60 亿元。

（转载《广西日报》2011 年 12 月 3 日第 1 版）

崛起的“旅游强市”

——北海旅游产业大转型带来大变化

《广西日报》记者 / 邓　萍　通讯员 / 伍朝胜

最近，北海福成机场特别繁忙，航班起降频频。今年上半年，北海市累计接待国内游客 649 万人次、旅游收入 50.6 亿元，同比分别增长 16.7% 和 23%；接待境外游客 4.78 万人次，旅游创汇 1 504 万美元，分别增长 18% 和 20%。

北海，这个曾经书写过我国海上丝绸之路璀璨历史的重镇，在北部湾开放开发浪潮中，不断加快旅游产业大转型，旅游强市正高扬风帆、踏浪而来。

转型战略，休闲度假游升级

盛夏，北海分外诱人。沙白滩缓的百里银滩，天蓝水碧的“氧吧”风光，鬼斧神工的火山地貌，自然天成的千岛星湖，倚海而生的红树林，令人惊叹的海水温泉……还有海岛风光、海洋民俗、海鲜美食等元素，成就了北海旅游的独特魅力，深受中外游客追捧。探奇汉墓群，走过汉城址，徜徉白龙城，漫步珠海街，“海上丝路遗存”同样让人惊叹、沉醉。

不过，旅游大市不等于旅游强市。过去，由于旅游产品单一、设施不完善、资源整合利用不够，北海只能是游客的“过境地”：泡一下海水，拾几个海贝，吃一顿海鲜，游客平均停留时间不到两天，远低于近邻的三亚和桂林。

2010 年 12 月，北海市被列为“国家历史文化名城”，拉开了旅游业大发展的序幕。怎样才能由“大”变“强”？市委书记王小东开出的“锦囊妙计”是：推进北海旅游产业由观光旅游转型升级为休闲度假旅游，打造“区域性国际滨海休闲度假城市”。

游人如织的北海银滩（李君光/摄）

近两年，北海市投入旅游基础设施建设资金 10 多亿元，吸纳各类资金 30 多亿元，建成了海门国际旅游休闲中心、红树林温泉等一批观光、度假、生态旅游项目，初步形成了国家和地方政府加大投入，外资和民营资本加快进入，金融机构积极参与的多元化旅游项目和投资建设格局。

今年 6 月，国家文物局对“海上丝绸之路北海史迹”申报中国世界文化遗产预备名单进行了书面评估和现场考察，标志着北海申遗工作进入审批的最后阶段。

海上丝绸之路申遗，让北海迎来了旅游产业转型升级新契机。由此，市政府出台了《关于进一步加快旅游产业发展的意见》，以调结构、促转型、快增长为着力点，加快“星岛湖-南流江-廉州湾”“大冠沙-银滩-冠头岭”“涠洲岛”三大旅游优势资源富集区的整体规模开发。

现在，站在高德港跨海大桥桥头，但见海景大道犹如一弯长虹，将百里海湾上的景点连接起来。

“到 2016 年，北海将建成 5A 级景区一至两家、五星级标准酒店 10 家，年旅游接待 1 800 万人次，过夜游客力争达 1 000 万人次，旅游总收入突破 200 亿元。”市长周家斌在展望未来时底气十足。

服务品牌，打造游客满意的城市

时下正是北海田野农业生态旅游观光园瓜果飘香时节，田园美景更是吸引着游人。“我一家能领略这么曼妙的田园风情，多亏了北海市公共网络平台的指点。”香港游客冼建国说。

以信息公共平台建设为着力点，2011 年年底北海捧回了“全国数字城市建设示范市”金招牌。信息公共平台可为游客直观地感受数字城市的魅力，这是北海推进旅游信息化建设的成功探索。

最近的几场夏雨将北海市区洗刷得格外清亮，纵横笔直、宽阔整洁的主干道上绿树掩映，黄槐、大花紫薇、木棉……将北海装点得五彩缤纷、姹紫嫣红。按照“建设一条道路，绿化一条道路，美化一条道路”的思路，北海市近三年投入 10 多亿元实施路网建设工程，不断完善城市公共交通和通往各主要景区交通网络：增设空中航线 14 条，让海陆空立体交通网络锦上添花；加强北海至涠洲岛航运能力建设，使北海至涠洲岛航运由 3 小时缩短为 1 小时；今年开展的投资百亿元、建设百个项目的“双百”城市建设管理年活动，气势如虹。如今，从城市的道路、建筑、绿化，到城市的色彩、雕塑等，已初现北海风格和特色，使游客享受着“处处是美景，道道均靓丽”的可餐秀色。

为游客带来享受的还有“北海服务”，其核心内容是“不让一个游客受委屈”。通过推进旅游诚信建设，北海市加强行业引导和自律，在景区设立“维权提示牌”和“流动投诉车”，对游客关注的商品和服务，以温馨提示的方式向游客说明，方便游客投诉。建立旅游经营主体经济户口档案，对景区内不易悬挂营业执照的简易摊点，制定统一的胸牌或上岗证，包含经营者姓名、照片、经营范围和营业执照编号，明示经营者的经营主体合法性。同时，对欺客宰客、销售假冒伪劣商品的经营户，实行“三罚退市制”，即：违法违规经营的，第一次停业整顿三天和罚款；第二次停业整顿七天并加重罚款；第三次吊销营业执照，取消经营资格，有效地维护了旅游市场的经营秩序。据最近的民调显示，来北海的游客满意率较以往大幅提高。

产品开发，旅游产业链留住游客

近日，来自温州的游客李先生一行在涠洲岛石螺口潜水基地泡完海水后，又在农户黄老伯的农家院里品尝海鲜烧烤宴。现在越来越多游客泡完海水后，都喜欢来涠洲岛农家乐转转，再住上一两天，体验当岛民的乐趣。

利用得天独厚的生态、旅游和文化资源，涠洲岛精心打造火山观光、渔村风情、海滩拾贝等旅游产品，吸引着更多的游客。

“用旅游产业链留住游客”。对北海来说，产业化是旅游业发展的必由之路。

发挥滩长沙白和民俗文化资源丰富的优势，北海市以推进金海湾旅游度假区、银滩旅游度假区、涠洲岛旅游度假区建设为重点，大力开发“渔家乐”“农家乐”等娱乐项目以及游艇、沙滩排球、沙滩足球等体育旅游产品，让游客参与并体验赶海、垂钓、野营和海滩运动，做大集沙滩运动、生态观光、休闲度假于一体的旅游产业链。

北海市还依托老街和原英法德等国领事馆以及海关楼、森宝洋行、普仁医院等近代历史遗址，建设老城历史文化旅游区；依托合浦汉代古墓遗址、文昌塔及合浦博物馆等，建设合浦古郡汉文化旅游区；依托合浦乾江古港、海上丝绸之路博览中心等，建设海上丝绸之路主题公园；依托白龙珍珠城、乌坭珠池及仿古演绎“珠还合浦”传说等，建设南珠文化旅游区，海上丝路文化旅游产业链得到不断拓展。

人流汇聚、信息交集，不断壮大的旅游产业链上，经贸硕果正布满枝头。上半年，全市 GDP 增长 17%，财政收入增长 56.21%，增幅都位居广西第一；外贸进出口总额增长 31.9%。在“中国优秀旅游城市”“中国十佳人居城市”“中国十大休闲城市”等众多金招牌上，北海去年又增添了 2011 年中国最具投资潜力城市 50 强、“国家园林城市”等，这些都证实着这座城市的无限魅力。

（转载《广西日报》2012 年 8 月 13 日第 1 版）

北海：从文化中汲取“原动力”

《光明日报》记者/刘　昆　通讯员/于　敏　张　阳

北海银滩“潮”雕（邓超斌/摄）

民间艺术“老杨公”。摄于北海合浦（李　闰/摄）

1886 年，由英国人创建的普仁医院是西方医学文化传入北海的历史见证（邓超斌 / 摄）

北海市委书记王小东认为，一个城市发展必须得到产业的支撑，而文化则是推动其发展的动力源泉。

北海市市长周家斌指出，要努力促进文化与经济发展、城市建设、科技创新的融合。

主持人语

在中国大陆南部，有一座城市，以海而名，因港而兴。从汉代海上丝绸之路始发港到清末通商口岸，从沿海开放城市到北部湾经济区重要成员，经历了潮涨潮落的北海，正擎起文化自觉的猎猎旗帜，以前所未有的自信、从容姿态走向未来，续写更加壮美辉煌的新篇章。本期《文化强市百城行》专栏走进广西北海市。——栏目主持人　杨　亮

文化激发城市科学发展活力
北海有历史吗？北海有文化吗？

20 世纪 80 年代末，曾经盛行一种说法：北海是从一个小渔村成长起来的年轻城市，没有什么文化内涵。这曾经在全市掀起一场热烈的讨论，在社会上引起轩然大波。

其实，2 000 多年前，北海便是我国“海上丝绸之路”的始发港之一，海外文明在这里“登岸入室”，摇曳生姿；中原文明则随着大国商人自信的脚步，从黄土高原走向海洋。但进入到改革开放新时代，这颗北部湾畔的明珠并没有散发出应有的光芒。

2009 年年初，面对呼啸而来的国际金融危机，刚刚履新的北海市委书记王小东研判形势后，一针见血地指出：“发展的断层，其实是文化的断裂。历史文化是一个城市的精神源头，只有从历史文化中汲取科学发展的动力，才能培育城市发展的内驱力和生命力，实现跨越发展。”

深刻认识自身历史悠久的开放进程，把文化的影响力变成城市的竞争力，北海申报“国家历史文化名城”的战役首先打响。一张“申名”时间表见证了当时的紧张与忙碌：

2009 年 5 月，北海市委、市政府同意批准《关于申报国家历史文化名城工作的实施意见》；2009 年 10 月前为论证及准备阶段，2009 年 10 月至 2010 年 3 月为申报

与规划编制阶段；2010 年 4 月至 11 月为具体实施、巩固提高与验收阶段。

这个过程，像极了“三级跳”。从准备、实施到最后成功获批国家级历史文化名城，历时仅 18 个月，但成绩却有目共睹。在所有申报城市递交的文本中，《北海市申报国家历史文化名城文本》排名第一，被专家推荐为其他申报城市的范本！

2010 年 11 月 9 日，立冬甫至，寒风飒飒。北海市一举获批“国家历史文化名城”的喜讯传来，温暖全城。这意味着，担负着国家重大时代使命的广西北部湾经济区，在整个中国大陆北部湾城市群中，有了迄今为止唯一一个历史文化名城。

从质疑，到发现，到接受，到主动融入……北海人也在这场“寻根”之旅中，找到了对家乡的无限热爱。“在北海住了几十年了，现在才发现这座城市这么美丽，真的很庆幸自己是北海人。”老大爷刘毅光由衷赞叹。

以此为支点，2011 年 9 月北海决定实施海上丝绸之路申报世界文化遗产工作。目前，这一工作已顺利通过国家文物局的初步审核，进入专家组书面评估和现场考察阶段。

文化自信激活城市活力

在一次次梳理历史文脉、挖掘历史文化富矿中，北海人的内心世界也在悄然成长，变得前所未有的自信。这样的自信，从烟波浩渺中，从满眼葱茏中，从无处不在的文物古迹中飘溢出来，沁入到人们的每个毛孔。

由此，北海追逐梦想的脚步在不断加快，一个个跨越发展的活力源泉被激活。中电北海产业园 2009 年实现“当年开工、当年建成、当年招商、当年投产”；年产 160 万吨镍铬合金新材料项目一期 13 个月建成投产，北海炼油异地改造年产 20 万吨的聚丙烯项目 18 个月建成……

而打造北部湾“硅谷”，更是北海加快经济社会发展浓墨重彩的一笔。

自北海市 5 年前成功引进中国电子行业龙头——中国电子工业集团入驻北海市工业园区后，广西首个专业化电子信息产业基地起航，并迅速吸引整个产业链进驻，形成聚集效应。如今，走进中国电子北海产业园和北海出口加工区，一派生机勃勃的景象扑面而来：冠捷科技、朗科科技、三诺电子等知名企业纷纷进驻；全球最大的台式电脑光驱生产企业台湾光宝集团北海项目 2009 年年底投产后，2010 年就成为广西第一出口大户，并带动 10 多个上下游企业到北海投资……

在短短两年多时间里，以中电北海产业园为核心的北海电子信息产业，创造了多个“广西第一”：广西第一块笔记本计算机电池、第一台电脑电源在北海生产；广西第一台LED自适应显示器、广西第一台液晶电视下线；研发试产了广西第一盏LED灯……2011年，北海电子信息产业产值从2008年的76.78亿元猛增至300亿元，电子制造业产值约占全区总额的2/3左右！

文化生产力的发展和提升，文化自信的充盈与释放，引领着北海进入产业带动跨越发展的新阶段。目前，北海现代化工业初具规模，形成了电子信息、石油化工、临港新材料三大产业，并加速向千亿元产业发展。2011年，全市实现地区生产总值496.6亿元，同比增长18.2%，增幅为2006年以来最高水平。

文化民生惠及百姓生活

在“北海历史文化大家谈专题讲座”现场，一位刚到北海工作不久的小伙子向主讲者提出，他第一次听说苏东坡曾在此逗留，希望能进一步了解苏东坡与北海的关系。主讲者当场以“此心安处是吾乡”为题，简介了苏东坡在北海合浦的20个故事篇目，让这位“新北海人”加深了对北海历史文化的印象。

这是“北海历史文化宣传月”活动的一个剪影。自2010年5月启动以来，这一活动像“磁铁”般深深地吸引着百姓目光。一些细节令人动容：大展演上，全场座无虚席，谢幕时观众激动地站起来，对精彩的演出报以热烈的掌声；许多市民认真对照活动安排表，风雨无阻地赶赴每一场文化活动……

向传统文化致敬，也不排除文化创新。为更好地服务读者，北海市图书馆自筹资金建设了手机图书馆，这是广西地市级中第一家手机图书馆。“课余时间我都经常上去看看，很方便，也很快捷。现在我都把页面收藏起来了，这样便于手机搜索。”北海市广播电视大学学生王静告诉记者。

文化在满足广大人民群众的精神文化需求的同时，也让他们在享受文化中陶冶情操，提升文化素质，从而产生强大的凝聚力、向心力和感召力。

从2009年起，北海市连续实施3年“民生路网工程”，到今年春节后陆续完成36条“断头路”“烂尾路”建造，涉及拆迁户超过600户，拆迁面积超过10.2万平方米，却没有发生一起群众上访事件。不少20世纪90年代初在北海房地产开发大潮中退去的外地客商，近年来纷纷重返北海置业定居。从福建回北海创业的李子福坦言：“现在的北海，因为文化的挖掘和弘扬更具魅力，让我们这些外来客找到了安居乐业的自信！”

（转载《光明日报》2012年10月14日）

农业农村

北海现代农业稳步发展。图为 2015 年 12 月 10 日时任北海市委书记王可（左一）到银海果蔬产业（核心）示范区了解农业增效、农民增收情况（蒋　均 / 摄）

2010 年，大棚种植成为北海市村民群众增收致富的有效渠道。图为银海区福成镇三合口村农民在自家大棚忙碌（北海市委组织部 / 提供）

喜看沃野奇葩艳

——北海创建广西特色现代农业示范市纪实

《广西日报》记者 / 邓　萍　通讯员 / 伍朝胜

随着北部湾经济区开放开发的深入，北海市各行各业的发展如连波大潮般涌起，其中，现代农业建设就像一朵绚丽多姿的奇葩。如今，穿行于北海市乡间田野，但见渠网纵横水连贯，大棚棋布卧田畴，出现了企业化管理，工厂化生产，让人领略到特色现代农业的美好前景。

2010 年，北海市共建立高效设施农业基地 20 多个，建立蔬菜、水果、农业观光休闲等十亿元产业 6 个，以及万亩香蕉、万亩设施农业等现代特色农业示范基地 30 个；农产品加工业成了北海第二个突破百亿元的产业。全市农业总产值 152.8 亿元，同比增长 4.6%，农民人均纯收入 5 426 元，增长 15%。

设施农业：特色现代农业的基础

近两年来，北海市坚持将加快发展现代农业设施作为构建现代农业的突破口，采取财政支持、信贷扶持、招商引资、发挥农户主体作用等办法筹集资金 3.25 亿元，用现代物质条件、设施装备农业示范基地。目前，全市已建立福成镇古城村、三合口村、大庄江村等 20 多个高效设施农业基地，辐射和带动设施栽培面积 11.5 万亩，每亩年产值超过 3 万元，纯收入 2 万元以上，效益比传统农业增长 2—3 倍。

现代农业设施水平的提高，改写了北海农业靠天吃饭的历史。早春二月，乍暖还寒，但银海区福成镇宁海村 1 000 多亩大棚内暖意融融，哈密瓜、青椒、西红柿等果蔬长势喜人。“今年的辣椒 1 千克 4 块多钱，前几天刚收的 1 亩辣椒，卖了近 3 万元。”村民刘统业喜悦地说，“大棚农业就像 365 天都能下蛋的鸡，天天有收获。村里的农户靠大棚种植年收入10万元以上，很多人都住上小洋楼、开上小轿车。”老刘的话，反映出了现代农业正成为社会主义新农村建设的重要基础。

高效设施农业示范基地的建设，还带动了农业特色化发展。如今，在北海已建成九坡超级稻、东江冬春豆角、涠洲火山岛香蕉、宁海大棚果蔬、秋风塘西甜瓜等特色现代农业示范基地30个。合浦县石湾镇东江冬春豆角基地带动周边农户种植豆角2万多亩，仅此一项实现菜农人均增收1 800元。今年年初，北海将自治区“高效设施农业示范推广突出贡献奖”收入囊中，成为全区唯一获此殊荣的地级市。

产业项目：特色现代农业的载体

2011年3月31日，第七批全国农业标准化项目紫苏栽培加工标准化示范区项目在北海市正式启动，该项目建成后，年加工蔬菜1万吨、产值1.4亿元。产业化带动是特色现代农业的引擎，而项目建设则是北海农业产业升级换代的载体。

北海实行领导挂钩联系企业制度，加大对加工龙头企业的培育和服务力度，加快农产品由粗加工向精深加工转变，延长了产业链。这两年全市共引进农业招商项目11个，引进资金19.09亿元，招商引资企业直接吸收7 500多名农民就业，从业农民年均增收5 000元以上。北海还实施农业产业化“双十双百”工程，即培育10家年销售收入超亿元的农业龙头企业和10个与之相配套的农产品生产基地，培育100个特色效益突出的专业村和100个与之相配套的农民专业合作组织。

现在的北海市农业，对外连接着大龙头、大企业、大市场，对内辐射周边农民，带动千家万户进入农业产业化领域，实现了农业生产与国内外农业先进领域的衔接。目前，全市有农业产业化重点龙头企业42家，其中销售收入超5亿元企业3家、超亿元企业9家。这些龙头企业对特色现代农业和农民增收的贡献率达30%。全市已发展农产品流通合作社45家，培育加工、流通型龙头企业22家，建立农村信息站点40个，建成使用农贸市场110多个，实现每个经济强村及每个大型农产品基地都有市场配套，产品畅销山东、湖南、湖北、北京、上海、黑龙江等地。

改革创新：特色现代农业发展动力

银海区平阳村绵延十里的花卉长廊，从组建时的60亩发展到如今的1万多亩，从单一的盆景种植到集花卉种植、销售、工程、市场于一体的多元化经营，从花农年收入不足万元到超10万元，怡林园林基地的成功，是北海市建立健全“政府引导、市场调节、农民自愿、依法有偿”的农村土地流转机制实践的体现。

北海市以土地流转为手段，通过资源有效组合和集约经营，实现农业产业化经营，专业化生产，市场化运作，提高了标准化与规模化水平，各种产业化发展模式也应运而生。宁海村农民杨承锐承包70多亩土地，种植大棚彩椒和哈密瓜，每年亩纯利达2.1万元。像杨承锐这样的种植经营大户，在原有土地承包权不变的前提下，由种植大户出资转包其他村民的承包土地，实施连片规模种植，统一经营管理，有效提高了土地利用率和产出率。

从个体走向合作，从分散走向集约，北海市各类农业专业合作社和产业化组织更异军突起。银海区冯辉友大棚果蔬农民专业合作社，在2010年由农民以土地入股，建立大棚果蔬基地300多亩，全部实行规模设施化生产，年亩纯利达2.5万元以上。让农民按产业化生产要求聚合在一起，当上了新型农业工人，既获土地租金，又拿上班工资，实现了企业增效和农民增收的互动双赢。改革有力地推进了农业产业化、规模化发展。如今，全市农村土地流转面积达23万亩，占农村集体土地面积的25.4%，涉及农户5.52万户，占农户总数的22%。

（转载《广西日报》2011年4月21日）

蓝色产业鱼跃人欢

——北海加快向海养强市迈进

《广西日报》记者 / 邓　萍　通讯员 / 伍朝胜

“今年养虾又有好收成啦！”站在虾塘边，合浦县白沙镇良港村养殖户吴文伟掩饰不住喜悦之情。入夏以来，尽占北部湾海域之优的北海，水产业每天都收获喜讯。今年上半年，全市水产品总产量达 43.34 万吨、总产值 46.3 亿元，延续了多年来高位增长的态势，海产品产量、产值均高居广西的 1/3 强。

铁山港区兴港镇金鲳鱼养殖收货颇丰（陆　威 / 摄）

“渔”向“牧”变，打造“北部湾鱼都”

500 多千米长的海岸线，73 万亩沿海滩涂，346 万亩浅海，16 万平方千米的北部湾渔场，33—35 万吨 / 年的可捕量……得天独厚的资源优势，承载着北海人与大海共生共融的梦想。然而长期以来的过度捕捞，加速了对鱼类资源的粗放消耗，海洋生态的承载力被极大削弱。

“发展水产业必须着力解决路径单一的问题，坚持捕养并举，主攻养殖，让捕捞大市变为养殖强市。”北海市委、市政府的共识源自对形势的正确研判、源自科学发展的执着动力。紧紧围绕打造“北部湾鱼都”的总体定位，北海市决心在海水养殖上实现新突破。

然而，要让祖辈以捕鱼为生的渔民转业并非易事。“除了打鱼什么都不会，向哪转业？”许多渔民对转产转业抱悲观态度。为调动渔民自身的积极性、创造性，从被动转变为主动转变，北海抓好渔民转产技能的集中培训，提高渔民的综合素质和市场竞争力。今年以来，全市共组织水产养殖技术培训班 46 期，培训渔民 4 381 人次，印发资料 5 500 多份；抽调 450 名水产工作队员，深入农村指导渔民转向养殖业发展，实现技术人员直接到户、良种良法直接到塘、技术要领直接到人。与此同时，争取和组织落实渔民减船补助款，减船 13 艘，发放补助费 194 万元。

为提高海养的规模化产业化程度，满足转业渔民的就业需求，北海围绕扩量提质，大力推进高效集群化水产业发展，已形成对虾、罗非鱼、文蛤、大蚝、金鲳鱼网箱养殖等六大标准化规模养殖基地，经济效益日益凸显。同时，大力发展珍珠、青蟹、象鼻螺、大弹涂鱼、方格星虫、海参、海水名贵鱼类和贝类等名特优新品种养殖。今年上半年，全市对虾、罗非鱼优势养殖品种增至面积 21 万亩，产量 5.9 万吨，产值 11 亿元，分别占水产养殖总面积的 42%、总产量的 25.3%，总产值的 41.3%；发展网箱养殖 15 万平方米，同比增长 25%，产量 396 吨，销售收入约 1 000 多万元，有效地强化了水产品市场竞争力，促进了农民增产增收。目前，北海投资开发海水养殖的热潮一浪高过一浪，全市直接参与海养的人数达 10 多万人，是海洋捕捞的 4 倍多，养殖面积达 2.5 万公顷。

科学化养殖，打造“水上闹市”

蔚蓝的海面上，一排排网箱错落有致，凉风习习，鱼跃人欢；而沿岸的田野凝绿，清澈的鱼塘、虾塘点缀其间，蝴蝶在池塘上翩飞，农民在塘边忙碌……秋分的北海，500多千米的海岸线上处处呈现出“水上闹市”的如画美景。

“养殖无公害罗非鱼，省事又赚钱！”8月底，银海区银滩镇养殖户老唐开捕无公害罗非鱼的风声刚放出，手机便被水产品加工企业“打爆”。老唐乐滋滋地说，养殖无公害罗非鱼与普通罗非鱼就是不一样，不仅买家找上门来，还能卖上好价钱。

以科技养殖示范来提高经济效益，是北海加快水产业发展的成功之路。目前，全市共有各类海养示范镇、村、户共1 000多个，大力推广大蚝深水吊养、对虾高位池、工厂化养殖、无公害标准化养殖等新技术，提高了海水养殖效益。如大蚝深水吊养可以使大蚝快速增肥、增重，亩产达9—15吨，市场价格每千克5.2元左右，分别是插养的3—4倍和1.5倍。合浦县廉州镇马安村的280户大蚝养殖户，都普遍使用养殖新技术，今年上半年全村大蚝养殖收入6 000多万元，占全村经济总收入的70%。如今，全市拥有无公害产地认定和产品认证30个，养殖面积5.4万亩，认证主要品种是对虾、罗非鱼、青蟹、东风螺、金鲳鱼等；农业部水产健康养殖示范场9个、面积1 840亩，辐射带动标准化养殖面积25万亩，水产业生产呈现出科技含量高、抵御自然灾害能力强、经济效益好的新亮色。

品牌化经营，打造“钦国冷冻”效应

钦国冷冻食品有限公司是北海近年发展起来的一个海产品加工龙头企业，作为目前广西规模最大的水产品出口加工企业和水产行业出口量最大的企业，依靠技术创新，推进产品升级换代，公司目前年生产加工海产品达3万—5万吨，其中90%以上的产品出口东盟及欧美、日本、韩国等国家和地区，其开发的新品种“生食鱼片”“蒸煮凤尾虾”等更是受到海外市场的青睐。

钦国冷冻食品有限公司的创业成功之路，是北海加快水产业转型升级的真实写照。

“品牌化经营是加快水产业转型的关键”。北海从培育龙头企业入手，在政策和资金上给予龙头企业大力扶持，提升水产品的加工能力，目前已形成正五、洪恩、保通、天鲜、万景、恒兴等一批加工出口龙头企业13家。其中，北海洪恩水产有限公司和北海正五实业有限公司被评为广西农业产业化重点龙头企业。同时，北海以开发大宗低值水产品的精深加工和综合利用为重点，把品牌建设作为提高企业国际竞争力的重要举措来抓，采用新工艺新技术，加快开发海洋食品、海洋生物制药、冷冻保鲜加工、珍珠加工及综合利用、罗非鱼加工等新产品，不断提高加工档次和质量，提高产品在国际市场的竞争力和占有率。如今，北海保通公司系列水产品，深受国内外客户垂青，去年出口创汇 3 557.69 万美元；北海正五实业有限公司的品牌对虾产品，远销美国、日本、欧盟市场；北海天鲜海洋食品有限责任公司创立的品牌鱼糜及鱼糜制品获得国家“绿色食品”标志认证，产品远销日本、澳大利亚、韩国；北海国发海洋生物产业公司开发南珠品牌系列 200 多种，年加工水产品产值 5 亿多元。

（转载《广西日报》2011 年 9 月 3 日）

渔民喜获丰收（许振国/摄）

生态文明

银滩景区环卫人员正在清扫沙滩上的垃圾（向　明/摄）

碧海蓝天更喜绿

——北海打造生态文明城市巡礼

《广西日报》记者 / 邓　萍　通讯员 / 伍朝胜

仲夏的北海，水天一色，林草苍翠，百鸟欢唱，产业兴旺……一幅幅绿意荡漾、生机勃发、经济腾飞的壮丽画卷，展示着北海生态文明建设的新成效。近年来，北海先后捧回“中国人居环境范例奖”“最具投资潜力特色城市奖”“全国园林绿化先进城市”等诸多金招牌，并入选“中国十佳宜居城市”“国家级生态示范区”。

廉州湾生态美景（段文道 / 摄）

三年跨越工程与“绿”共进

氧吧城市、天然良港、丰沛水产……良好的生态基础让北海人引以为傲。然而经济实力弱、发展方式粗放、产业基础差等问题，又制约着北海经济快速发展。如何打好绿色牌，让水更碧、天更蓝的同时，实现经济快速发展，成为北海市决策者面临的一个大课题。2010 年年初，北海市委九届八次全会作出实施北海三年跨越发展工程的战略决策，标出北海发展路径，到 2012 年把北海基本建设成为区域性国际化的现代产业集聚基地、旅游商贸物流中心、开放合作重要平台和生态宜居文明城市。同时，锁定三年发展目标：与 2008 年相比，全市生产总值翻一番，达到 600 亿元；财政收入翻两番，超过 100 亿元；固定资产投资达到 700 亿元，年均增长 28%；规模以上工业总产值突破 1 000 亿元，第二产业特别是工业增加值快速增长。石油化工、电子信息、临港产业年产值分别达到 300 亿元，林浆纸、农产品加工、旅游、商贸、房地产的产业规模分别达到 100 亿元，建成一批年销售收入 50 亿元、100 亿元以上的大型骨干企业。

北海市上下用“绿色理念”抓发展，仅仅一年就呈现出经济发展与环保双赢的局面。2010 年全市完成地区生产总值 397.6 亿元、增长 17.6%，财政收入 47.1 亿元、增长 31.75%；全社会固定资产投资 485.2 亿元、增长 50.8%；规模以上工业总产值 365.9 亿元、增长 57.7%。新兴产业兴起加快了“绿色”产业转型升级，去年，电子信息产业产值超过 180 亿元，一批电子信息产业项目相继建成投产或顺利开工，中电产业园发展势头迅猛，北海被认定为国家科技兴贸创新基地（电子信息）。以新材料、能源等为主的临港产业显现出强劲的发展势头，被列为国家鼓励类产业的诚德新材料项目最近竣工投产，明年可实现年产值 300 亿元、税收 20 亿元，2013 年产业园达到 700 亿元产值，到 2015 年将形成 1 000 亿元新材料产业园。生态农业渐成规模，农产品加工业年产值超过 100 亿元，创建特色现代农业示范基地 30 个。

生态环境建设与“绿”齐飞

“北海作为后发地区要实现跨越发展，必须走科技含量高、经济效益好、资源消耗小、环境污染低的新路子。”这已成为市委、市政府的共识。以此为立足点，北海市牢固树立生态立市、环境优先的理念，全力推进生态环境建设新突破。

招商问“绿”。北海市建立健全项目招商引资的审批责任制和监督制约机制，严格对项目实行分类管理，坚决制止有损环境保护和资源永续利用的项目进入产业园区，努力从源头上杜绝新增污染和生态破坏隐患。

为“绿”让路。北海市划定严格的禁燃区，对城市建成区、烟尘控制区实现100%覆盖，北海工业园区成为广西首个“高污染燃料禁燃区”。投入11.2亿元推进节能减排工作，实施污染治理工程，在全区率先实现污染源在线监控，11家废水国控重点企业全部实现污染物达标排放。实行严格的落后产能淘汰制度，“十一五”期间共关停小火电机组2个、淘汰造纸企业14家、水泥企业7家、砖瓦企业23家、酒精企业3家、陶瓷企业2家。2010年全市二氧化硫、二氧化氮年平均排放浓度符合国家二级标准，全年日均浓度超标率为零；万元生产总值能耗、万元规模以上工业增加值能耗年均分别降低2%和13.44%，主要污染物总量减排指标实现“十一五”末控制目标。

为城添“绿”。北海市深入实施城市净化、绿化、美化工程，推进“城乡清洁工程”，全面整治市区居民小区、城乡结合部以及城中村环境。加强城市垃圾处理能力建设，去年投资1 250.85万元建成了医疗垃圾处理厂。同时，推进污水治理设施建设。目前，全市在建和投入运行的城镇污水处理厂3家，处理能力19万吨 / 日，配套管网165千米。推进国家级园林城市建设，全面构建绿色立体生态系统，城市绿化覆盖率、绿地率和人均公园绿地等各项绿化指标居全区先进行列。

生态文化建设与“绿”携手

去年，北海市修编了《北海生态市建设规划》，制定了《北海银滩中区规划》，《涠洲岛旅游区发展规划》通过国家评审，重点对生态文化资源的保护与旅游资源开发作了全面的规划与调整，促进景区升级创建工作。目前，已完成了海洋之窗、涠洲岛鳄鱼山火山口及海底世界景区3个4A级旅游景区的复核工作；全面推进银滩、涠洲岛5A级旅游景区，金海湾红树林4A级旅游景区，以及合浦古汉文化公园、大江埠3A级旅游景区的创建工作，逐步形成以24千米长的银滩为“绿廊”、涠洲岛为“绿掌”、红树林观光带为“绿环”的旅游业发展新格局。同时，加强对历史文化遗产的研究保护及开发利用，进一步巩固和扩大去年成功创建为“国家历史文化名城”的成果，使北海旅游文化建设“锦上添花”，加快了旅游业与生态文化建设协调发展。

入夏以来，北海成为游客首选旅游地之一。“最火爆的是北海，今天总共加开40多个班次。”广西南宁埌东汽车站业务部副部长弄小玲介绍，该站最近日均开出北海班次近 100 个，最多时达 120 多个，日均发送旅客 3 000 多人次。旅游业的日渐火爆，得益于北海的旅游文化宣传。去年以来，北海举办了中外知名品牌酒店高峰论坛、第五届北海海滩国际旅游文化节暨世界比基尼小姐大赛总决赛、北部湾城市形象大使大赛、两广十市旅游协作（北海）联会等赛事会展，提升了北海旅游在国内外的知名度。去年接待国内游客数同比增长 15%，实现国内旅游收入同比增长 29.9%。

（转载《广西日报》2011 年 6 月 18 日）

树立绿色理念　建设生态城市

《广西日报》短评

今天本版对北海建设生态城市的报道，勾勒出一幅人与自然和谐的生动画面。

广西与全国一样，城市化进入快速发展阶段。建设富有时代风貌、高效和谐的生态文明城市，成了许多城市发展的新追求。这些城市注重从自己的资源禀赋和特色出发，树立绿色理念，重视生态文明，探索出符合自己特点的“绿色”发展方式。

北海的实践证明，建设生态城市并不是高不可攀，只要多方面协作，全社会努力，就能将“绿色理念”变成“绿色现实”。

（转载《广西日报》2011 年 6 月 18 日）

珠城“蝶变”

——北海市创建优美生态宜居环境纪实

《广西日报》记者 / 邓　萍　通讯员 / 伍朝胜

随着三年跨越发展工程圆满“收官”，珠城北海实现了精彩“蝶变”：城市功能逐步完善，承载能力不断提升，生态环境明显改善，宜居和谐成效凸显，处处充满着现代化城市的气息。

如今，踏着“中国历史文化名城”“中国人居环境范例奖”“国家园林城市”等三年跨越发展印记一路走来的北海，在党的十八大精神鼓舞下，生态宜居文明城市建设的步伐更加坚定有力。

从补足民生短板中破题

2008 年 1 月批准实施的《广西北部湾经济区发展规划》，赋予北海跨越发展的新使命。

站在新的历史起点，在广纳民意、科学论证的基础上，市委书记王小东在 2010 年年初市委会议上为北海确定了新的目标：全面实施三年跨越发展工程，到 2012 年基本建成生态宜居文明城市。有史以来北海规模最大、投资最多、力度最强的城市建设工程由此拉开序幕。

北海首先从补足民生短板中破题，3 年来投资 10 亿多元实施民生路网工程，修通和改造了 20 世纪 90 年代初开发热遗留的 36 条“烂尾路”，完善了中心城区“六纵六横”主干道路网。

随着去年初北海“城市建设管理年”的开启，总投资 100 多亿元的 100 个重点城建项目已有 70 个全面建设。其中，投资约 13 亿元的环境综合整治项目，通过道路绿化提升、建筑立面整治、沙滩清理、交通工程、增设环境小品设施等，彰显海滨园林城市的特色和魅力；投资约35.55亿元的28项市政道路工程，进一步推进道路、桥梁、小街小巷、自来水管网建设，方便市民出行、用水等。还有投资15.85亿元的32项生态环境建设项目、总投资约32.66亿元的文、教、体、卫等23项社会公共设施项目等。

林立的塔吊、穿梭的车辆、轰鸣的机器、忙碌的工人……北海半岛的南北两岸，海湾新城和冯家江新区建设如火如荼。北岸的海湾新城面积9.8平方千米，建成后将成为北海的商业、办公、经济和金融中心；南岸的冯家江新区面积约8.4平方千米，将建成新的行政、商业、经济中心，形成南北新旧城区比翼齐飞的城建新格局。

文化带动绿色产业新跨越

北海始终把文化元素融入创建生态宜居文明城市的全过程，形成了独具特色的“北海产业文化模式”。王小东说：“把文化的软实力变成社会生产力，使北海实现了绿色产业新跨越。”

近3年来，北海市注重“海上丝路”历史文脉的运用和传承，打造旅游文化精品，让“历史文化名城”登台亮相。如今，大型历史舞剧《碧海丝路》荣获中宣部“五个一”工程奖并走出了国门，自治区级非物质文化遗产项目达11项。

而旅游业随着古文化挖掘、光大而崛起。经过修缮和功能再造的珠海老街、汉墓馆、汉城址、珍珠城、海洋之窗等景区景点被赋予历史文化符号，逐步形成“海上丝路”旅游项目集群。以此为发端，休闲文化、“氧吧”文化、疍家文化、养生文化的兴起，拓展了旅游产业链。2012年前三季度，全市接待国内游客983万人次，同比增长16.1%，延续了3年来两位数增长的势头。

在中石化北海炼化厂区，厂生产技术部陈科长指着污水池里游动的小金鱼说：“这是我们用净化后的水养的。”让工业在植入绿色文化中前行，北海市在推进工业转型升级中实行“一下二上三强”：“一下”就是下马、淘汰落后产能，并在广西率先实现污染源在线监控；“二上”就是要上低碳、高端、高效的产业项目，2012年前三季度，新引进产业发展前景好的项目68个，实际到位资金218亿元；“三强”就是做大做强石油化工、临港新材料、电子信息产业。

北海市还将农业产业化与无害化、生态化有机结合。全市取得无公害农产品认证的种植面积87.8万亩，主要农产品中无公害、绿色及有机产品种植比重达到73%，拥有自治区级无公害、绿色和有机产品认证的产品17个。

广纳民意为市民幸福加码

去年6月，一位市民在本地网站发帖指出，北海大道上公交站点的站牌设置不够人性化，候车时间比较长，应尽快予以改进。市长周家斌阅后当即批示："请交通局认真研究，实地核查，提出解决方案和整改措施，尽快整改。"并安排分管市领导抓紧落实。

"老百姓钱包鼓了，但幸福感没有提升，症结就在于老百姓的呼声未能及时回应。"周家斌坦言，"只有将决策作为尊重民意、广纳民智、为民谋利的过程，才能使经济社会发展的成果转化为老百姓的幸福指数"。北海市以此作为创建优美生态宜居文明城的出发点，让决策与改善民生接轨，增进社会和谐度。

2010年年初，在群众评议机关中，老百姓提出"政府要认真解决办事难、效率低问题"。顺应群众的需求，北海市投资近亿元建设政务服务中心，进驻窗口单位61个，工作人员达338人，办理事项由原来的231项增加到956项，成为全区面积最大、进驻单位最多、窗口工作人员最多的政务服务中心。

为回应网民要求解决"脏、乱、差"的呼声，北海市深入推进"城乡清洁工程"，将路与人挂钩，实行道路街区责任管理，市领导每人包干负责整治一条城区主、次干道，区、镇领导也都有各自的负责区域，确保了整治效果。今年以来，查处水产品运输洒漏案5 199起，清理不规范的横幅142条、灯箱广告牌414块。

市委、市政府的真情行动得到党团员志愿者、老年志愿者、社区志愿者的响应。60多岁的退休干部朱老伯说："大家一起劳动，就是为了把我们的城市建设得更清亮一些、更宜居一些。"他的话道出了全市广大市民的心声。

（转载《广西日报》2013年1月15日第1版）

作风建设

银海区平阳镇开展“四级联心”帮扶活动，镇领导班子成员和党员干部分别到各自挂钩点开展义务帮扶活动（北海市委组织部 / 提供）

合浦县石康镇水车村发展“农村淘宝”（北海市委组织部 / 提供）

还权于民　还情于民　还信于民

——北海市优化干部选拔任用机制

《广西日报》记者 / 邓　萍　通讯员 / 伍朝胜

通过公开选拔，铁山港区南康镇三塘村党总支书记金寿清出任副镇长。他深有感触地说，若按以往选拔干部的方式，做梦也轮不到自己当副镇长。从 2009 年年底至今，北海先后 5 次公开选拔领导干部，132 名干部走上了新的岗位。今年年初测评，北海干部选拔任用工作总体满意率达 88.9%，在全区名列前茅。这是北海市在干部选拔任用中，还权于民，还情于民，还信于民成果的真实写照。

还权于民：如何改进干部选拔任用工作？北海市委改变以往组织考核推荐、群众评议的单一方式，把干部选拔任用工作公开，还权于民，让群众享有选举权、知情权、监督权，并打破地域、身份的限制，允许党政机关干部、企事业单位干部参与赛场竞争。据统计，去年以来北海通过竞争性方式选拔的处级干部数占同期提拔处级干部总数的 60.3%。同时，北海市大力推行重要职务任用票决制，扩大票决范围，让群众享有充分的监督权。海城区开展“群众评干部”“企业评机关”等活动，对一些经评议不称职的窗口单位干部进行调整，使干部和机关作风得以从根本上转变。合浦县对所任命干部实行任后监督制，定期对领导干部进行述职评议，指出存在问题，提出建议，督促整改。

还情于民：为推进干部作风转变，今年 5 月以来，北海市将承担 35 个重大项目、10 项为民办实事工程以及维稳调处工作职责的 63 个责任单位和相关责任人确定为重点考核对象，重点考核干部在项目建设一线、化解矛盾一线、维护稳定一线的现实表现。在项目建设一线，北海市强化各级干部的业务工作、重点任务和服务项目建设责任，有力推进了北海炼油异地改造石油化工项目配套工程、深水码头、玉铁高速等 200 个重大项目建设。在维稳一线，要求变群众访“我”为“我”访群众，及时化解基层矛盾。全市共排查和解决各类矛盾纠纷和突出问题 1 790 起（项）。今年以来，共有 16 名在“三个一线”表现突出的干部得到提拔任用，2 名工作不力的干部被调整了岗位。

还信于民：以顺应民意为原则，北海市建立健全基层干部任前廉政谈话、诫勉谈话、述职述廉、廉政承诺和个人事项报告、村民评议村干部、民主评议乡镇基层站所等制度，积极打造廉洁奉公的干部队伍。上半年，北海市农村基层共有 95 人进行了任前廉政谈话、诫勉谈话，参加述职述廉基层干部 1 429 人；681 名乡镇、村主要领导报告有关事项；民主评议乡镇基层站所 205 个。同时，加强干部的任期和离任经济责任审计，防止以权谋私。

北海市广大干部努力把权力变成为群众服务的义务和责任，争当老百姓贴心人。今年以来，全市近万名党员干部为群众办实事 7 000 多件，为企业解难题 3 800 多个；广泛听取群众的意见和建议后确定的“三年跨越发展工程”获得实质性突破。

（转载《广西日报》2010 年 11 月 7 日第 1 版）

作风，生产力的驱动力

——北海市抓作风建设促进千亿产业崛起

《广西日报》记者 / 邓　萍　通讯员 / 伍朝胜　张敏捷

最近在北海当地网站上的一个帖子引起众多网民的“围观”——“每次进商务局的门，里边的同志总是热心接待、高效办事，这种服务态度值得宣传。”3 天时间办好以往需 20 天才办完的机电产品进口许可证，这让在北海工业园区的这位业主喜出望外，立马上网对北海市商务局“予以表扬”。

近年来，这样的高效办事在北海市行政服务里已不胜枚举，也折射出北海干部作风发生的新变化。“立说立行、马上就办、办就办好”的服务理念，正成为北海广大干部职工的共识；超时默许，联合审批、并联审批、集中审批、网上审批，一线工作法，“五加二、白加黑”等实际行动，正在为实现千亿产业崛起助力。

“好作风，是推动生产力发展的强大驱动力。只有牢固树立真抓实干、把事干成、造福百姓的理念，才能推进千亿元产业发展。”北海市委书记王小东强调，要通过加强作风建设，焕发广大干部群众的激情，为北海三年跨越发展注入强大动力。

“四定”倒逼跳起“摘桃子”

入夏以来，热浪滚滚。伴随《广西北部湾经济区发展规划》全面实施，被誉为北部湾“硅谷”的电子产业园区建设正气势如虹，新材料产业园、北海炼油异地改造石油化工基地等工程建设紧锣密鼓……

北海千亿元产业建设生机盎然。从今年开始，北海的电子信息、石油化工、临港新材料 3 个产业产值将实现从 395 亿元，发展到 2012 年的 1 140 亿元，2015 年的 3 070 亿元。届时，北海将成为广西北部湾经济区首个三千亿元产值的产业城市。

为了把国家的优惠政策转化为现实生产力，使奋斗目标梦想成真，北海市建立倒逼机制。“采取定人员、定职责、定时间、定进度的办法，对每一个项目、每一项任务进行分解落实。”王小东在年初召开的实施北海三年跨越发展工程汇报会上郑重地说。

“倒逼机制，就是根据工作目标，要求我们跳起来摘桃子。”市政府负责人说，这就要求“四定”成为全市各级各部门的自觉行动。为此，市政府在会议室墙面不仅贴上了“重点项目进展一览表”，还将186个项目“四定”计划进度和实际进度上墙公示，“责任项目进展表”定期更新。市领导每逢周五深入项目建设现场，检查项目推进情况，协调解决建设过程中遇到的困难和问题。

同时，北海市将承担35个重大项目、10项为民办实事工程以及维稳调处工作职责的63个责任单位和相关责任人确定为重点考核对象，使项目建设的成效成为干部奖惩、任用的硬指标，强化了各级领导干部责任感和紧迫感，调动各级各部门工作的积极性，促使全市上下都抢着跳起来“摘桃子”，加快了三大千亿产业发展。

截至今年6月，北海电子产业园共引进项目60个，合同总投资100多亿元，冠捷科技、朗科科技、三诺数码等一大批国内外电子信息行业领军企业，带动一大批上下游企业到北海投资。预计今年，北海市电子信息产业产值有望达到300亿元。

“五加二、白加黑”创造“北部湾速度”

“奋战100天，确保中石化项目9月试车投产！”这是北海炼油异地改造石油化工（20万吨/年聚丙烯）项目工地上最响亮的口号。6月19日是星期天，骄阳似火。该项目工地上，载重卡车川流不息、施工人员紧张作业。而在卫生防护区，深入一线的北海市广大干部职工正顶烈日、冒酷暑，抓紧推进征地搬迁工作。周末深入一线服务，8小时外加班加点，“五加二、白加黑”在北海建设工地上已成为常态。

面对千载难逢的机遇，激发广大干部职工实干苦干的热情，是加快千亿元产业项目建设的前提条件。为此，北海市实施“三个一线”考核干部的办法，使抓项目落实贯穿于干部成长的整个过程，在一线埋头苦干的干部很受鼓舞。目前，全市556名干部奋战在项目建设一线上，推进重大项目建设。各级各部门干部走出机关，深入企业现场办公，帮助企业解决产业发展遇到的实际问题和困难蔚然成风。

在务实之风的吹拂下，北海市创造多个“北部湾速度”：中电北海产业园建设实现“当年开工，当年竣工，当年招商，当年建设，当年投产”；北海六禾科技有限公司进驻北海电子产业园，从谈判到厂房装修再到投产，仅用90天；国钰电子今年1月前入驻，3月开工建设，5月正式投产；北海建兴光电公司进入北海发展不到一年，成为北海市首家出口超亿美元企业，出口值在广西出口企业中排名第一；中电北海产业园引进的新项目平均每月填补一项北海市产品空白，每个季度填补一项广西产品空白；北海诚德新材料项目一期工程只用13个月，就完成30亿元的投资，并实现了竣工投产，创造了同类项目建设速度最快的纪录……

“政务超市”促千亿产业崛起

环境是最大的品牌。随着千亿元产业建设的加快推进，加强政务服务中心这个“政务超市”的建设，显得越来越重要和紧迫。对此，北海市投资1亿元建设了1.3万平方米政务服务中心，完善“一站式”服务机制，全市59个部门和单位入驻新政务服务中心办公，部门进入率达97%，位居全区第一，成为全区面积最广、环境最优、授权最大的政务服务中心。

北海市大力推行“阳光政务”，优化办事程序，精简审批事项，去年以来，取消行政许可项目42项、非行政许可审批项目59项，清理行政事业性收费184项，年收费总额3.414 7亿元。

北海市发改委对需要核准的重大和限制类项目、需要审批的政府性投资项目等实行联合审批核准制，减少项目审批环节；市土地局将建设用地预审时限由原来的20个工作日缩短为15个工作日，将改变土地利用条件办事时限由20个工作日缩短为15个工作日；市工商局推行简化企业登记审批的受理、审查和核准等3个环节，将审批权限逐级分类下放，把部分权限由受理员直接核准，做到咨询服务“一口清”、发放资料“一手清”、受理审查“一次清”，压缩审批时间。今年以来，市行政服务中心共受理事项4.331 2万件，办结4.284 6万件，办结率98.92%，满意率达99.9%。

良好的投资环境，让北海成为各方客商争相进驻的“投资强磁场”。今年以来，该市一大批电子、新材料等项目相继竣工投产。冠捷科技、朗科科技等一批电子企业入驻北海，推高了电子产业的发展势头；继诚德新材料项目投产，炊具、厨具、装饰、医疗卫生用品等下游生产企业纷纷入驻北海；石化产业带动了相关产业的发展，促进了经济提速。

如今，北海市的千亿元产业发展“扬帆竞进”。初步预计，今年1—6月，北海市全市规模以上工业企业累计完成总产值248.2亿元，同比劲增72.7%，增加值增长45.1%；完成全社会固定资产投资328.2亿元，同比增长近三成；新引进项目85个，新签项目合同投资额99.41亿元，实际到位资金总额208.96亿元，增长60.37%。

（转载《广西日报》2011年7月22日1版头条）

北海：阳光“晒”出好作风

伍朝胜

初秋时节的北海，海天交融，水鸟齐飞，热土沸腾，处处呈现出一派繁忙的景象。北海炼油异地改造石油化工（20 万吨 / 年聚丙烯）项目工地上的拉运料石车辆来回穿梭，以诚德新材料为起点的新材料产业园的建设者们挥汗如雨，被誉为北部湾“硅谷”的电子产业园区里焊花欢跳……一大批重大项目建设正劈波斩浪，3 000 亿元产业建设破茧启动。

而伴随着热火朝天的建设浪潮，以“真抓实干，把事干成，造福百姓”为主题的作风建设也破冰前行，为实施北海三年跨越发展工程护航提速。

“阳光考评”：政绩让公众来评判

今年 2 月 16—17 日，一次别开生面的工作汇报会在北海人民剧场召开。台上，包括北海市委书记、市长在内的 15 位市委、市政府领导以及 56 位部委办局、县区一把手逐一总结工作实绩，剖析问题，提出对策。台下，市内各单位中层以上干部和市人大代表、政协委员共八百多人不时记录，交流评议。“把政绩的评判权交给公众，这是我们改进工作作风的一个举措。”市委书记王小东说，目的是总结成绩，查摆发现问题，改进工作，进一步凝聚力量推进北海三年跨越发展工程。

2010 年年初，市委、市政府决定从 2010 年起实施北海三年跨越发展工程，明确到 2012 年把北海基本建设成为区域性国际化的现代产业集聚基地、旅游商贸物流中心、开放合作重要平台和生态宜居文明城市，并确定由市委、市政府领导班子和政府部门牵头负责 186 个重点项目、212 项重点工作，按照定人员、定职责、定时间、定进度的“四定”要求，来推进各阶段的任务。

“只要把量政绩的尺子交给群众，让苦干实干的干部得到公正待遇，干部就愿意为老百姓干实事”。基于这样的共识，北海市采取“即时介入、全程参与”的办法，去年以来把在项目建设一线、化解矛盾一线、维护稳定一线这“三个一线”作为实绩考核的重点内容，将承担48个重大项目、20项为民办实事工程以及维稳调处工作职责的82个责任单位和相关责任人确定为重点考核对象，由发改委、审计、统计、商务等多个部门提供的具体考核数据作依据，重点考核干部在一线的现实表现。今年以来，市委对经考核评价为群众公认、善于领导科学发展等实绩突出的69名干部给予提拔或委以重任；对经考核评价确属力不从心、德才平庸，不会领导科学发展的3名干部给予了调整。同时，推进干部选拔任用工作的透明度，加大竞争性选拔干部工作力度，集中开展9个批次的竞争性选拔干部工作，通过竞争性方式选拔的处级干部占提拔处级干部总数的比例超过50%，提高了选人用人公信度。据全国组织工作满意度民意调查结果，2010年北海干部选拔任用的满意度较上一年度提高了11.98%，增幅在全国排第10位。

“我在网上看到市里要对各部门评议时，就毫不犹豫地给政府民生路网工程投上了一票。”北海市重庆路社区居民老庞说，“政府把公路修到家门口，我们出行方便多了”。老庞的话代表了群众的心声。为把“问计于民、问政于民、问需于民”落到实处，北海建立政绩年终审验制度，把各部门各单位“政绩清单”放在北海政府网和民营北海365网上“晒”，由群众来评判把关，既可“打假”、防止政绩“注水”，又征求了群众意见和建议，促进问题整改，提高了工作水平。

“阳光惠民”：作风在一线转变

“七一”前后，一批批戴着红袖章的党员志愿者活跃在北海市的农村、社区、街头、企业，免费为群众提供医疗保健、法律咨询、就业和社会保障咨询、义诊、修理等各项便民利民服务。目前这种志愿者活动已形成制度，作为推进党员干部转变作风的常态性工作。仅今年7—8月，全市就组织党员志愿者服务活动216次，参与党员3 500人次，服务群众6 000多人次，受到了群众的好评。

从群众最关心、最直接、最现实的利益问题入手，办成一件件让百姓看得见、摸得着、直接得到实惠的事情，这是北海实行“阳光惠民”带来的喜人变化。

“把办公设在一线，把工作做到基层，把心思用在关注民生。”以这一理念为立足点，北海市要求市四家班子领导每年挂钩联系1—2个行政村（社区），联系帮扶两名以上困难党员、老党员或困难群众，每年到挂钩联系村走访党员群众12户以上。市直机关部门负责人挂钩联系1—2个行政村（社区），机关部门领导至少联系帮扶1名困难党员、老党员或困难群众，帮助基层群众解决实际问题。与此同时，各级各部门组织的“兴农富民大行动”“服务企业年”“项目建设年”等活动蓬勃开展，广大党员和干部奔走于农村、企业和项目一线，协调解决工作中的重点、难点和群众反映强烈的热点问题。北海工业园区管委会建立项目（企业）帮扶联系责任人制度，印发“项目联系卡”，要求每个项目的责任人不定时持“联系卡”深入项目（企业）走访，做到一访一卡制，及时解决项目推进和企业生产经营中遇到的困难和问题，有力地推进了园区发展。今年上半年，北海电子产业园共引进项目 60 个，合同总投资 100 多亿元。

“不仅要让民生路网建设作为真抓实干、把事干成、造福百姓理念的生动实践，还要把民生路网工程打造成北海的精品路和新亮点。”市委书记王小东在民生路网建设现场指导工作时强调。自 2009 年以来，北海市斥资 10 多亿元启动的民生路网 26 条“烂尾路”“断头路”经过全市上下日夜奋战，已顺利竣工通车或加快建设，推进了城市的畅化、净化、绿化、彩化、亮化、美化。而今年总投资逾 7 亿元的农村道路建设工程，文化、教育、卫生、体育，劳动就业保障及住房保障等 12 项惠民工程，将为改善民生提供有力的保障。

“阳光政务”：重拳整治办事难

2010 年 10 月 26 日，最是橙黄橘绿时。北海市政务服务中心揭牌仪式在橙黄橘绿的映衬下显得格外引人注目，这个投资 1 亿元、面积 1.3 万平方米的政务服务中心，有 59 个部门和单位入驻办公，部门进入率位居全区第一，实现了部门和单位“应进必进、充分授权”，成为广西面积最广、环境最优、授权最大的政务服务中心，开启了北海阳光政务新篇章。以此为契机，北海市完善了超前服务、公开承诺、首办责任、并联审批、超时默认、追究问责等一系列制度，科学再造审批流程，对 764 项行政许可审批项目进行“瘦身”。去年以来，取消行政许可项目 42 项、非行政许可审批项目 59 项，清理行政事业性收费 184 项、年收费总额 34 147 万元，审批环节过多、收费名目过滥的问题得到有效整治。

阳光政务的成效还体现在提高行政效能上。最近，一位广州投资商在北海市行政服务中心卫生局窗口连呼“想不到，想不到”。按过去的惯例，要办理好医疗机构执业许可证至少需要二个月以上的时间，但这次仅 5 天就完成了审批程序。

“抓作风问题的整治，不仅要从完善制度上推进，更要下大决心、拿硬措施来严查不作为、乱作为的干部和公职人员。”市委常委、市纪委书记宁小平说，对不改正的，就是要挪他的位子、摘他的帽子、戳他的痛处。

在北海，“政风行风热线”“本地民生新闻”“百姓直通车”“党风廉政建设电视访谈”等新闻节目或栏目为人熟知。通过新闻媒体的连线和监督，市民群众遇到的机关作风方面的实际问题逐一得到解决。同时，通过发挥人大代表、政协委员、特约监督员的作用，让他们“把脉治病”，对群众反映强烈的“事难办”、“乱作为”以及“不作为”等现象进行明察暗访，对发现后核查属实的问题予以曝光和责任追究。2010年以来，通过排查发现的123个问题已有99个得到整改，24个正在整改，整改率达80%；初核违纪线索315件，立案150件，结案142件，给予党纪政纪处分139人，移送司法机关处理的公职人员18人，为121名党员干部澄清了是非，为国家和集体挽回经济损失2 000多万元。

干部作风的好转，助推了北海三年跨越发展工程。今年1—3季度，全市实现地区生产总值313.46亿元，同比增长16.6%；农业实现增加值61.78亿元，增长3.8%；规模以上工业产值374.31亿元，增长73.92%，增加值增长43.11%；全社会固定资产投资431.2亿元，增长32.3%；财政收入41.3亿元，增长19.08%；外贸进出口总额12.04亿美元，增长31.45%；利用外资6 817万美元，增长15.62%；城镇居民人均可支配收入14 123元，增长11%；农村居民人均现金收入8 424元，增长25.3%。

（转载《中国纪检监察报》2011年12月9日第1版）

民意为重　民生优先

——北海市加强和创新社会管理纪实

《广西日报》记者 / 邓　萍　通讯员 / 伍朝胜

"以后不用在小艇上过夜啦！" 从卖杂货的小艇搬进廉租房的越南归侨翟大爷乐开了花。像翟大爷那样，去年受惠于北海市实施安居工程的困难群众有 2 404 户。与此同步实施的社会保障惠民工程、教育惠民工程等 12 项为民办实事项目，描绘出了北海市一幅幅和谐画卷。

把提高百姓的幸福指数作为凝聚改革发展的动力。北海市委主要负责人深情地说，坚持民意为重、民生优先，是实现经济发展、社会和谐、百姓幸福的重要举措。

尊重民意：科学决策纳民智

"我提的建议被政府采纳了。"市民老李高兴地说，政府公开征集"为民办实事项目建议"是真心的！北海市政府每年都通过媒体和网络公开征集公众意见、建议，其中许多被政府采纳并付诸实施。今年，还将公开去年市民建议成果转化的情况。

"改善投资环境，促进投资项目落户北海。"这是网友"老黄牛"在北海政府网意见栏上的留言。

"抓投资环境促项目，就是抓发展保民生。"北海市政府主要负责人说。以推进政府与民众的互动为着力点，北海市深化作风建设活动，改进服务作风，提升服务形象。去年，在 13 个乡镇、街道建成政务服务中心，初步形成市、县（区）、乡镇（街道）三级政务服务体系，通过加强市政务服务中心建设，实现了高效规范服务，合浦县被列为全国加强县级政府政务公开和政务服务试点县。国家城调队民意调查显示，群众对北海“政府办事公开的评价”满意率居全区首位。北海还在全国250个地级市城市商业信用环境评比中名列前三位，入选中国最具投资潜力城市50强。投资环境的改善，促进了招商引资，去年新引进项目130个，实际到位资金310亿元、增长25%，实际利用外资2.1亿美元。获批为首批国家外贸转型升级（水产品）专业型示范基地。

“今年政府能不能把重庆路建好通车？”家住重庆路附近的老庞在北海政府网上发帖呼吁。

群众呼声是第一信号。为回应百姓的新期待，自2009年始，北海市连续3年投入10多亿元，启动3期“民生路网”工程建设，对市内36条“烂尾路”“断头路”按照城市Ⅰ级标准续建。通过硬化、绿化、亮化，使20世纪90年代初房地产热退烧后遗留的“老大难”问题得到彻底解决。

现在，北海市领导和部门负责人定期与市民直接对话，市长信箱和热线、政府信息网长期开通，重大决策、重要政策在第一时间公开发布。随着群众诉求表达渠道不断拓宽，民意在市委、市政府决策中占有的权重越来越大。今年，在广泛征求民意的基础上，筛选出11项实事工程，内容涉及群众基本生活、城乡建设、环境优化、社会保障、社会事业等方面，总投资达16.24亿元，“惠民”放在了最重要的位置。

改善民生：加快发展促保障

今年春节刚过，北海市“春风行动农村劳动力转移就业专场招聘会”现场热闹非凡。仅1月30日，就有117家企业入场招聘，提供1.2万个就业岗位，达成就业意向6 380人。“这里的工作机会多，等工作安定下来，我就把父母接过来一起生活。”河池市姓韦小伙子专程从家里赶到北海参加招聘会。

就业是民生的第一要务。北海市集中力量抓大项目，推进园区建设，发展壮大企业，促进城乡就业。2011年，全市280个重点项目完成投资254.6亿元，园区经济完成规模以上工业产值440.9亿元、增长75.7%；实现城镇新增就业人数4.53万人，城镇登记失业率3.05%，农村劳动力转移就业新增2.06万人。

北海市从解决百姓的衣食住行、疾苦冷暖等民生问题入手，把新增财力向基层倾斜、向农村倾斜、向困难群众倾斜、向社会事业倾斜。去年，共投入民生领域资金80.3亿元，增长35%。建立从基础教育到高等教育的资助体系，资助学生4.33万人次、金额3 228.6万元；投资3亿多元的市人民医院、中医院和铁山港区人民医院综合住院大楼投入使用；投入资金两亿多元用于保障性住房建设，建设廉租住房2 404

套，发放廉租住房租赁补贴 970 户，改造棚户区住房 2.6 万平方米，改造移民旧房 180 户；3.77 亿元的民生路网三期工程 13 条道路已建成通车，实现移民村屯道路硬化 22 千米；农村自来水普及率提高到 61%，又有 5.01 万村民饮上了安全卫生水。

北海市不断完善社会保障体系。去年，全市新农合参合率达 99.17%，居全区首位；88.3% 的行政村（社区）建立了劳动保障工作站，五项主要社会保险的参保人数和征缴任务超额完成，城市和农村低保户实现应保尽保。

理顺民心：服务百姓促和谐

北海市大力推进社区化管理、亲情化服务，逐步实现社会管理方式从管控到服务的转变。

2011 年 8 月上旬，北海市民主评议政风行风“走进园区”“走进社区”“走进重大项目建设现场”等活动拉开大幕，众多政府部门和公共服务行业单位面对面接受企业评议，倾听市民诉求，零距离为企业和群众排忧解难。

“党员志愿者服务队”“青年志愿者服务队”“巾帼志愿者”“社区医疗义务服务队”等 10 余个志愿者服务组织，常年活跃在全市农村、社区、街头、企业，免费为群众提供医疗保健、法律咨询、义诊、修理等各项便民利民服务，参与者达数千人，目前这种志愿者活动已形成制度。同时，依托乡镇（街道）综治信访维稳中心，北

银滩大道（王宏武 / 摄）

海在全区率先建立妇女儿童维权点，形成了基层妇女儿童维权工作网络。

寓管理于服务中，在服务中延伸管理，促进社会和谐。在海城区、银海区，由综治办牵头设立的流动人口服务站点有 12 个，配备流动人员登记协管员 200 多名，通过信息化手段，实时采集流动人口信息，逐步建立以证管人、以业管人等工作机制，为流动人口提供“一站式”服务，增强了治安管控能力。

把以人为本、执政为民贯穿于创新和加强社会管理全过程，激发了社会活力。目前，北海已成为广西“和谐社区建设示范城市”。海城区被评为“全国和谐社区建设示范区”，所辖广场东里、贵州南路和独树根东等社区荣获“全国和谐社区建设示范社区”称号。

（转载《广西日报》2012 年 4 月 14 日 1 版头条）

第三篇

转型升级　千帆向海

（2013年1月—2016年12月）

2013年1月13日，时任广西壮族自治区党委书记彭清华（左三）莅临北海诚德集团考察（北海市志办/提供）

2013年4月25—26日，广西壮族自治区主席陈武（左二）到北海出口加工区调研（出口加工区/提供）

经　济

2013年12月30日，南宁站举行区内动车首发仪式，南宁开往桂林、柳州、防城港、北海等等9对动车（李君光/摄）

2016年，北海海洋产业科技园获评“国家科技兴海产业示范基地”。图为建设中的北海海洋产业科技园区（李君光/摄）

北海：潮起正是踏浪时

《人民日报》记者 / 王明浩　庞革平　谢振华

北海，地处广西南端，北部湾东北岸，是古代“海上丝绸之路”的重要始发港，中国首批沿海开放城市，我国西南、中南地区对外开放的重要出海通道和广西对外开放的先行市。国家历史文化名城，南珠故郡，拥有“天下第一滩”银滩和中国最大、地质年龄最年轻的火山岛、中国最美的海岛之一——涠洲岛。

投资 24 亿元、年产量 120 万吨，工业废水废酸深处理回收利用实现零排放的冷轧项目，2014 年 12 月 26 日在北海市铁山港投产。而据最新数据，借力几年来产业发展的重大突破，北海成为 2014 年广西唯一实现 GDP 两位数增长的城市。

北部湾畔这座珍珠之城，在落实广西北部湾经济区规划，贯彻“一带一路”倡议中，在几起几落后，“既要金山银山，又要绿水青山”，实现了浴火重生，走上了可持续发展之路。

枕着北部湾激越的涛声，北海发展一波三折：从古代“海上丝绸之路”始发港，到中国首批沿海开放城市，得风气之先；却在 20 世纪 90 年代因“房地产泡沫”破裂，满目疮痍；抓住北部湾开放开发的机遇，大力实施“三年跨越发展工程”，创下过去 5 年间 GDP 年均增长 17.7%、财政收入年均增长 33.2% 的广西纪录，引人瞩目。

“共建 21 世纪‘海上丝绸之路’，是一个延续历史、面向未来的伟大战略构想，更是北海加快发展的重大历史机遇。”自治区党委常委、北海市委书记王小东表示，北海将立足共赢发展，以加强海上互联互通建设、国际产业合作、文化交流为重点，努力把北海打造成为共建 21 世纪“海上丝绸之路”的海上合作重要通道、产业合作重要平台、文化交流重要基地。

涛声越千年

波斯的陶壶、斯里兰卡的琥珀、马来西亚的铜熏炉……这些来自各国，沉淀着光阴印记的奇珍异宝，为何齐聚在北海市合浦汉代文化博物馆？

“自日南障塞、徐闻、合浦船行可五月，有都元国；又船行可四月，有邑卢没国……”翻开《汉书·地理志》，可以找到这么一段中国海外交通史的文字记录。

2 000多年前，汉代使者满载各种丝绸和黄金，从广西合浦、广东徐闻等地乘船出海，沿海岸而行，先后到达了现在的越南、泰国、印尼、马来西亚等地，最远到达印度和斯里兰卡，历时一年多，他们与沿途的国家进行商贸交易，购回了大量的明珠、壁琉璃和奇石异物。在合浦考古中，发掘出了近千座汉墓，墓中出土了许多水晶、海蓝宝石、玛瑙、琥珀、黄金饰品等。“这些舶来品，都是昔日海上丝绸之路中外贸易交流的历史见证。”合浦汉墓博物馆馆长廉世明说。

帆影苍茫，舟楫相望；披荆斩棘，迎风破浪。千百年来，这条海上丝绸之路航线，成为中外贸易往来的大动脉、人文交流的重要纽带，各国人民共同谱写了千古传诵的友好篇章。

2 000多年后，北海人把这段历史搬上了舞台：公元前111年，汉武帝的使臣到达合浦，寻找由海路到达西域的通道。其间，合浦大浪港口开始建造数百吨的海船。同年，汉武帝的使臣和船队在合浦大浪港转载货物，开始了一次彪炳史册的伟大航行。

接受使命的大浦与新婚妻子阿斑离别，阿斑将红纱巾扎在大浦手腕上。她期待着不久的将来，在月光岩上，红纱重逢。数年后，历经艰辛的大浦终于完成使命，婉拒了已程不国公主梅丽莎的求爱，带着北部湾各国赠送的玉器与香料启程返国。踏上故土的大浦，却看到阿斑已如一座石雕，无限思念地遥望着大海。一遍遍的呼唤，一次次的爱抚，终于情动天地，阿斑缓缓苏醒过来……

这部我国首部海洋性题材历史舞剧——《碧海丝路》首演后好评如潮。随后，传递和平共处、互利共赢理念的《碧海丝路》，出访马来西亚、斯里兰卡、韩国等国，广受欢迎，成为新的和平使者。

南珠故郡，是北海又一标签。明代屈大均的《广东新语》就有“合浦珠名曰‘南珠’”“东珠不如西珠，西珠不如南珠”之说。南珠光质兼优，古代“海上丝绸之路”开辟后，远销海外。正如北海市文化学者范翔宇所说：“先有珠后有市，先有市后有路，路通了丝路就走起来了。”

珠城起大潮

铺开亚太地图，北海的区位可谓得天独厚：地处中国大陆南端，背靠大西南，面向东南亚，是我国西南地区唯一既通高速铁路、高速公路，又有机场和深水海港的城市。

漫步“滩长平、沙细白、水温净、浪柔软、无鲨鱼、无污染”的银滩，看潮起潮落，思接千载，悄然动容——

从汉书里的“海上丝绸之路”，到近代的开埠通商；从首批沿海开放城市，到“房地产泡沫”，再到如今的千帆竞发。“因海而名，因海而兴”的北海，几经辉煌却复归沉寂，起落不定的命运，令人感喟。

直到2008年年末，北海GDP只有276.5亿元，人均1.76万元，财政收入27亿元，在首批14个沿海开放城市中“垫底”。

区位独特、资源丰富，缘何起起落落？面朝大海，身处前沿，为何却不能实现可持续的发展？几经探索，寂静反思，北海人找到了“病灶”：没有产业支撑，没有实体经济引领，发展就只是个空架子！

2009年，国际金融危机呼啸而至。瑟瑟寒风中，北海人“危”中见“机”：中央投资和重大产业布局向西部倾斜，《广西北部湾经济区发展规划》加快实施，加快发展产业、夯实产业支撑，正是良机！

北海新的机遇，来了！

2010年年初，北海启动了旨在提升城市发展内生力的“三年跨越发展工程”，将石油化工、电子信息、临港新材料等优势产业作为发展突破口，围绕产业大抓项目建设，“一年继续打基础、两年明显见成效、三年实现大跨越”。同时，不断优化北海工业园区、出口加工区、铁山港（临海）工业区等产业发展平台，推动企业向园区集中，促进工业集约化、规模化发展。

谋定后动，上下同欲。“等不起、慢不得、坐不住”的北海党员干部，以“真抓实干、把事干成，造福百姓”的魄力与勇气，吹响了加速赶超的“冲锋号”。

全国第一条固态干钽电容生产线，广西第一块笔记本计算机电池、第一台电脑电源，广西第一台液晶电视下线……多个“广西第一”在这里诞生，一批广西或全国空白在这里被填补。北海电子信息产业“从无到有、从弱到强”，实现爆发式增长，“北部湾硅谷梦”渐行渐近。

总投资200多亿元的北海炼油异地改造石化项目，仅用了18个月便实现投产，创下全国同行业建设速度之最，圆了北海人多年的“大石化梦”。

世界林浆纸产业巨头斯道拉恩索公司，来了；全球知名台式电脑光驱生产企业台湾光宝集团，来了；著名液晶显示器生产企业冠捷科技，来了；中国最大能源企业之一的神华集团，来了……

一批又一批的行业龙头企业纷至沓来，一个又一个的重大项目落定生根，北海甩掉了“无产业支撑”的帽子。

阔步追赶，北海交上喜人答卷。过去 5 年，北海创下 GDP 年均增长 17.7%、财政收入年均增长 33.2% 的广西纪录。

更难能可贵的是，北海经济持续增长，能耗不升反降；工业疾速快跑，碧海蓝天依旧。

2014 年前三季度，北海市逆势飞扬，完成地区生产总值 556.6 亿元、增长 14.1%，增速在全区 14 个地市中排第一位，是全区唯一一个保持两位数增长速度的地市；完成财政收入 92.96 亿元、增长 17.26%，增速排全区第二位；完成公共财政预算收入 33.56 亿元、增长 26.7%，增速排全区第一位；完成规模以上工业总产值 1 075.8 亿元、增长 32.1%，历史上首次在前三季度就突破千亿元大关，增速排全区首位；规模以上工业增加值增长 24%，增速排全区首位。

速度快、质量好、结构优、后劲足，“北海现象”频获点赞。

头顶“中国人居环境范例奖”“国家级生态示范区”城市、“国家园林城市”等光环的北海，正以优美的“竞走”姿态，奔向经济生态共赢共进的美好未来。

风起再扬帆

蓝色，是北海的底色；开放，是北海的基因。

2 000 多年前，这里便是古代“海上丝绸之路”的重要始发港；19 世纪末，北海被列为通商口岸后，8 个国家领事机构设立于此。这里一度成为中国南方重要的对外贸易港口之一；1984 年，北海成为我国首批进一步对外开放城市……

潮起正是踏浪时。建设 21 世纪“海上丝绸之路”的伟大战略，让北海的开放发展开启了新境界。

“作为中国与东盟开展交流与合作最早的城市之一，北海率先开辟了与东盟国家的海上航线，是广西与东盟国家开展友好城市建设最多的城市。”北海市政府经济研究中心主任洪小龙认为，从历史渊源、文化积淀、区位条件、发展基础等诸多方面看，北海具备更多承担 21 世纪“海上丝绸之路”建设先行区的光荣使命。

数据最具说服力。至 2013 年，北海市与东盟国家贸易总额从 2004 年的 1 080 万美元，提升至 4.92 亿美元；2013 年，北海市与东盟贸易总额，相比于 2004 年增长了 44.56 倍；东盟已成为仅次于香港特区的北海第二大贸易伙伴。大量的机电产品、电子信息产品、高新技术产品、水海产品、豆粕、皮革制品、农药等“北海造”产品行销东盟国家。截至2014年5月，已有6个东盟国家83个企业到北海投资，实际利用外资1.05亿美元。

既“引进来”，又“走出去”。1993—2013年，北海市共有13个企业走出去到东盟国家投资，在农业开发、农产品加工、农产品进出口等领域投资总额达4 632万美元，涉及东盟5个国家。

在携程、途牛等旅游门户敲入关键词“北海”，跳出的多条旅游线路中点赞率最高的，便是北海至越南下龙湾海上旅游航线。1997年，北海市开通部分东盟国家旅游航线。10多年来，北海赴东盟国家旅游航线开航达1 500多个班次，接待大批游客。

2012年11月，北海与南京、泉州、广州等其他8个城市共同申报的“海上丝绸之路”项目，已正式列入中国申报世界文化遗产预备名单。目前，申报工作正扎实推进。

“北海能有今天的发展得益于对外开放，北海的优势也在于对外开放。”市委常委、常务副市长林山青表示，北海将抓住历史机遇，围绕加大开放力度与做大产业，参与共建21世纪“海上丝绸之路”，进一步把北海的经济做大做强。

涛声越千年，风起再扬帆。既有古代“海上丝绸之路”的辉煌，又拥有独特的区位，更具备海上合作的港口、产业、商贸、人文等基础，北海参与和推动21世纪“海上丝绸之路”建设，可谓“天时、地利、人和”。

市长周家斌表示，北海将抢抓历史机遇，按照“把广西建成我国西南中南地区开放发展新的战略支点”和北海“北靠腹地、向南开拓”要求，以打好“东盟牌”“粤港澳牌”为重点，实施更加积极主动的开放带动战略，形成全方位开放新格局，为21世纪“海上丝绸之路”建设贡献更大力量。

（转载《人民日报》2015年1月8日）

北海高新区获国务院批复升级为国家级高新区

《广西日报》记者 / 曾俊峰

2013 年 10 月 29 日，出口加工区 B 区建设进入攻坚阶段，综合楼昨天顺利封顶，工人们摄下这难忘时刻（廖德光　颜　强 / 摄）

3 月 30 日记者从北海市相关部门获悉：国务院已正式批复同意北海高新技术开发区升级为国家高新技术产业开发区。这是继南宁、桂林、柳州之后我区第 4 家国家级高新区，也是我国西部地区唯一的沿海国家级高新区。

2001 年，经自治区政府批准设立北海高新区，2006 年原北海华侨投资开发区并入。高新园区实现创新式发展，形成“开放式空间布局、一区多园、联动发展”园区建设模式。近年来，北海高新区实现快速发展，先后引来中国酒店管理软件开发领军企业石基信息、世界 500 强企业甲骨文公司等知名企业入驻建设产业基地，谋划建设了北海软件信息产业园、银河城市科技产业城（一期）等一批创新载体，诞生了包括广西最大软件企业在内的一

2013 年 10 月 27 日，北海出口加工区单月进出口额首次突破一亿美元大关（北海市志办 / 提供）

批广西高新技术产业创新发展的中坚力量。北海高新技术创业园已成为广西北部湾经济区的科学技术创新、科技成果转化与产业化、高新技术企业孵化、创新创业人才培养集聚、高新技术产业发展辐射的基地，并先后被认定为“自治区电子商务示范基地”、“自治区服务外包园区”、首批“自治区级文化产业示范园区”。

2010 年开始，该市按照“以升促建”总体要求，启动北海高新区创建国家级高新区工作；2012 年 4 月，自治区政府正式向国务院上报《关于北海高新技术产业园区升级为国家高新技术产业开发区的请示》。历经 5 年的艰苦努力，北海高新区实现了华丽转身，正式成为全国 129 家国家级高新区中的一员。根据国务院批复要求，北海国家高新区将实行国家高新技术产业开发区的政策，成为高新技术企业“走出去”参与国际竞争的服务平台、抢占世界高新技术产业制高点的前沿阵地、区域经济发展方式转变的重要引擎。

（转载《广西日报》2015 年 3 月 31 日）

搭建“海上丝绸之路”新支点的北海实践

伍朝胜

2013 年 12 月 7 日，一艘大型货轮在北海港石步岭码头装载集装箱准备运往香港（刘玉珠 / 摄）

阳春三月，正加快搭建“海上丝绸之路”新支点的北海喜讯频传：国务院于 3 月 23 日批复同意北海港口岸（包括市辖区内的石步岭、铁山港和涠洲岛港区）扩大开放；3 月 27 日，批复同意北海高新技术开发区升级为国家高新技术产业开发区；3 月 26 日，北海主板公司“北部湾旅”在上海证券交易所正式挂牌上市……乘帆“一带一路”倡议，如何搭建“海上丝绸之路”新支点，使经济体量摆脱“小舢板”魔咒，逐步向“旗舰”转变？北海市用自己的发展交出了答卷。

“新通道”重现丝路繁华

2 月 9 日，广西北部湾—东盟海上丝绸之路邮轮航线正式开航当日，北海邮轮“北部湾之星”号从北海港出发，沿着古老的海上丝绸之路航线一路南下，让 284 名游客饱览了越南岘港、芽庄，马来西亚关丹、云顶、热浪岛等东南亚旅游胜地的美景。

这只是北海发展海上旅游、实施“走出去”“战略的一个缩影。历来，北海就是古代海上丝绸之路的枢纽、中国和东南亚文明的交汇地之一，海丝文化在此淬炼。北海与东南亚国家与生俱来的地缘、人缘、情缘和共同的文化纽带，更成为北海实施“走出去”战略的优势。

“开放是北海最大、最突出的优势，北海将做好‘一带一路’这篇文章，让丝绸之路优势助推全市经济再上新台阶。”广西壮族自治区党委常委、北海市委书记王小东说。在建设“21 世纪海上丝绸之路”的呼声中，北海决策层打出“两张牌”：一张是利用直面东盟各国的优势，发展海上旅游，加强与东盟各国的文化交流；另一张则是充分利用港口资源，重点打造港口经济。

在北海港，晚春时节的霞光正涂抹出一派生机勃勃的景象：大型集装箱堆积如山，大型门机林立划一，卡车时有往来，工人忙着搬运袋装货物……这已经成为北海港口经济，发展的常态镜头。

2014 年 4 月，北海市与贵阳市签订了合作框架协议，双方共建“北海贵阳港”，推动贵阳综合保税区和北海出口加工区合作，并适时在北海启动规划建设贵州（或贵阳）临海物流产业园。而此前，北海市已与云南省携手在北海建设总面积 4.5 平方千米（包括 4 个 10 万吨级泊位）的云南临海产业园。

“我们公司的出口产品主要销往东南亚国家，从北海港出口，直接降低企业的物流成本，也给北海港带来广阔的腹地货源。”贵阳市龙头企业瓮福国际贸易股份公司总经理杨三可说。

西南出海大通道与国际大市场紧密对接，加快了港口经济转型升级，促进了外贸发展。2014 年，北海全市外贸进出口总额超 35 亿美元，增长 30%；招商引资实际到位资金 33.93 亿元，增长 15.69%；实际利用外资（全口径）3.8 亿美元，增长 47.3%。

与此同时，随着“邮轮经济”持续升温，面向东盟国家的区域性国际邮轮母港建设也紧锣密鼓地推进。这个预计总投资超 20 亿元、设计标准为年通过能力 200 万人次的项目，是目前我国南方在建年接待能力最大的邮轮码头，2016 年投入使用后，将为北海旅游业发展插上腾飞的翅膀。

“新基地”促产业转型升级

3 月 27 日，随着国务院正式批复同意北海高新技术开发区升级为国家高新技术产业开发区，北海抢占高新技术产业制高点有了前沿阵地，同时也为北海经济发展方式转变架构了重要引擎。

“打造创新基地，让更多的创新要素向产业集聚，加快走出去步伐”。秉承这一共识，北海市先后建成了国家科技兴贸创新基地（电子信息）、国家加工贸易梯度转移重点承接地国家外贸转型升级专业型示范基地（水海产品）和广西第一批外贸转型升级专业型示范基地（皮革制品基地）等一连串开放开发的“金钥匙”。

坐拥多项产业扶持政策的“红利”，北海市电子信息产业近几年一直在创新之路上拔足飞奔：全国第一条固态干组电容生产线投产；广西第一块笔记本计算机电池诞生；广西第一台 LED 自适应显示器、广西第一台液晶电视下线……

如今，号称“北部湾硅谷”的北海已实至名归：2014 年，全市电子信息产业总产值突破 810 亿元，占据广西七成份额，为 2014 年广西电子信息产业突破千亿元大关作出了突出贡献。

不仅“北部湾硅谷”光彩耀目，石油化工、临港新材料等“绩优股”也炙手可热。2014 年，电子信息、石油化工、临港新材料产业共完成规模以上工业产值 1 281.3 亿元，占比达 80.2%，成为北海工业实现腾飞和走向海外的三大“领头雁”。2009 年以来，全市出口东盟的机电产品、高新技术产品均以两位数增长。广西福达汽车制造有限公司、中国扬子集团滁州客车制造有限公司等一批企业也在北海展开生产及合作业务，建立面向东盟的加工制造基地及商贸基地。

以合浦县惠来宝机械制造有限公司为代表的北海本土机械制造企业通过打开东盟市场，步入快速发展的轨道。眼下，这批外来或本土的潜力股企业发展势头喜人，产品深受印度尼西亚、越南、缅甸、马来西亚及菲律宾等东盟国家的青睐。

“同城化”激活假日经济

黄昏时分的北海市广东路，文记海鲜大排档正迎接一大批外地游客。“以前店里生意时好时差，高铁开通后，来店里吃海鲜的人一波接一波，前段时间把店后面的几间民房租来改造成包间，还是不够用。”店老板老文说。

这一喜人变化源于北部湾经济区同城化建设。

2013 年 12 月 30 日，南宁至北海的高铁正式开通。以此为发端，北海市深化户籍、港口园区通关、金融及人才开发、行政管理等重点领域和关键环节改革，加快推进北部湾经济区同城化和区域一体化发展。

“乘坐动车沿线出游将会形成一个热潮，尤其是极大地牵引出周末游和公共假日游。”广西大学商学院旅游系教授凌常荣说。日益发达的交通和便捷的工作生活条件，让老百姓享受到更多便利和好处的同时，也让北海市调整优化旅游产品结构的战略有了腾挪的空间，促进了传统的人文观光旅游向文化旅游、生态旅游和休闲度假旅游等复合型产品形态转变。

2014 年，北海接待国内游客 1 771 万人次、增长 16.4%，国内旅游收入 168.11 亿元、增长 22.46%；接待入境过夜游客 12.1 万人次，增长 4.42%；实现旅游外汇收入 4 745.91 万美元，增长 10.17%。

翻开地图，广西 1 500 多千米的海岸线上，南北钦防加崇左、玉林、百色七市正好形成一个“倒三角”的黄金经济区域，这里各种交通大动脉交汇，既可以接受粤港澳的辐射带动，又能集聚大西南的资源，建设西南出海大通道大有文章可做。

“北部湾经济区产业协作，最忌同质化竞争。”北海市市长林山青说，为此，北海市将按照《南北钦防玉崇百七市旅游合作框架协议》分工要求，主动作为，加强协作，积极构成区域联动资源共享、市场共建的大游览大产业格式，合力打响“北部湾牌”旅游业，真正使“新海上丝绸之路”成为黄金旅游航线。

（转载《当代广西》2015 年 5 月上半月号第 9 期）

面向东盟交流融合

——北海开放合作踏浪而起

《人民日报》记者 / 王明浩　谢振华

北海高新技术产业园区“升格”为国家级，成为我国西部唯一一家沿海国家级高新区，北海港口岸获国务院批准正式扩大至石步岭、铁山和涠洲岛三个港区；“北部湾旅”登陆 A 股，涨势“停不下来”……枕着北部湾激越的涛声，北海喜事连连。

千年潮未落，踏浪再进发。从古代“海上丝绸之路”的重要始发港，到近代的开埠通商，再到首批沿海开放城市，“因海而名，因海而兴”的北海，正紧紧抓住“一带一路”建设机遇，积极打造 21 世纪海上丝绸之路的海上合作重要通道、产业合作

2013 年 12 月，在“海巡 10151”全程清道扫航下，首艘 10 万吨级货轮成功靠泊铁山港十万吨码头 2 号泊位（北海市志办 / 提供）

重要平台、文化交流重要基地。

北海是我国西南地区唯一既通高速铁路、高速公路，又有机场和深水海港的城市。市长林山青表示，北海出口加工区 B 区一期工程的建成封关运行，特别是北海高新技术产业园区“升格”为国家级高新区和北海港口岸的扩大开放，为北海落实“一带一路”规划，扩大面向东盟的开放合作，加快构建更有活力的开放型经济体系，提供了强大的通道支撑。

产业带动，北海与东盟国家经贸往来日趋热络。2004 年，北海与东盟的贸易总额仅 1 080 万美元，至 2014 年达 4.64 亿美元，10 年增长 40 多倍。截至 2015 年 4 月，已有 6 个东盟国家在北海投资 81 个项目，合同外资额 3.2 亿美元，实际利用外资 2 323 万美元。

文化交融，越走越亲。“文化交流比经济往来更少功利性，更具融合性。北海充分利用与东盟国家交往历史，发掘与东盟国家长期形成的共有文化资源，既走出去，又引进来，更好地服务国家睦邻友好的外交战略。”北海市委常委、宣传部部长、副市长谢向阳说。

“无论是过去、现在还是将来，开放都是北海最大、最突出的比较优势。北海将牢牢抓住‘一带一路’建设机遇，加快形成面向国内国际的开放合作新格局，通衢东盟、拥抱世界，为 21 世纪‘海上丝绸之路’建设贡献更大力量。”广西壮族自治区党委常委、北海市委书记王小东话语坚定。

（转载《人民日报》2015 年 5 月 19 日第 1 版）

广西北海：抓住新机遇“古港”再起航

《经济日报》记者 / 齐　慧　童　政　孙世芳

广西北海市合浦县的汉代文化博物馆珍藏着一件镇馆之宝——西汉晚期的深蓝色玻璃杯。“据考证它应该来自东南亚地区，它的出土，向我们讲述了2000年前合浦在古代丝绸之路上的贸易是何等的繁荣与发达。”馆长廉世明告诉《经济日报》记者，

铁山港码头新姿（邓超斌 / 摄）

在古代海上丝绸之路形成之初，北海合浦便是海上丝绸之路的始发港，成为当时汉朝与亚洲、非洲及欧洲通商往来的重要门户。但由于各种原因，合浦港逐渐衰落。

纵观历史，在经历多次“骤起骤降”后，北海人对于重铸辉煌无比渴望。改变过去“潮起即兴、潮落即衰”的发展模式，实现持续稳定发展，该如何去做?

建设21世纪海上丝绸之路，为北海提供了历史机遇。“2008年国务院批准实施《广西北部湾经济区发展规划》，将经济区的开放开发上升为国家战略，北海就此进入了新的发展阶段。”广西北海市副市长刘志明说。

2010年年初，北海启动了旨在提升城市发展内生力的“三年跨越发展工程”，紧抓政策导向，将石油化工、电子信息、临港新材料等优势产业作为发展突破口，围绕产业抓项目建设。由于铁山港工业区具有临海的区位优势，石油化工、临港新材料等大项目均落户于此。

铁山港工业区里，一派繁忙的建设景象。在远离海岸的5.3千米处，中石化LNG液化天然气项目正在紧张施工中。“项目建成后，从这里进口的天然气可供广西、粤西等地使用，为当地居民生活和‘一带一路’建设提供能源保障。”中石化北海液化天然气有限责任公司副总经理李世科在施工现场告诉记者，目前工程已经接近尾声，预计年底就可以投产。

2014年，北海市电子信息、石油化工、临港新材料三大产业合计完成工业产值1 312.95亿元。2012—2014年，这三大产业合计完成产值分别比上年增长129.3%、23.2%和19.8%。

“经过近几年的积累和努力，北海的产业支撑和文化支撑显著增强，开放水平明显提高，进入了产业带动跨越发展的新阶段，为北海参与共建21世纪海上丝绸之路打牢了基础、提升了优势”。刘志明每周都会去几个大项目区走访，了解企业的需要，实现对接保障。

基础打好了，越来越多的企业进驻北海。在国家级广西北海出口加工区里，记者看到有个厂区正在一车一车地装产品。上去询问后才知道，原来这是一家生产弓箭和自行车的韩国企业，当天有两车产品正在装车发往比利时和韩国。

“我们考察过很多地方，包括越南等东南亚国家，最终选择了落户北海，一方面因为区位优势明显，另一方面因为这里基础设施建设和政策真的很给力”。公司总经理韩国人赵镛夏在这里已经工作了5年，他很适应这里的生活。

与赵镛夏具有同样感受的，还有来自台湾的建兴光电科技北海有限公司进出口与关务部经理魏庆纶。在这里工作5年后，他不仅带领同事在公司40多个分公司中业绩名列前茅，自己也在这里娶妻生子，“公司进驻之前，我以为北海是西部地区会很落后，不想来，现在是来了就不想走。”魏庆纶说，他相信随着“一带一路”的建设，北海的基础设施和经济发展会越来越好，他们的公司也会迎来发展新机遇。

北海市中心有一条100多年历史的老街，一座座有百年历史的西式建筑诉说着曾经的繁华。“我们盼望着北海重现往日的辉煌。”曾经在老街当讲解员的李春燕说出了北海人的心声，他们有信心在历史的新起点上，重铸海上丝绸之路建设的新辉煌。

（转载《经济日报》2015年7月15日）

擦亮南珠品牌

伍朝胜

“越客采明珠，提携出南疆，清辉照海月，美价倾皇都。”唐代伟大诗人李白对南珠的赞美，道尽了北海珍珠产业的千古辉煌。

历史上的南珠曾走过汉唐鼎盛之极，也曾经历明清濒临绝迹的窘境。如今，凤凰涅槃的南珠产业再次展现出勃勃生机。2014 年，北海海水珍珠产量占全国一半左右，综合利用水平已处于国内领先水平，年交易额超过 8 亿元。

复兴之路：“科技指挥棒”导出南珠新业态

1957 年 11 月，周恩来总理指示：“要把合浦珍珠搞上去，改变几千年的自然采珠为人工养殖。”1958 年，我国第一颗海水养殖珍珠在合浦县营盘镇横空出世，这一创举填补了我国人工育珠的空白。1962 年 4 月，著名剧作家田汉在参观白龙珍珠城

第五届北海国际珍珠节暨 2013 年北海国际海滩旅游文化节开幕式现场（马继涛 / 摄）

旧址后，赞美之情油然而生："海鲨闻说守杨梅，贯月奇光去复回。北海开池初结果，南康剖蚌半含胎……"

从20世纪80年代起，南珠养殖逐渐形成规模并成为北海的特色产业，1996年直逼巅峰：建立珍珠养殖场2 000家，珍珠年产量近20吨，原珠年产值20多亿元。丰厚的产值利润，不仅吸引了成千上万的本地群众投身养珠产业，也让邻近的广东、福建等省的上千养殖户接踵而来。然而，传统落后的养殖模式加上2008年发生的冰冻灾害，让南珠产业遭遇了灭顶之灾，珍珠贝死亡率达90%以上，绝大部分珠农血本无归。

"前几年，因为珍珠养殖区多年高密度养殖，导致养殖环境恶化病害增加，珍珠贝死亡率高，万贝产珠由1千克下降到0.2千克，价格也下降到原来的1/4。"铁山港区营盘镇彬塘村珠民老吴慨叹。

"暮春争赛白龙池，挂席乘潮采不迟。千尺赢筐垂海底，翻被不使巨鱼知。"沿袭了2 000多年的传统养采模式，让南珠产业发展越来越力不从心。经过对自身发展模式不足的审视与反省，北海的决策者们敏锐而清醒地认识到：要让资源优势转换为产业优势，南珠产业必须形成规模，必须与高科技结合。提高科技对南珠发展的贡献率，才能提升南珠产品的竞争力，改变徘徊与反复的命运。

2014年4月，国家珍珠产业综合标准化示范区项目在北海启动，计划3年内在"合浦南珠"传统培育区的合浦、铁山港及涠洲岛等传统珍珠养殖区选取1万亩海域，推进标准化示范区建设。

同年9月，"2014北海珍珠产业发展论坛"拉开帷幕，来自清华大学、全国标准化技术委员会珍珠分技术委员会、中国科学院等高校和科研院所的众多专家聚焦南珠产业，提出了许多真知灼见。

坚持高擎"科技指挥棒"，用高新技术改造传统南珠产业，催生了民间的技术创新激情。营盘镇珍珠养殖户石子聪以南珠之乡合浦的珠母贝为贝体，用生物技术方法培育出五彩缤纷的海水彩色珍珠。经专家验定，该项目具有科学性先进性和实用性，其成果在马氏珠母贝彩色珍珠研究方面属国际首创。

"目前普通的海水养殖珍珠价格是每粒5—100元，而彩色的海水养殖珍珠的价格为每粒50—1 000元。一串彩色海水养殖珍珠可卖到3.9万元，卖5串就可以换得一辆中档小轿车。"营盘镇彬塘村委党支部书记周怀立兴奋地说。

如今，北海市国家珍珠产业综合标准化示范区已完成13.33公顷示范养殖基地的扩建，今年5月已完成30万贝插核，6月中旬检测结果显示，该插核贝成活率为92%，留核率为86%，比传统术后贝成活率80%和留核率50%分别高出15%和72%

以上。预计此批珍珠每万贝可收1.6—2千克，比传统养殖产出高出60%以上。

生态之路："绿色新衣"披就南珠新光环

近年来，随着北海工业化"补课"力度加大，有人担心对海洋环境要求很高的南珠产业会再次遭遇"滑铁卢"。对此，北海市决策层提出，既要"金山银山"，又要"绿水青山"，更要"碧海银滩"，不以牺牲环境和浪费资源为代价换取经济的一时增长。

在铁山港临港工业区的中石化北海炼化厂区，内有大片清澈的池塘、绿树成荫的精致小花园，池水中成群结队的鱼儿摇着尾巴欢畅游动。出人意料的是，这池里用的竟是炼化厂处理后的废水。"我们的污水处理自用率达到90%，剩余的10%送到附近的北海诚德做工业用水。"炼化厂综合管理部科长刘志乾介绍，炼化厂建有国际一流的烟气脱硫系统燃料气回收系统等环保设施，从源头到生产末端全过程控制污染物排放。

近几年，飞来北海栖息繁衍的数万只白鹭以及合浦沙田海域活动频繁的"海牛"成为评判北海生态环境的"活指标"。这背后是北海持续推进经济效益和环境保护并举战略的成果——高污染、高能耗项目被拒之门外，业内是否认可、资金是否充裕、环保是否到位成为招商引资的"硬杠杠"。生态环境的华丽转身，让养珠业有了肥沃的"海洋土壤"，也为珍珠品质的提高奠定了基础。

2006年4月，北海市国家珍珠及珍珠制品质量监督检验中心挂牌成立，让长期以来靠肉眼辨别珍珠优劣的传统检测办法成为历史。该中心的负责人表示，要推动"南珠"行业标准制订，引领"南珠"产业标准化生产，确保"南珠"产业规范经营。

2012年11月，广西珍珠及珍珠制品标准化技术委员会、广西珍珠产业先进质量管理方法推广联盟在北海市正式成立，委员会负责制定珍珠的生产、加工、销售等标准和技术规范，解决长期以来珍珠生产无标可依、生产无序的混乱局面。目前，《马氏珠母贝原种》《马氏珠母贝亲贝和种苗》《马氏珠母贝珍珠养殖技术规程》《地理标志产品合浦南珠》《非食用海水珍珠质层动粉》《海水药用无核珍珠》6项广西地方标准获批实施，另有8项进入广西地方标准立项盘子。珍珠系列标准"硬杠杠"的设立，确保了珍珠鉴别"有标可依"，为南珠产业发展披上了新光环。

如今，获得"合浦南珠"国家地理保护标志产品的"乌坭池牌合浦南珠"等一批产品渐成知名品牌，深受国内外消费者青睐。

“我们自产的珍珠根本不愁卖，香港珠宝商老盯着要货呢！”合浦乌坭珍珠养殖场场长黄炳权对南珠发展前景充满自信，“我们还要在全国主要城市开分店，借‘合浦南珠’的名声，将经营业务拓展到钻石、黄金、玉石、水晶等领域，扩大南珠的知名度和美誉度。”

文化之路：“品牌战略”助推南珠新跨越

七月流火蝉鸣欢。7 月 8 日，在一派喜庆喧闹中，北海市南珠博物馆举行了盛大的开馆仪式。南珠博物馆是北海市 2015 年度丝绸之路文化产业 26 个重点项目之一，是全国首家以南珠为主题的综合性文化博物馆。北海是国家历史文化名城，更是著名的南珠之乡，“珠还合浦”“割股藏珠”“珠龙玉鞍”等传说故事在民间广为流传，经久不衰。南珠博物馆的成立仅仅是南珠乘着品质崛起的东风，昭示南珠文化春天到来的一抹亮色。

然而，如何打造南珠文化品牌，重振南珠辉煌？乘着“一带一路”倡议春风，充分挖掘历史文脉、突出南珠文化优势，擦亮“海上丝路”这张国际名片，推进南珠品牌的国际化。这一共识正写在全市上下的心里，逐步变成看得见的风景。

作为国家海水珍珠标准、标样制作研制单位，广西南珠宫投资控股集团有限公司致力于打造中国南珠第一品牌、中国民族珠宝品牌，不断完善生产工艺，创新营销策略。经过多年发展，实现了珍珠产业产值年均 20% 的增长态势，2011 年、2012 年成为中国—东盟博览会指定珍珠礼品供应商；2011 年，南珠宫携合浦南珠成为中国—东盟博览会、世界客属恳亲大会指定珍珠礼品供应商；2012 年、2013 年连续参展中国—东盟博览会，荣获中国—东盟博览会 10 周年合作伙伴优秀贡献奖。

“致力于将南珠文化与旅游产品捆在一起联合营销，让北海风光成为南珠的导游，让南珠成为北海旅游的名片，是北海市助力旅游推进南珠复兴的智慧之举。”广西南珠宫投资控股集团有限公司董事长王世全对市委、市政府发展南珠产业的“良方”十分推崇。

“良方”的实施，首先是萃取南珠的文化符号。北海市在车站、广场和城市人口等重要节点，建设了一批蕴含南珠文化特色的标志性文化设施和文化载体，形成鲜明的城市文化特色，在卖景观的同时也卖南珠文化。其次是包装特色文化资源。北海市近两年来陆续让北海国际珍珠节、海滩旅游文化节北海珍珠展等闪亮登场，开辟“珍珠文化体验游”“珍珠市场淘宝游”等“创意旅游”产品，让游客直接参与活动，受到了广大游客的热捧。今年 1—6 月，全市共接待国内旅游者 900 万人次，同比增长

2018 年 2 月 26 日，北海市政协主席、市振兴南珠产业领导小组组长、市南珠振兴产业办公室主任李蔚（左一）深入南珠养殖核心区一线，对南珠养殖技术培训和插核准备等工作进行检查指导（北海市政协/提供）

10.7%，而珍珠产品的销售态势也一路高涨。

畅通历史文化“血脉”，让南珠文化软实力成为实实在在的核心竞争力，也使北海作为我国海水珍珠及珍珠系列产品主要集散地更添异彩。

（转载《当代广西》2015 年 10 月上半月号第 19 期）

十年再造新北海

《人民日报》记者 / 刘华新　庞革平　谢振华

6 月 16 日，由芬兰和瑞典合资的斯道拉恩索集团在广西北海投资的包装白卡纸生产线正式投产。该项目不仅是斯道拉恩索在中国投资最大的林纸一体化项目，也是欧盟对华投资的重大项目，总投资达 191.2 亿元人民币。此前不久，年接转 300 万吨的中石化广西 LNG 项目投产；中石化炼化公司完成检修、恢复生产；骨干企业诚德集团提高用电负荷 20%，开足马力加大产量；电子信息企业开工率 100%，今年新增的 10 家规模以上工业企业中，电子制造业企业即占 7 家、累计新增产值 14.2 亿元，拉动全市规模以上工业增长 3.4%，贡献率近三成……

2013 年 7 月 30 日，广西液化天然气（LNG）项目开工建设。（马继涛 / 摄）

这是广西北海市今年经济增长的若干亮点，也是近 10 年来北海“凤凰涅槃”的一个掠影。

把握重大机遇，走出发展新路

北海，古代“海上丝绸之路”重要始发港，近代通商口岸；20 世纪 80 年代曾荣列全国首批 14 个沿海开放城市，却因“房地产泡沫”重创而坐失发展良机。到 2005 年，潮起潮落，北海经济依然总量小、基础差、底子薄，蹒跚的步履远远跟不上其他开放城市大步前行的步伐。

2006 年，广西北部湾经济区设立；2008 年 1 月，国家正式批准实施《广西北部湾经济区发展规划》，北部湾开放开发上升为国家战略。从此，起落不定的北海迎来经济腾飞的重大机遇。

机不可失，时不再来。经过研究，北海重新确定了城市功能定位——建成区域性现代产业集聚基地、旅游商贸物流中心、开放合作重要平台和生态宜居城市，成为北海发展的总目标。

十年磨一剑。这一次，北海交出了一份靓丽答卷：全市地区生产总值从 2005 年的 164.6 亿元提高到 2015 年的 892.1 亿元，年均增长 15.6%；同期，财政收入从 19.3 亿元提高到 143.0 亿元，年均增长 22.19%。2012—2015 年，北海的经济增长速度连续 4 年排在广西 14 个设区市的首位，成了名副其实的发展“领头羊”。

依托实体经济，夯实发展之基

国际金融危机的教训告诉人们，只有大力发展实体经济，形成雄厚的产业支撑，经济才有可持续发展的根基。

2006 年以前，北海产业以水泥、烟花、制糖等传统工业为主，规模小、实力弱。北海迫切需要培育发展优势产业。

结合自身资源禀赋，北海把坚持发展壮大优势产业作为贯彻实施《广西北部湾经济区发展规划》的关键之举，精心打造北海工业园区、铁山港（临海）工业区、北海出口加工区、北海高新区、合浦工业园区、北海国家（海洋）农业科技园区暨海洋产业科技园区以及龙港新区铁山东港产业园，全力筑巢引凤，产业支撑显著增强，电子信息、石油化工、临港新材料三大产业迎来大发展。

中国电子行业的领头企业中电集团来了，并且形成强大的“蝴蝶效应”，吸引了一大批产业链上下游企业陆续进驻。2015 年，北海电子信息产业产值达 1 034.8 亿元，成为北海首个千亿元产业。受到这一发展大势的激励，去年年初，全球最大的信息管理软件及服务供应商美国甲骨文公司在北海建立了人才产业基地。“我们已与广西 10 多所高校合作，进行师资和在校生培训，目的是用甲骨文国际化的标准技术，培养国际化人才，增强广西信息技术业发展后劲。”甲骨文（广西）OAEC 人才产业基地副总经理曾梓璧说。

2005 年，北海全市石化产业产值仅为 19.66 亿元，几经周折，北海从 2009 年开始对原在市区的炼油厂（60 万吨 / 年）实施异地搬迁改造，创造了同类项目 18 个月建成投产的新纪录；2015 年完成升级改造，实现产值 259.06 亿元。

10 年前，北海的临港新材料产业几乎是一片空白，北海 2010 年引进建设北海诚德新材料项目，2011 年 3 月一期工程投产，从开始到投产仅用一年时间，创造了同类项目建设的最快纪录。

“三大产业从无到有、从小到大，2015 年合计产值 1 638.3 亿元，占全市规模以上工业总产值的 87.5%，对全市经济增长的贡献率达 96.9%，充分说明了产业支撑的关键作用。”广西壮族自治区党委常委、北海市委书记王可表示。

突出开放优势，推动开放发展

开放是北部湾经济区的最大优势和最根本出路，也是北海加快发展的必由之路。“10 年来，北海实施积极主动的开放带动战略，打好东盟和粤港澳‘两张牌’，开创全方位、多层次、高水平对外开放的新局面，始终走在北部湾经济区开放开发的前列。”北海市北部湾（广西）经济区建设管委会办公室副主任冯卫说。

北海是我国西部地区唯一同时拥有海港、机场、高速铁路和高速公路立体交通网络的沿海开放城市。目前北海火车站每天开行的动车车次达到 24 对。新建航站楼投入使用，机场旅客吞吐量从 2005 年的 20 万人次增长至 2015 年的 107.8 万人次。建成铁山港 1—4 号 10—15 万吨公用码头泊位，港口年吞吐量增长了 1 698 万吨，铁山港 5—6 号泊位、石头埠作业区水工工程基本建成，铁山港航道二期扩建工程也已开工建设。

以参与共建 21 世纪海上丝绸之路为重点，北海全面深化与东盟各国的国际开放合作，东盟已成为北海的第二大贸易伙伴。同时，北海以推进产业合作为重点，承接粤港澳的产业转移，香港成为北海最大的外资来源地、最大的贸易伙伴和主要的出口中转港。在北海的外资企业中，来自香港投资的企业占 52%。

10 年来，北海不断推进贸易通关便利化，促进对外贸易稳定增长，培育和支持现有外贸企业做大做强，外贸进出口总额从 2005 年的 1.96 亿美元增长至 37.9 亿美元，年均增长 34.5%。

狠抓生态建设，实现绿色发展

北海市委宣传部副部长梁思奇讲了一个生动的事例：中石化北海炼化公司的新厂区，建了一个污水池，里面可以养观赏鱼，“不过，污水是经过处理的，公司将 10% 的投资用在环保上”。

北海拥有“滩长平、沙细白、水温净、浪柔软、无鲨鱼、无污染”的“天下第一滩”银滩，中国最大、地质年龄最年轻的火山岛、中国最美海岛之一的涠洲岛，中国十大魅力湿地之一的国家级山口红树林保护区。“既要金山银山，也要绿水青山，更要碧海银滩。北海无论怎么发展，都必须把生态建设放在发展全局中的突出位置。”北海市市长林山青说。

几年来，北海经济总量和工业产值持续快速增长，与之相伴的是万元 GDP 能耗、万元规模以上工业增加值能耗持续下降。“十二五”期间，北海已全面完成国家和自治区下达的节能减排任务。空气质量优良率稳居全国、全区前列，城市饮用水水质达标率连续五年保持 100%，近岸海域一、二类海水比例保持在 90% 以上。城镇污水处理率达 85%，主城区生活垃圾无害化处理率达 100%，森林覆盖率达 36.3%。清洁乡村、生态乡村建设持续推进，农村人居环境显著改善。北海，不仅经济实现了新腾飞，而且生态环境持续优化，先后荣获中国十佳宜居城市、国家园林城市、国家级海洋生态文明建设示范区、中国人居环境范例奖、中国生态名城等称号。

去年，北海银滩游客达 593 万人次。广西专门发布了《北海银滩保护条例》，使北海银滩的生态环境保护和环境综合整治有了法律保障。“北海市成立了银滩保护和建设工作领导小组，对银滩的环境、旅游秩序进行综合治理和日常维护，巡查、制止、查处破坏北海银滩生态环境的行为。”北海市旅游发展委员会负责人说。

十年开拓，十年巨变。如今的北海，散发出新的别样魅力！

（转载《人民日报》2016 年 6 月 27 日）

文化旅游

2013 年 10 月，第十四届“文华奖”评选揭晓《碧海丝路》获“优秀剧目奖”（李君光 / 摄）

2013 年夏，中越青年在海滩公园举行趣味运动会（李君光 / 摄）

2013 年 8 月 3 日，《碧海丝路》在国家大剧院首演成功，动人的剧情打动了全场 2 000 多名观众，舞剧展现了北海独有的疍家风情（严　丹 / 摄）

2013 年 8 月 27 日，北海市首届“十大经济人物”颁奖典礼现场（马继涛 / 摄）

北海向文化借力实现跨越发展

伍朝胜

2013年9月28日，海城区书画艺术协会组织一批书画家及书画爱好者来到海门广场，以廉政文化为主题，为社区居民现场挥毫泼墨、赠送墨宝，受到社区居民的欢迎（李君光/摄）

五月春风劲，又逢周末晚。在广西壮族自治区北海市合浦县廉州广场，“廉州之廉·和谐颂清风”文艺晚会带着观众跨越千年时光，感受古廉州清官廉吏的故事：珠还合浦、廉山留名、孔庙敬贤、七贤请命……

在北海，像这样“接地气、聚人气”的廉政文化活动正呈现勃勃生机。北海市委书记王小东说：“历史文化是一个城市的精神源头，只有从历史文化中汲取科学发展的动力，才能培育城市发展的内驱力和生命力，实现跨越发展。”

北海市自古钟灵毓秀，廉政文化源远流长。孟尝太守德政、费贻太守清廉、李逊太守为民请命等古廉州历史上的一批清官廉吏的事迹，一直为历代北海百姓津津乐道，广为传颂。古为今用，充分挖掘宝贵的历史文化资源，是北海在新形势下加强廉政文化建设的发力点。

北海历史文化大家谈专题讲座、普仁医院历史文化研究座谈会……在北海市，与廉政有关的历史文化讲座登堂入室，让老百姓更多地感知和认可丰厚的廉政文化遗产。自2009年起，该市将文物古迹开发保护与发展旅游业相融合，坚持品牌带动，以挖掘景点廉政文化内涵、拉长旅游产业链条为主要举措，逐年加大资金投入，相继建立了“东坡亭”“廉泉”“海角亭”“普仁医院”等廉政文化教育基地，彰显古迹旅游景点的廉政元素。截至今年3月，基地共接待全市干部群众2万多人次，并受到游客追捧。

“文化而润其内，养德以固其本。”北海市委常委、市纪委书记宁小平表示，加强廉政文化建设，必须重视领导干部良好的从政道德养成。从思想道德抓起具有基础性作用，道德高尚是领导干部做到清正廉洁的基础。今年4月9日，北海12名拟任职处级领导干部走进考场，参加了由市纪委、监察局组织的任前廉政考试。

“干部提拔先考廉。谁不过关，提拔暂缓。”北海市委组织部负责人说。2009年，北海在广西率先建立拟提拔领导干部任前廉政考试制度，将廉政道德和法规考试与干部任职挂钩，在广大党员干部心中筑起第一道“防火墙”，强化党员干部秉公用权、廉洁从政的价值理念。

“用民一钱，如针刺吾体血，吾不忍也”；“一丝一粒不妄取于民”……由北海市纪委、监察局编写的《廉州之廉》一书，记载着古廉州130多位清官廉洁奉公的故事。坚持教育在先、预防在先、警示在先，北海市突出抓好党的纯洁性教育、示范教育、作风形象教育、岗位廉政教育、惩防体系宣传教育“五项教育”。去年，全市544名党政主要领导带头上党课，表彰并组织学习反腐倡廉工作的先进典型，开展以全市处级干部和部分重点领域、关键岗位的科级干部为重点的“正风气、树形象、促跨越”系列警示教育活动，有效强化了广大干部的廉洁从政意识。

风清气正好扬帆。与4年前相比，北海2012年地区生产总值翻了一番以上；财政收入翻了近两番；全社会固定资产投资扩大了2.6倍；全市GDP、财政收入、规模以上工业总产值和增加值的增速在广西排名第一。近年来，北海先后荣获“中国历史文化名城”“中国人居环境范例奖”“国家园林城市”“中国最具投资潜力城市50强”等称号。

（转载《中国纪检监察报》2013年5月13日）

北海：海洋旅游风生水起

伍朝胜

8 月 3 日晚，国家大剧院歌剧院。大型历史舞剧《碧海丝路》踏着海洋文化的足音，向北京的观众款款走来。古代北海人开辟海上丝绸之路的故事，让观众体会到海洋文化的魅力。

海洋文化是北海的历史积淀，是北海海洋旅游开发的优势资源。今年上半年，全市共接待国内游客 790.50 万人次，增长 21.8%；接待入境旅游者 5.82 万人次，增长 21.76%；国内旅游收入 63.25 亿元，增长 25%；国际旅游收入 2 017.40 万美元，增长 34.14%。

事实上，近三年来，北海旅游业都以年均 20% 的增长速度发展。

北海旅游业为何爆发出如此惊人的能量？“北海旅游业在加快观光型向度假休闲型转型进程中，海洋旅游业成为全市旅游经济的重要引擎。”北海市委书记、市人大常委会主任王小东一语道出玄机。

蓝色引擎，拓展业态“大气场”

作为古代“海上丝绸之路”始发港的北海，凭借得天独厚的海洋资源，传承远洋贸易、耕海牧鱼、滩涂垦荒等传统海洋产业，祖祖辈辈北海人在此安居乐业。

然而，随着海洋旅游业崛起，传统依海而生、耕海而获的生活受到挑战。数据显示，目前在中国海洋经济总产值中，滨海旅游业占 25.6%，位居第一，超过捕捞渔业、船舶油气等产业。

面对方兴未艾的海洋旅游，北海路在何方？

经过充分调研，北海决策层形成共识：北海最突出优势是海洋优势，加快北海跨越发展，必须从更高的起点、用更大的气魄去谋划、提升、发展海洋旅游业。

承担中（北海）越（下龙湾）海上旅游航线运营任务的“北部湾之星”号邮轮整装待发（李君光/摄）

由此，2012年2月，北海市出台《关于进一步加快旅游产业发展的意见》，明确提出要“加快海洋旅游开发”，并配套出台扶持海洋旅游业发展的土地、税费、财政等领域的优惠政策。

今年以来，北海市抓住开展“2013中国海洋旅游年”机遇，以海洋文化为底蕴，推进城镇化建设与海洋旅游业结合，加快打造区域性国际滨海休闲度假城市步伐。

首先，在高位布局。以“星岛湖—南流江—廉州湾”“大冠沙—银滩—冠头岭”“涠洲岛”三大海洋旅游优势资源富集区整体大规模集中开发为重点，按照国际一流标准，把景区景点星级酒店、高档商贸娱乐中心等建设有机结合起来，进行高水平高速度高效率的统一成片开发，不断拓展旅游发展空间，优化产业结构，提升产业发展水平。

其次，以海滩发力。加快银滩国家旅游度假区冠头岭至大冠沙沿线旅游设施和重大项目建设步伐，推进中信国安北海生态旅游区、海上丝绸之路博览中心、腾飞北海酒店、冠岭山庄、邮轮专用码头、国际客运港渔人码头和佛教文化园等建设，促进银滩国家旅游度假区的转型升级。

再次，从海岛突破。按照“国内一流、国际知名的休闲度假海岛”的总体定位，大力推进涠洲岛旅游产业综合改革实验区建设，促使环岛路、游客集散中心和西角码头改扩建等项目落地，打造“一湾（南湾风情度假湾）、一岛（斜阳岛顶级休闲度假岛）、两翼（石螺口休闲度假区、东岸国际社区）、三区（热带农业休闲区、西港物流控制区、北岸高端生态旅游度假区）、一海（海洋休闲运动区）”的格局。

而今，跻身“中国十佳人居城市”“中国十大休闲城市”“中国旅游竞争力百强城市”之列的北海，“海水海滩海岛、海鲜、海洋珍品、海底珊瑚海洋运动、海上森林、海上航线、海洋文化”为代表的“十全十美”海洋之旅，吸引大批中外游客纷至沓来。

文化建设，打造业态特色游

盛夏，涠洲岛盛唐村的天主教堂迎来法国游客波尔特。“这偏僻小岛上还有这么好的教堂，太不可思议了。”望着维护一新的教堂，波尔特动情地说。

曾映照过法国神父身影的涠洲岛盛唐村，100 多年西洋文脉延绵不断，从侧面向世人展示着海洋文化的开放性、包容性和生命力。

“没有文化作支撑，北海就是瘸子。北海发展海洋旅游业，文化建设至关重要。”市长周家斌坦言。

为此，北海市把文化建设作为提升海洋旅游的第一要务，着力在文化旅游项目和产品开发提速上下功夫。

为撩开西洋文化神秘面纱，北海市将分属各有关单位的英国领事馆旧址、德国领事馆旧址、德国森宝洋行旧址、法国领事馆旧址。北海海关大楼旧址等全国重点文物整合起来。构建北海近代西洋建筑文化旅游线路，让西洋“佳丽”走出“深闺”百媚生。

为重现古代海上丝路美景，开发建设合浦乾江古港、海上丝绸之路博览中心等，打造海上丝绸之路主题公园，展现北海源远流长的海上交通史和勇敢无畏、有容乃大的海洋文化精神。

同时，推进合浦汉代古墓遗址、文昌塔及合浦博物馆等建设，打造合浦古郡汉文化旅游区；依托白龙珍珠城、乌坭珠池及仿古演绎“珠还合浦”传说等，建设南珠文化旅游区，擦亮南珠品牌。

此外，充分发挥海洋之窗、海底世界等特色文化旅游资源优势，不断完善远古海洋、时光隧道、珊瑚海、海之角等十六大海洋科技旅游文化产品，挖掘整理更多海洋的古老民间传说和神话故事，满足游客探奇览胜的需要。

“打好珍珠牌，做好滩文章”。乘着“2013年中国旅游年”活动的东风，北海市全面启动“第五届国际珍珠节暨北海国际海滩旅游文化节”筹备工作，用生态文明、海洋文化的理念对南珠品牌优势和海滩旅游资源优势进行策划包装，用生态经济、健康价值的特征进行推介宣传，吸引战略性旅游投资开发，拓展观光型和度假型双重旅游客源市场，扩大品牌效应，提高城市品位。

如今，北海融滨海度假、沙滩运动、生态探秘、避寒养生、跨国旅游、南珠风情游历、美食购物、文物古迹观赏等为一体的旅游目的地综合体日臻成熟，商务旅游、会展旅游、自驾车旅游迅速兴起。

直击短板，构建业态新景致

三伏天，晚霞把北海银滩映照得分外妖娆，滩上游人如织。来自贵州的游客李先生一家在纵情嬉水。

“我们来到这里尽情享受了浪漫的滨海风情，纵情领略了海洋文化的深邃，尽兴品尝了海鲜美味，这个假期真有意义。”李先生感慨地说。

食、住、行、游、购、娱旅游产业六要素齐发力，软、硬件同步提升，是北海市推进海洋旅游服务体系建设的落脚点。

经多年潜心打造，银滩国家旅游度假区、金海湾红树林生态休闲旅游区、涠洲岛旅游区、老城历史文化旅游区等休闲产业“样本”的旅游功能日臻完善，但也“短板”突出：景区建设方面，资源配置处于条块分割状态，现有景区弱、散、乱、小，没有形成有机的整体；配套服务方面，缺乏完善的基础设施支撑。

北海市直击短板，新招频出。三年来，全市投入旅游基础设施建设资金10多亿元，吸纳各类资金30多亿元，建成了海门国际旅游休闲中心、红树林温泉等一批观光、度假、生态旅游项目，初步形成了国家和地方政府加大投入、外资和民营资本加快进入、金融机构积极参与的多元化旅游项目投资建设格局。

针对基础设施薄弱的问题，三年来，北海市投资3亿多元加快涠洲岛景区建设，确保道路绿化、地质遗迹保护、垃圾污水处理、游客服务中心及酒店设施等10个项目投入使用。金昌开元名都大酒店、冠岭山庄期工程、银滩1号国际会议中心等投入使用，提高了旅游服务承载力；大江埠风情村、金海湾红树林景区、合浦汉代文化博物馆成为3A级景区，使全市A级景区达到7家，强化了旅游的娱乐观赏性。此外，北海市增设空中航线 15 条，还加强了北海至涠洲岛航线运力建设，使北海至涠洲岛航运由 3 小时缩短到不足 1 小时，海陆空立体交通网络锦上添花。

海洋旅游还带动了农渔民转产转业，一大批“渔家乐”“农家乐”应运而生，催旺了“海上观光，赶海垂钓，吃住渔家”等旅游项目，引无数游人流连忘返。

（《当代广西》2013 年 9 月上半月号第 17 期）

北海：文化春风美乡村

《广西日报》记者 / 邓　萍　通讯员 / 伍朝胜

“美丽乡村顶呱呱，讲究卫生人人夸。清理垃圾讲科学，治理农村脏乱差……”天刚擦黑，北海市海城区驿马办事处驿马村文艺队编排的快板、山歌、腰鼓舞等文艺节目便闪亮登场，吸引着乡亲们前来捧场。

在北海，像驿马村这样富于田园风韵、散发出滨海芳香的文化活动，如春风化雨，滋润着百姓心田，充实了农民文化生活。

村民自编自演的舞蹈《重任在肩，鹰步不停》（林启波 / 摄）

拓展乡村大舞台，让农民分享文化红利

午后，暖阳把铁山港区南康镇陂塘村照得一地金黄，在村党小组活动室、青年活动中心、图书室、电子信息室、科技培训室、农民乐园里，阵阵欢声笑语引人驻足。

“现在村里文化搞得好，钱花在文艺上值得。”村委会主任蔡世钦说，他们村农民已先后出资 6 万多元兴办文化事业，仅成立村粤剧团所需购置的音响、服装、道具就花了 3 万多元。“村里粤剧团演的唱的是自家身边的事，乡亲们别提多乐呵。”陂塘村百姓说起村里粤剧团时脸上溢满幸福。

坚持政府主导、农民主体、干部服务、社会参与的工作机制，是北海市农村文化建设取得成功的良方。去年以来，全市用财政和项目资金 2 亿多元，撬动农民投劳筹资 5 000 多万元、社会各界捐资 2 150 万元，农村基础设施和文化建设投资总额近 3 亿元，取得了财政资金“四两拨千斤”的投资效应。目前，全市已初步形成镇一级以宣传文化站为中心，村一级以文化广场为中心，户以农家书屋为中心的特色鲜明、功能相对完备的文化阵地。其中，文化广场包括球场、舞台、图书室、电教室等基本要素。眼下，遍布城乡的文化场所成为传播先进文化的主阵地，促进了乡村农民文化活动常态化，凝聚了农民卫生文明共识，“巾帼清洁队”“夕阳红清洁队”“环境小卫士”等一大批农民自发组织的清洁队伍应运而生，群众参与“清洁乡村”活动的热情空前高涨。

擦亮文化“土特产”，让乡村艺术源泉迸发

黄昏，走进银海区银滩镇南湾村，广场上彩扇翻飞，歌舞升平，曲乐声、欢笑声搅热了沉寂的村落。“挽起裤腿下田是农民，洗净泥巴上台是演员”。农民文艺队、球队、棋艺队晚上的闪亮登场，成了南湾村一道亮丽风景。如今，北海市像南湾村这样开辟文化夜市的村（社区）近 1 000 个，每天吸引 10 多万名群众在家门口享用“文化大餐”。

农村文化的发展繁荣，必须尊重农民群众主体地位，发挥农民群众首创精神，紧紧依靠农民群众来推动。秉承这一理念，北海市“情暖乡村同欢乐”文化惠民工程由此拉开帷幕，通过广泛开展文艺下乡演出、文化艺术知识普及教育、文化艺术技能辅导等形式多样的文化惠民活动，推进文化帮扶由“输血”向“造血”转变，拓展农村文化自我积累、自我发展、自我提高的空间。去年以来，全市共举办文化队伍素质提

升培训班 11 期，培训乡村文化骨干 200 多名；举办文化惠民演出 80 场次，指导农村业余曲艺团演出 90 场次，举办讲座、报告会 30 次，受益群众 10 多万人次。

随着文化惠民工程的推进，一批农民歌手、农民艺人脱颖而出，带动了乡村文化创作热潮。去年以来，基层农村创作编排和演出的各类文艺节目 90 多个。海城区高德办事处高莱村疍家文化艺术团蓝天艺术队受邀参加在韩国首尔举办的文艺汇演，疍家文化节目《奔腾》获得“国际中老年艺术节文艺汇演金奖”。铁山港区南康镇编排的女声独唱《花开了》获八桂群星农村文艺汇演金奖……这些名副其实的“土特产”点缀着“村村有绝活、镇镇有特色”的文化景观，提升了农村群众的文化品位和文明水平。

打造乡村新风貌，让文化旅游成“摇钱树”

北海市涠洲镇盛塘村蕉林滴翠，村美路洁，渔舟唱晚，让人心醉。

北海市坚持文化与旅游相融并进，让农民“既享受好环境，又过上好日子”。

为展现农耕文化，体现生态风貌、农耕风俗的特征，去年以来，北海市大力推进千里乡村公路畅通工程、城乡风貌改造建设，拆除改造一批农村旧房、危房，组织 14 个乡镇开展国家级生态乡镇创建活动。农耕文明根植于乡村并迅速传播，让游客留恋丘陵阡陌之青、畅享空气溪泉之清、体验海滨田园之美。

为加快生态旅游观光业发展，北海市大力实施休闲农业观光工程，建成一批集休闲度假、观光旅游、科普教育、生态农业体验于一体的综合性休闲农业园区，促进文化创意、生活体验、休闲度假、旅游观光等业态相融发展，让农业观光旅游的发展走在广西的前列。如今，北海已建成农业旅游示范点 5 个、农家乐 28 个。文化与旅游资源正形成产业集聚，转化为现实生产力，成为农村经济新的增长点、百姓增收的亮点。

（转载《广西日报》2014 年 2 月 24 日第 1 版）

北海海洋文化：发展新引擎

伍朝胜

海天一色，滩景秀丽，游客流连。5 月 2 日，全国各地数万游客蜂拥北海银滩，观摩沙雕作品、品味沙雕文化、领略海滨风情。《南珠之乡》《越南风情》《老人与海》等广西 100 多名“雕师”在银滩“论剑”，让市民和游客饱餐海洋文化盛宴。来自北京的游客小申惊叹：“没想到，北海沙滩文化搞得人气这么旺！”

文化产业增加值连续 3 年超过 20%，海洋文化创意产业各项指标居自治区前列。这些骄人的业绩表明，海洋文化产业已逐步成为带动北海文化大发展、大繁荣的新引擎。

夏日，游客在有“天下第一滩”美称的北海银滩戏水休闲（谭瑞军 / 摄）

文化是推动北海科学发展的强大力量，自治区党委常委、北海市委书记王小东表示，要让海洋文化在北海文化复兴中唱主角。

政府主导：海洋文化再弄潮

世界比基尼小姐大赛、北海老城文化艺术节、沙滩运动会、大型海滩 DJ 音乐会、北海国际南珠文化展览会等海洋文化节庆活动，让众多游客和市民玩得酣畅淋漓。

近三年来，北海市旅游经济指标保持接近 20% 的高位增长。有数字显示，仅今年“五一”期间，银滩 18 个特色海鲜排档就接待游客近 30 万人，营业额达 5 000 万元。

“提升北海的城市软实力远比一两个项目更重要，这是关系到北海长期发展的百年之事。”北海市委书记王小东研判形势后，在一次市委常委会上强调。

“要以海洋文化资源为媒介，大力发展海洋文化产业，最大限度地释放出人文价值和经济价值。”在北部湾经济区开放开发的大潮下，北海市委、市政府解放思想，提升站位，以开阔的视野，谋划海洋文化发展战略。

2011 年 7 月，北海出台《关于加快北海市文化产业发展的实施意见》，明确文化产业的阶段性发展目标：至 2015 年，力争建成 1—2 个自治区级、5—10 个市级文化产业园区（基地），文化产业增加值占全市 GDP 比重达 5%，使文化产业逐步成为经济发展的重要增长点和支柱性产业。

随后，北海市首个金融支持文化产业战略合作协议落地，金融部将在 5 年内对北海文化企业和项目提供总额 20 亿元的高效金融服务，重点支持自治区级文化产业园区、文化产业基地及产业项目。

“发挥文化产业政策、资金的撬动作用，加快海洋文化产业健康、持续发展。”市长周家斌说。

承载着跨越发展的梦想， 北海立足先行先试，站上了海洋文化发展制高点。

继 2010 年获得“国家历史文化名城”称号后，2012 年，“北海海上丝绸之路”申遗项目成功入选新的《中国世界文化遗产预备名单》，而大型历史舞剧《碧海丝路》获得中宣部“五个一工程奖”，并远赴马来西亚、斯里兰卡、韩国等国家巡演，在对外文化交流活动中，为传播中国历史文化、传递中国和平外交理念产生了积极影响。还有《海恋》《渔家情》《数渔火》《幸福网》等一大批以海洋文化为背景的音乐作品也在国家级的电视展播和评选中获得大奖。

与此同时，一大批海洋文化产业项目横空出世：北海高新区文化产业园、北海园博园“天天演”文化旅游演艺基地已开园迎客；合浦汉文化公园北海北部湾国际文化广场南珠文化主题酒店北海市南珠博物馆、北海贝雕文化艺术博览馆等一批文化产业项目建设正如火如荼；北海国际立体动感球幕影院、北海国际文化艺术品创意产业谷、北海南珠文化旅游景区北海“中国水彩画产业基地”、北海近代西洋建筑文化旅游线路、南珠文化公园、北海“鉴藏天下”文化城等项目正在启动。

如今，北海全市文化企业已增至1 330多家，文化产业从业人员超过了3万人。2013年，北海市文化产业总量在全区排第四位，占GDP比重在全区排第三位。

创意“引擎”：凝聚海洋文化之魂

2011年12月20日晚，斯里兰卡国家大剧院大幕徐徐拉开，气势磅礴、凄美动人的大型历史舞剧《碧海丝路》引领中外观众穿越历史，在丝路之旅中完成一次情感的交流与心灵的碰撞。

从看海、亲海到读海、品海，这样的发展态势既是海洋文化从国内走向国外华丽转身的体现，也是北海市挖掘海洋文化资源、打造海洋创意文化产业品牌的一个缩影。

“海上丝绸之路”始发港、“千年古郡”合浦、“百年老街”珠海路……源远流长的丝路历史、多姿多彩的疍家民俗、别具特色的南珠文化、蓬勃发展的滨海旅游等是北海海洋创意文化资源开发利用的源泉。

去年8月2日，由北海高新技术创业园广西阔迩登文化传媒有限公司制作的《昆塔：盒子总动员（2013）》3D动漫电影，在全国院线同时上映，给火热的暑期档增添了炙手可热的话题。而之前，央视少儿频道轮播的《魔角侦探》，浙江卫视热播的《蓝巨星和绿豆盐》《波比鹿》《天眼大冒险》等优秀动漫作品，也是该公司与合作方智慧的结晶。

“正是看中北海本土历史文化开发前景，我们才吃了秤砣铁了心在北海发展！”羽扇动漫公司何总经理表示，前期40集动漫剧《珠还合浦》已完成制作，这部“大制作”将要拍到100集！海纳百川的“北海精神”，丰沛的海洋文化资源，吸引了众多国内外企业抢滩北海文化市场。近两年，北海先后引进了广西德利投资集团“北海北部湾国际文化广场”、新加坡（北京）中大集团“北海国际文化艺术品创意产业谷”、天津福丰达影视科技集团“北海国际立体动感球幕影院”等一批文化产业项目，总投资达27亿元。而总投资15亿元的北海国际科普动漫产业城项目建设正气势如虹，该项目建成后年均产值将达21亿元，实现利税15亿元，成为北部湾地区规模最大、品位最高、功能齐全的海洋文化特色风景区。

在北海高新技术创业园，随着广西阔迩登文化传媒、北海艺龙影视制作、羽扇动漫、触手动漫、海之门动漫、星宇智能、广西城市设计等40多家公司入驻，一些“海归”和高校教授加盟，以及近千本科以上学历员工参与，促使一批优秀的动漫作品在全国院线、央视和各省电视台闪亮登场，已初步形成动漫产业为主导的海洋文化产业集群带，为北海海洋文化增添了新亮色。

在动漫产业风起云涌之际，北海南珠、北海贝雕、北海水彩画、北海角雕等产业启动了“创意引擎”，贝雕产业近年来先后荣获包括中国工艺美术最高奖“天工艺苑·百花杯”在内的30多项国家级奖项，国内外的订单纷至沓来。“海宝”“名门闺秀”“黑珍珠”等南珠系列产品，涵盖了以珍珠为原料的珍珠首饰、护肤美容品等百余种，深受国内外消费者欢迎。北海文化创意产业横空崛起，点燃海洋文化的生机与活力，增强城市的软实力。

普惠民生：海洋文化产业发展的不竭动力

入夜，海风送爽，可容纳600多人的好莱屋演艺广场演技大厅座无虚席，《珠还合浦》舞台剧、壮族的谢酒歌、东北的二人转等北海市好莱屋文化传媒公司打造的一场场丰富的文化盛宴，让北海市民和游客十分解馋。

在北海，海洋文化发展不只体现在文化产业上，更是带来实实在在的百姓文化福祉。

“文化只有走进大众、贴近民生，才有生命力。”周家斌表示，以人为本，全民分享，才是文化建设的真谛。

基于这一思路，北海市设立文化产业发展专项资金，每年拨款1 000万元，大力扶持文化企业，特别是文化旅游演艺类、动漫类、创意类文化企业的发展壮大，源源不断地为群众性文化事业提供多样化产品。

如今，大型舞蹈诗《咕哩美》大型舞剧《碧海丝路》、神话粤剧《珠还合浦》等一系列享誉全国的文化精品纷纷涌现。而在乡村社区，文化精品也层出不穷。去年，海城区高德办事处高菜村疍家文化艺术团蓝天艺术队就受邀参加在韩国首尔举办的文艺汇演，疍家文化节目《奔腾》获得“国际中老年艺术节文艺汇演金奖”，铁山港区南康镇编排的女声独唱《花开了》获八桂群星农村文艺汇演金奖。

与此同时，“历史文化进校园”“文化欢歌到农家”“艺术培训到乡村”“名家名角下基层”“文化专车下企业”“流动舞台进社区”“艺术精品进院校”等文化惠民服务活动红红火火、渐成常态，搅热了海洋文化产业发展市场。

（转载《当代广西》2014年7月上半月号第13期）

北海首次国际迷你马拉松赛
（谭瑞军／摄）

国家艺术基金2015年度资助项目——交响乐组曲《海上丝路》在北海市人民剧场巡演（李君光/摄）

农业农村

2013 年 5 月 29 日，北海市委、市政府在火车站广场举办美丽广西清洁乡村受赠发放仪式（马继涛 / 摄）

2016 年，涠洲岛入选中国“十大美丽海岛”。图为涠洲岛全景俯瞰（谭瑞军 / 摄）

现代农业打造富美乡村

伍朝胜

人间四月芳菲时，满园春色最怡人。如今的北海，穿行于乡间田埂，你会处处感受到现代农业发展的脉动和乡村美景。

放眼“美丽广西·清洁乡村”活动的大视野，北海市注重发展现代农业与乡村生态建设的良性互动，现代农业正朝着专业化、标准化、规模化、集约化的发展路径华丽向前，让广袤的田野生机勃发，希望升腾，幸福涌动……

合浦县石湾镇是北海最大的豇豆生产区，2016 年，全镇豇豆种植面积 4.2 万亩，日销豇豆 40 多万千克（林启波/摄）

产业化引导清洁乡村新思路

进入合浦县石康镇鲤鱼村，映入眼帘的是错落有致的小洋楼，宽阔畅通的水泥路。10年前，鲤鱼村还是个落后村。村支书杨煜钦介绍，目前村里已有连片蔬菜拱棚1 200多亩，去年仅豆角一项，全村就增加收入300多万元，人均纯收入达6 500元。富裕起来的农民集资25万元修建了道路、下水道、卫生室等公共设施，一幅经济发展生活富足的新农村画卷已徐徐展开。

在北海农业产业化这个大棋盘上，鲤鱼村仅仅是个点。

自治区党委常委、北海市委书记王小东一语中的：在清洁乡村活动中要让“美村”和“强农”兼得，必须认真贯彻党的十八大和十八届三中全会精神，从改善农村群众生产生活条件入手，从保护农村生态环境入手，全力推进农业产业化发展，实现绿色发展、产业富民、乡村美丽。

“优势产业区域化、区域产业特色化、特色产业品牌化”。这是北海用农业产业化战略来深化清洁乡村活动的新理念。由此，北海市强化政府、企业、农民合作共建，推进了农业产业化“双十双百”工程（培育10家年销售收入超亿元的农业龙头企业和10个与之相配套的农产品生产基地，培育100个特色效益突出的专业村和100个与之相配套的农民专业合作组织），构建产销衔接的大平台和快速通道。目前，全市已培育涵盖种植、养殖、加工、流通、休闲观光五大领域的农业产业化龙头企业42家，发展农民专业合作社281家，建立农村信息站点40个，建成使用农贸市场110多个，实现每个经济强村及每个大型农产品基地都有市场配套，产品畅销山东、湖南、湖北、北京、上海、黑龙江等地。

把招商引资与返乡创业结合起来，形成了美丽乡村产业的投资洼地。近两年来，全市共引进农业招商项目11个，引进资金19.09亿元，招商引资企业直接吸收1万多名农民就业，从业农民年均增收6 000元以上。在清洁乡村活动中，仅返乡企业家、农民投资就达2 000多万元。

“特色牌”开辟现代农业新高地

沿着北铁公路前行，道路两旁的现代化日光温室大棚鳞次栉比，蔚为壮观。每到蔬果收获时节，全国各地客商蜂拥而至。

紧紧围绕现代农业发展战略，北海市全力实施“一镇一业”“一村一品”示范工程，形成特色产业发展助推清洁乡村活动的新路子，使之可学可用可推。

强化龙头企业带动。国发公司、高升公司等一批大型龙头企业介入铁山港区营盘镇彬塘村开发后，带动全村农民走珍珠养殖及加工为主的产业化道路。如今，彬塘村发生了翻天覆地的变化，村内水泥街道贯穿于300余幢崭新的楼房，市场、餐馆、商店、旅馆、药店等服务设施一应俱全，小学、幼儿园、卫生所、信用社、电信等公共设施应有尽有。自治区文明村、北海小康示范村等多项殊荣被彬塘村收入囊中。

鼓励经济能人联动。铁山港区南康镇秋风塘村委简屋村由返乡农民企业家简茨牵头，引进400多项生态旅游项目，投入600亩万元建设标准化农田，促进农民增收。去年，全村农民人均增收2 000多元。家底日渐殷实的村民投入150多万元建设公共厕所、排污水沟、集中饲养猪栏等，初步形成了产业特色鲜明、人居环境优美、农民生活富足的美好乡村展示点。

发展特色产业拉动。银海区平阳镇平阳村坚持走品牌化、企业化、专业化发展道路，目前已发展苗木花卉1万多亩，着力打造“北部湾经济区苗木花卉第一村”，产品畅销广东、福建、北京、上海、海南等地，每年实现苗木花卉销售额近亿元，花农年户均增收5万多元。如今的平阳村，一幢幢民房干净整洁，一条条水泥公路贯通村落，一排排整齐的花木映衬村道。

坚持示范基地推动。在福成镇宁海村、古城村、三合口村，平阳镇平阳村、东星村，石康镇大庄江村、红碑城村等建成了30多个高效设施农业基地，辐射带动全市设施栽培面积达11.5万亩，取得了节地、节水、节肥、节能和增产、增效、增值、增收的显著效果。高效设施农业使北海走出了一条“低排放、低能耗、低污染、高产出、高质量、高效益”的低碳经济发展新路子，被自治区农业厅授予“高效设施农业示范推广突出贡献奖”。

“农”“旅”相融并进的转型新模式

大自然赋予北海的旅游资源十分丰饶，不仅有着沙白滩缓的百里银滩，峻峭奇突的岛屿礁岩，倚海而生的红树林，自然天成的千岛星湖，还有丰盛味美的海鲜特产，独具特色的渔乡风情。

怎样才能把这笔“巨额财富”转化成推进富美乡村的“生产力”？

市长周家斌亮出了底牌：推进农业与旅游联姻，大力发展旅游休闲观光农业。

“将旅游与生态观光农业相结合进行开发，既能避免单纯农业开发内容单一、形式不新的弊端，又能通过产业联动，使人们来旅游时享受田园风光，体验农家风情，推动产业发展，促进农民增收致富和美丽乡村建设。”市委常委、宣传部部长、副市长谢向阳这样诠释。

秉持这一思路，北海市依托丰富的旅游资源，精心规划，创新旅游休闲观光农业发展新模式：一是生态型休闲观光农业模式。扶持企业家承租农林地兴办休闲观光农业，如广西合浦蟠龙居茶业有限公司筹资1 000万元兴建“七里香”生态茶园，设立有机茶叶种植区、原生态养殖区、茶文化展示区和精品木雕观赏区，构建“采菊东篱下，悠然见南山”的田园美景，吸引不少游客前来观光。东园家酒厂以酒业为依托，建立起1 500亩生态观光农业示范区，配有果园菜园、渔场奶水牛场、优质肉牛场，充分利用猪牛粪兴建大型沼气池，建设生态节能型的酒业娱乐业，还利用沼液天然有机肥进行种养，走上了绿色循环经济之路。二是科技型休闲观光农业模式。引导企业参与开发特种农业，如广西北海万德庄园与日本草莓种苗公司和中国农业大学、北京农科院在草莓栽种和土肥等技术方面合作，建立温室草莓种植大棚30座，种植隋珠、皇家御用点雪、红颜等名贵品种，让游客品味“一抹红艳青垄上，满面桃花笑春风”风情。三是农家乐型休闲观光农业模式。鼓励农户依托景区发展家庭休闲观光农业，如涠洲镇盛塘村“渔家乐”、铁山港区营盘青山头村“渔家乐”，向游客提供“住农家屋、吃农家饭、干农家活、享农家乐”各种配套服务引得游人如织。四是探奇型休闲观光农业模式。发挥临海优势开发探奇项目，如银海区侨港镇兴办深海捕捞垂钓体验项目，让游客探寻大海奥妙。五是民俗文化型休闲观光农业模式。利用乡情民俗和乡村特色地域文化，建立乡村民俗文化项目，如银滩镇兴办传统赶海项目，涠洲镇发展天主教堂观光项目，营盘镇建设白龙珍珠城观光项目，让游客饱餐北海千年古城的文化。

眼下，伴随着北海现代农业的兴起，其“反哺”美丽乡村建设效应越来越明显：通过促进产业发展与基础配套同步跟进，高标准高质量、快速度建设乡道村道、便民道网络；大面积加快土地整理，调整田形，为规模经营土地、产业连片发展奠定了基础；完善“一事一议”机制，促进垃圾处理费缴纳，推进了持续保洁，逐步走出一条依靠现代农业支撑、旅游产业带动、村民全员参与的“富美乡村”之路。

（转载《当代广西》2014年6月上半月号第11期）

生态版珠乡的生动实践

伍朝胜

江里鱼儿戏水，林中鸟鸣清脆，靓屋炊烟袅袅，邻里笑脸和善……周末，不少在合浦县曲樟乡井山村委井村游玩的游客不禁连声感叹：“来这里吸吸新鲜空气、品品农家美食，洗洗肺、养养胃，真爽！”

水碧楼影，描绘珠乡悠悠风韵；村屯锦绣，展现滨海生态画卷。如今的北海，令人耳目一新的宜游、宜居、宜业景观点缀着广大乡村，生态版“印象珠乡”呼之欲出。

2016 年，北海滨海国家湿地公园成为广西首家国家湿地公园。图为广西北海滨海国家湿地公园内美景（覃　坚 / 摄）

统筹城乡："早起步"垒起新平台

冬日，走进铁山港区南康镇简屋村，两条宽敞平坦的水泥村道交错相通，路侧草木榛莽，掩映着村民的屋舍。"2012 年北海在广西率先实现了通建制村硬底化公路全覆盖，提前 3 年完成了自治区下达的任务，农村公路密度达每百平方千米 69 千米，排全区第一。"市交通局负责人在谈到北海乡村"道路硬化"建设骄人成绩时满怀自豪和底气："到 2016 年，北海将实现建制村客运通达率 85% 以上，建成自然村屯硬化公路 200 千米，惠及 150 个自然村 8 万多人。"

2010 年年初，北海市全面启动千里乡村公路畅通工程，计划用 3 年左右时间，投入资金 4 亿元建设通达 500 多个自然村惠及 60 多万人口的 800 多千米乡村硬底化公路。2—3 月，市委书记王小东深入合浦县石康镇鲤鱼村调研时，站在田间地头向在场的干部群众阐述着北海生态乡村建设的"路径"："要加大基础设施建设和环境综合整治力度，以优美的生态环境和文明新风提升北海竞争力，让农民群众过上文明、和谐、幸福的美好生活。"

循着这条"路径"，全市上下进一步凝聚了"通路才通生活出路，通好路才通生活好路"的共识，并开始了不懈耕耘。截至 2014 年 11 月，全市实施千里乡村公路畅通工程，建设农村公路项目 590 个，硬化公路 1 196.17 千米，惠及农村人口 84 万。农村公路密度建制村通畅率和农村公路硬化率 3 项指标得到较大的提高，在全区排名前列。

当"雨天身泥，晴天身土"转身为"村村通路"时，北海的农业增效、农村发展、农民致富"乡村三驾马车"便迸发出前所未有的活力。截至 2014 年 9 月，全市累计建成特色现代农业示范基地 39 个，高效设施农（渔）业面积 23.32 万亩；累计发展农业龙头企业 43 家，其中国家级 2 家、自治区级 15 家，涵盖种植、养殖加工、流通、休闲观光五大领域。2014 年前三季度农民人均现金收入 12 133 元，增长 12.2%。

突出特色："开良方"打造新名片

田野满眼绿、湖塘水清澈、红林鹭翩跹、龙头水哗哗……"绿衬村，村缀绿"的美景让北海乡村宛如一幅滴绿映翠的水墨画。这里是"广西特色现代农业示范市""首批国家（合浦）现代农业示范区""中国十大魅力湿地"之一、"中国罗汉松之都"。第一家入驻铁山港区的企业——广西渤海农业发展有限公司副总经理卞尊杰充满敬畏地说："保护好北海碧水蓝天是我们每个企业家的社会责任。"

如何将自然资源和产业等优势转化为生态乡村建设优势？北海市委、市政府开出良方：把生态乡村建设放进新农村建设和"美丽广西"乡村建设活动的坐标中，聚集因地制宜、因村制宜优势，做好"生态优先、个性特色、乡土气息"这篇大文章，打造生态文明乡村新名片。

一是用生态方式，提速特色优势产业带。加快发展以南流域为重点的优质高产粮食 120 万亩、以合灵公路沿线乡镇为重点的休闲观光农业等十大特色优势产业带。大力发展绿色生态农业，全市无公害农产品基地发展到 36 个、总面积 108.8 万亩，无公害农产品种植基地占全市耕地面积的 74%。建成无公害养殖场 27 个、农业部水产健康养殖示范场 14 个。合浦县石湾镇汉水村运输户孙仰智感慨地说："农业产业化让我们货运有搞头，现在我们村很多人搞货运后盖起了新房呢。"

二是用生态理念，升华铁路沿线新景观。围绕"开门见绿、推窗见景"的目标，将"绿随路建、绿美结合"的思路贯穿于铁路沿线环境整治行动中，确保铁路沿线两侧各 500 米和车站进出口及各道口周围达到"三个清除"（清除暴露垃圾、清除沿线杂物、清除违章搭建）、达到"四无"标准（无暴露垃圾、无残墙破房、无茅坑旱厕、无废品杂物）和实现"两美化"（沿路房屋风貌美化，绿化美化）。2014 年 11 月 23 日，自治区党委书记彭清华在北海调研时说，北海整个铁路沿线的环境经过整治，有了很大的改观，带动了全区 1 000 多千米高铁沿线环境的全面整治。

三是用生态举措，创新可持续的治水模式。按照"突出重点、科学规划、连片建设、分期实施"的原则，把全市分为东南西北四个片区进行建设，探索出了一条规模化可持续治水新模式。2013 年以来，全市累计完成投资 1.35 亿元，建成农村饮水安全工程 19 处，解决农村 12.23 万人的饮水不安全问题。采取"腾笼换业"、严格审核等措施，关闭取缔污染企业 6 家。

提速之举："脚步量民情"描绘新篇章

2014 年 11 月 23 日，自治区党委书记彭清华在北海调研时充分肯定了开展"美丽北海·清洁乡村"活动取得的成效，希望北海市生态乡村活动走在全区前面，起到表率作用。

号令起风雷，响鼓重锤敲。

2014 年 12 月 2 日，王小东书记冒着寒冬冷雨，深入合浦县曲樟乡、山口镇农村以及山口红树林自然保护区调研，指导基层开展"生态乡村"活动。

2016 年，银海区侨港镇党委荣获全国先进基层党组织。图为该镇开展“海上党旗红”活动（北海市委组织部 / 提供）

一时间，“脚步量民情”活动热潮涌动，各级干部和工作队员“沉下身子”走村入户，抓好民情登记，及时了解村民的所思、所盼、所求，帮助他们解决生产生活中遇到的困难和问题。全市各级各部门扩大“农事村办”服务范围，畅通农民办事绿色渠道。截至 2014 年 11 月，全市为农户代理各类审批事项 10 481 件，办结 10 317 件，发放各类惠民资金 2.58 亿元，有效地调动了农民参与生态乡村活动的积极性。大家纷纷出钱出力，争先恐后植树、铺路、清淤、改水、改厕、改灶，全力建设美好家园。南康镇简屋村经济能人简定胜在捐资 1 000 多万元支持家乡完成旧村改造任务后，又表示再追加投入建设村里旅游休闲观光园；全市民营企业、返乡企业家、社会贤达也纷纷表示要再捐资参与家园建设。与此同时，“夕阳红清洁队”“妈妈清洁队”等群众组织积极参与村里环境卫生和植树活动。

参加红树林植树志愿活动的山口镇永安村 60 岁村民何瑞兰由衷感叹：“这么多年了，从来没有见过村里造这么大声势，花这么多钱，干了这么多件事，我们没有理由不行动了！”何大妈道出了广大农民的心声。

（转载《当代广西》2015 年 1 月上半月号第 1 期）

“银线”“金边”织美景

——北海市推进农村道路建设纪实

《广西日报》记者 / 邓　萍　通讯员 / 伍朝胜

初夏的北海，广袤的乡村被清晨第一缕阳光撩拨得生机盎然：一条条道路干支相连、村村相通、交织成网，一辆辆大货车、小轿车、摩托车满载着农民丰收的喜悦来往如梭，勾勒出一幅幅农村的繁华美景。

昔日出行观天色，今朝“玉带”穿村过。走水泥“玉带”、观乡村美景、尝家乡小吃……从美国返铁山港区祭祖的侨胞陆家兴感叹：“老家如今大变样，乡村万千气象新！”

海城区高德街道办事处龙沟芦村面貌一新（李　俊 / 摄）

千里畅通　村色醉人

驱车于北海500多千米的海岸线，“凭窗观海阴晴色，把盏听潮涨落声”的景色美得令人心醉。然而，由于历史欠账较多，全市农村路网起点低、路况差一直是制约农村经济发展的瓶颈。农村是镶着“金边”的“抹布”——百姓将如画的海岸美景比作“金边”，将乡村落后的交通状况调侃为“抹布”。

“群众盼修路、盼小康的期望，是我们工作的出发点和落脚点。”北海市党委、市政府在2010年启动“北海三年跨越发展工程”后，于2011年年初实施千里乡村公路畅通工程，加快农村公路建设步伐，努力形成以城带乡、工农互惠、城乡一体的新型城乡关系，让农村居民共享发展成果。

为破解资金困局，北海市努力探索“小财政”支撑“大民生”的新路子。采取发动受益群众筹集一点、财政部门补助一点、社会贤达捐赠一点、涉农项目拼盘一点的“四个一点”筹资方式。据不完全统计，截至2013年年底仅全市交通部门累计投入5.3亿元，修建了通达500多个行政村、自然村的1 018千米水泥路，惠及全市60%以上的农村人口。目前，北海在广西实现“三个第一”——第一个在全区实现100%的行政村通硬化公路；第一个使全市农村沥青水泥路等硬化公路突破1 500千米；农村管护公路硬化率66.88%，排名全区第一。

如今，北海自然村（屯）道路建设方兴未艾：挖掘机挥舞着铁臂挖土填方，运输车辆满载着筑路土石来回穿梭，筑路工人正进行路基和挡土墙建设……

北海市提前完成了国家行政村道路建设项目后，自然村屯道路建设面临的资金缺口问题如何破解？

“实施‘一事一议’‘乡村道路大会战’等项目是解决村级建设资金不足的有效办法。”合浦县乡村办负责人说。今年合浦县村级公益事业建设一事一议财政奖补中央和自治区下达项目资金1 479万元，县级配套资金493万元。截至今年4月30日，仅合浦县就审批实施建设村级道路项目82个，共61.27千米。村民自筹资金272万元。

路通业兴　脱贫致富

从北铁公路沿线到铁路两旁，从南流江畔到百里银滩，农村水泥路穿过郁郁青葱的村庄，就像条条“银线”，与“金边”纵横交汇，编织着新美景。

“以前村路窄，村民种什么都小打小闹小规模，现在路宽了村里的农产品当天收当天运，今年村里豇豆、辣椒、四季豆的种植规模扩大了差不多一倍。”位于南流江畔的合浦县石湾镇汉水村村支书唐德昌将豇豆装车时喜不自禁地说。

“修通一条村路，搞活一带流通，繁荣一地经济，富裕一方百姓。”北海市在推进乡村道路建设中，坚持把道路建设与产业发展结合起来，将道路向水产养殖基地、现代农业基地、旅游景区、农林厂延伸，形成了“产业跟着公路走，公路促进产业活，产业推动农民富”的发展大趋势。

从北海至铁山港区一级公路拐入宁海村委水流崩村，美景一路入眼帘，金品东盟百花园、丰岛菊花出口基地、平新村休闲示范项目、八一村大棚果蔬种植项目等农业产业基地一派姹紫嫣红、芳香诱人。

在村级道路建设“春雨”的滋润下，银海区果蔬产业（核心）示范区、罗汉松种植（核心）示范区，合浦县豇豆（核心）示范区、夏橙种植（核心）示范区等农业产业园区建设如火如荼。丰收时节，在银海区果蔬产业（核心）示范区的辣椒和哈密瓜等农产品刚装筐，就被北京、济南、上海等城市的客商抢购一空。在蔬果飘香的合浦豇豆种植（核心）示范区，今年豇豆收购价达 3 元至 6 元 / 千克。“单靠种的 10 亩豇豆，我今年收入就接近 10 万元。”在田间作业的石湾镇汉水村农民孙仰智喜笑颜开谈道。

而由乡村道路串起的乡村农家乐、城乡探亲旅游等为特色的“海事”旅游活动，吸引了大批游客，推高了全市旅游业发展势头。今年上半年，全市接待国内游客 1 771 万人次，增长 16.4%；国内旅游收入增长 26.1%。

农民主导　村容一新

夏日，走进合浦县廉州镇廉北下村，“春去花还在，人来鸟不惊”的亮丽景观扑面而来，晨光中村的“妈妈清洁队员”早早就在村道上打扫卫生。

“下雨排水，晴天保洁，平常管护，要让大家走上干净平整的道路。”“妈妈清洁队”队长梁世群说。

建立“县道县管、乡道镇管、村道村管”的管养体系，走专业养护机构和群众养护“专群结合”的农村公路联合养护的路子，让得实惠的农民在村道建设中唱主角，是北海市乡村道路建设取得阶段性成果的有益探索。

“水泥路进村入户，改变的不仅是村民的出行，更是村民的生产和生活方式。现在，村民主动护路的意识强了，在路边跳舞的人也越来越多。”廉州镇党委书记庞富国说。如今，在北海纵横交错的村道上，文化广场像一串串珍珠一样镶嵌在道路一侧。入夜，广场上各式各样活动撩人心弦，一派和谐的美好景象。“没有文化广场以前，村民最大的娱乐就是打麻将、看电视，现在都来唱歌跳舞、健身锻炼，人的精神面貌焕然一新，家庭纠纷也明显减少了。”银海区银滩镇南万村农民杨飞深有感触。

（转载《广西日报》2015 年 7 月 29 日）

2015 年 12 月，北海市被国家海洋局认定为国家级海洋生态文明建设示范区，对于推动海洋环境生态融入北海经济社会发展具有重要作用。图为冠头岭自治区级森林公园俯瞰（倪建华 / 摄）

党的建设

在基层党组织带领下，大力发展现代农业。图为银海果蔬产业（核心）示范区里连片的果蔬大棚（北海市委组织部/提供）

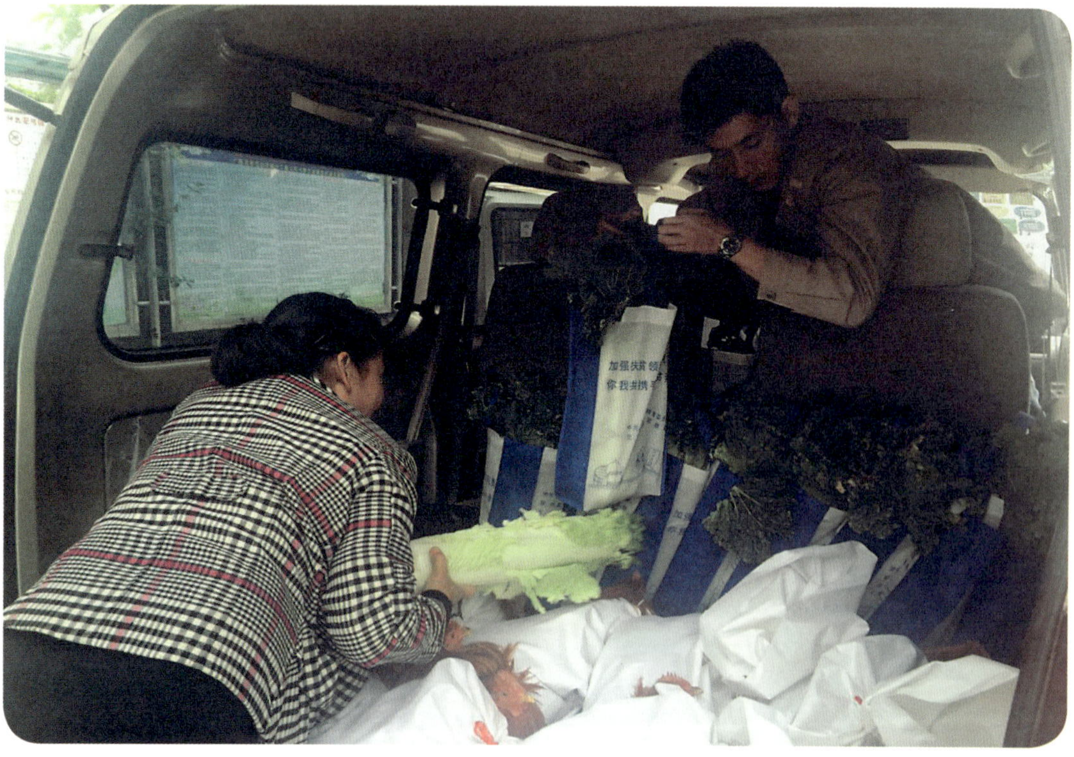

驻村第一书记协助农民合作社扶贫电商卖农产品（北海市委组织部/提供）

作风建设的“乘数”效应

——北海市寓群众路线教育于清洁乡村活动中见成效

《广西日报》记者 / 邓　萍　通讯员 / 伍朝胜

“村里的变化太大了。”最近，从广东打工回家的北海市铁山港区营盘镇塘仔村农民钟逢基，刚进村就打开了话匣子。“雨天一身泥，晴天一身灰”的窄村道，变成了宽畅整洁的水泥路，满村林立的楼房取代了低矮破旧的泥坯房。“都找不着家了。”老钟感慨万千。

北海新安村环境优美，绿树成荫，犹如一座绿岛（严　丹 / 摄）

接地气：干部蹲得下，亲情零距离

今年 5 月，北海市党员干部、中小学师生、企业家等 10 多万人进村帮扶的“亲情之旅”扬帆启航。合浦县实施“十百千万”帮扶工程，30 名县处级领导包乡镇，百名科级领导包村，千名干部包组，万名党员包户，同时动员全县科级干部和 8 000 多名教师利用节假日回村帮扶。海城区开展“清洁同行好‘亲戚’”活动，广大干部党员和村民通过签订亲情联系卡，结为互助“亲戚”，共同搞好乡村的清洁环境。

然而，干部与农民群众交朋友绝非一蹴而就。“工作队刚来时，最大的不适应是群众的淡漠和不信任。”驻海城区驿马村委工作队长孔凡坦承，“应景的做法，农民不买账，他们要的是看得见、摸得着的实惠。”

天刚擦黑，驿马村文化广场就欢歌雷动，阵阵嘹亮的歌声吸引了众多村里村外的父老乡亲前来观看。

这是驿马村文艺队为乡亲们送上的宣教与娱乐为一体的文艺演出。

“工作队为村里修了文体广场，帮我们组织村文艺队、编排节目”，驿马村文艺队队长曾允珍动情地说，“现在音乐一响，乡亲们就早早来赶场啦。”

如今，随着进村帮扶“亲情之旅”的拓展延伸，搞演出、倡文明在全市乡村已蔚然成风，成千上万农民参与到编曲、排舞、表演等自办文艺的热潮中去。

聚人气：干部办实事，群众添福祉

“村里修了水泥路，汽车进得来，种花卉省钱又省力，明年我打算扩种 10 亩。”谈到村里的新变化，银海区平阳镇店塘村农民喜上眉梢。

始终把民生优先、群众第一作为开展“清洁乡村”活动的落脚点，广大党员干部扑下身子，帮助乡村解决环境脏乱差和行路难、上学难、看病难、就业难等老百姓最忧、最盼、最急的难题。

“岛上现在到处干净了，客人来得多，生意也好得多！”涠洲岛村民对开展“清洁乡村”活动由衷赞叹。

初冬时节，北海乡村处处都可以看到党员干部带领农民群众搞清洁。截至 11 月底，全市出动人员 6 536 人次，清理垃圾 17.7 万吨，清理杂草 28 万多平方米，整治畜禽养殖棚舍 3.5 万间，农村环境卫生面貌有了明显好转。

与此同时，围绕开展“三送三促”活动，即送培训、送项目、送资金，促农民技能提高、促农村经济发展、促群众增收。截至目前，发动群众投工投劳 3 910 人次参与村屯道路建设，竣工投入使用村屯道路 54 条，受益群众 6 409 户 2.87 万人；帮助驻村建立健全农产品协会，让种植户抱团发展，促进农产品销售，仅春季豆角一项全市农民人均增收 100 多元。卫生部门组织医疗队深入乡村开展义诊活动，免费服务群众 1 万多人次。截至 11 月 30 日，该市各派驻单位领导到驻村指导工作 2 000 多人次，组织单位职工到村开展清洁活动 3.96 万人次，帮扶资金 1 770 万元，建设垃圾池 1 583 座和公共服务设施一批。

添底气：干部增能力，全员齐参与

“把优秀干部选派到清洁一线，把优势资源整合到清洁一线，把优良作风锤炼在清洁一线，把优质服务延伸到清洁一线，集成政策、集合资源、集中力量推进清洁乡村活动”。这是北海市委对干部驻村帮扶工作提出的要求。

全市近 2 000 名工作队员组成 342 个工作队进村入户、包片包户，协助乡镇党委、政府按照一村一策、一户一法的思路，因地制宜分类指导驻村开展清洁乡村活动。

“什么时代了还没能正常用电？”驻合浦县公馆镇山肚村工作队队长庞汉刚驻村时心里泛着酸楚，“必须解决水、电、路问题，这样清洁乡村活动才能取得突破。”他平时很少与其他部门接触，现在却通过跑部门、求支持，争取到村电网改造款、扶贫修路款、饮用水设施款近 70 万元。如今，山肚村的电通、路通、水通了。

驻村工作队员们把难题化解在基层。在银海区，工作队帮助在自然村中建立“一户一垃圾筐，一村一名保洁员、一名清运工人、一辆清运车、一个垃圾池”的“五个一”制度。在合浦县，工作队指导示范村创立了分散焚烧、分片保洁、集中圈养禽畜、集中分类等垃圾处理模式，解决了垃圾清运难的问题。

“工作队员到村里带着我们干活，帮助我们排解困难，和我们就像兄弟一样，我们再不干点事儿心里过意不去。”合浦县廉州镇廉北村委蒋屋村民夏日福的话，道出了北海干群关系的新转变。

在广大党员干部的带动下，北海市农民群众充分发挥主体作用，共投资 1 019.7 万元、投劳折合 5 163.8 万元，积极支持、参与“清洁乡村”活动，实现了乡村旧貌换新颜。

（转载《广西日报》2013 年 12 月 30 日第 1 版）

农村文化活动已成常态，让清洁卫生文明意识深入人心（北海市乡村办/提供）

选对人　用好人　干成事
——广西北海市“三个一线”选人用人纪实

《光明日报》记者 / 刘　昆　通讯员 / 张林涛　张　阳

有这样一组数据：今年上半年，在众多城市经济下行压力渐大的情况下，北海市地区生产总值增长 16.1%、财政收入增长 18.4%、规模以上工业总产值增长 37.3%、规模以上工业增加值增长 25.8%，四项主要指标增速位列广西第一。

是什么力量，让数经潮起潮落的北海尽显飞扬之势？日前，记者到北海采访，一探究竟。

“选对人才、用好人才、把事干成，推动了北海的跨越发展。”广西壮族自治区党委常委、北海市委书记王小东指出，“北海市委牢固树立崇尚实干的选人用人导向，突出强调在项目建设、化解矛盾、维护稳定‘三个一线’选用干部，使‘三个一线’成为检验和考察干部的主战场，识别和使用干部的主阵地。”

干部是干出来的

5 年前，“80 后”的贺丰果从中国石油大学博士毕业后，来到北海。结合自己所学，他参与了“十二五”北海市石化产业，以及铁山港（龙潭）组团东岸产业园等重大产业规划方案的起草工作。

由于工作出色，不久后，贺丰果就多了北海市北部湾办副主任、中石化北海炼化项目总经理助理（挂职）两个头衔。投身于重大项目建设一线，贺丰果苦干实干，在担任北海市铁山港（临海）工业区管委会副主任一职后，于今年被提拔为共青团北海市委书记。

在北海，像贺丰果这样从“一线”走出的年轻干部，越来越多。北海市委常委、组织部长蔡中平表示，市委坚持在发展实践中选人用人，突出在“三个一线”选拔那些埋头苦干、勇于负责、敢于担当、能抓善成的优秀干部，激励干部见贤思齐、见优思进。

按照这一用人导向，北海市已连续多年实施“千名干部服务重点项目行动计划”和“百名干部实践锻炼计划”，每年选派 1 200 多名优秀干部参加重点产业项目、民生工程建设和信访维稳工作。

与此同时，北海市委采取“即时介入、全程参与”的方式，将承担一批全市重大项目和为民办实事工程以及维稳工作职责的责任单位和相关责任人确定为重点考核对象，按照“定人员、定责任、定时间、定进度”的要求，重点考核干部在一线的现实表现。采取横向比排位、纵向比增长、总量比份额、个人比贡献的办法，建立干部实绩档案，工作实绩考核以发改委、审计、统计、商务等多个部门提供的具体数据作依据，更加直观、客观。

“三个一线”选人用人，严谨而实事求是，对干部干事创业是极大的鞭策和激励。今年 4 月，铁山港北海出口加工区 B 区一期一次性通过了国家封关验收，孙旭作为 B 区工作组分管责任人，由于实绩突出，被提拔为铁山港（临海）工业区管委会常务副主任。

今年以来，北海从“三个一线”提拔的处级领导干部共有 17 人。“三个一线”像无形的指挥棒，鼓舞着一批又一批年轻干部埋头苦干。下基层、去一线、干实事成为干部成长的新路径。

“三个一样”不再一样

“干与不干一个样，干多干少一个样，干好干坏一个样”，是不少地方干部管理的顽疾。但在北海，“三个一线”选人用人，让“三个一样”不再一样。

铁山港区兴港镇，是北海重大产业发展重镇，多项重大项目落户于此。征地面积两万多亩，涉及人口两万多人，要求高、任务紧，整个拆迁过程却几乎没有发生过群体性上访事件。推进该项工作后被提拔为铁山港区委常委、副区长的李安洪对记者说：“在一线，就要踏踏实实多做事，对得起领导和群众的信任！”

“有为才会有位。”银海区委常委、政法委书记林炳康感慨地说。她在担任银滩镇党委副书记、人大主席时，长期坚守在维稳一线。为了推进银滩景区改造，她不分白天黑夜，深入百姓家中与他们协商征地拆迁事宜。由于敢于担当、敢抓敢管，她被委以新重任。

“三个一线”选人用人，在将能真抓实干、把事干成的人“提上来”的同时，也给庸、懒、散、慢半拍的干部敲响了警钟，让不思进取者受了鞭策、让平庸无为者有了危机感、让投机钻营者没了市场，极大地提振了北海干部队伍的“精气神”。

而今，晚上亮灯加班的干部更多了，白天闲聊的干部更少了；主动服务客商的干部更多了，吃、拿、卡、要的干部更少了；敢于面对、敢于担当的干部多了，坐等其成、夸夸其谈的干部少了。

孙旭认为，从“三个一线”选人用人，会让干部坚定一个信念：只有踏踏实实干事，组织才会认可；只有组织认可，才会有更大的发展机会。在他看来，无论是个人的发展，还是事业的进步，“三个一线”选用干部都释放出了推动“双赢”的“正能量”。

崇尚实干成选人用人导向

一批又一批从“三个一线”中脱颖而出的干部，冲破了干部选拔任用中“人情关系”的桎梏，调动了干部干事的积极性，“真抓实干、把事干成、造福百姓”成了北海干部共同的价值追求。

詹智勇是北海出口加工区 B 区场地平整工作的负责人，一天在工地上突发脑出血，治愈后休息不到一个星期，就又回到了工地。万少文作为 B 区指挥部办公室负责人，为了做好后勤保障，她与办公室职员常驻工地，两岁的孩子与她聚少离多，等她回家时差点认不出她了。在工地上，像她这样的年轻妈妈共有 7 位。

“崇尚实干的用人导向，让越来越多的年轻人看到了希望，他们不再需要费心思找关系、找靠山，只要心无旁骛地干好正在干的事情，组织就会成为他们最坚强的靠山。”林炳康表示。

当了政法委书记后，林炳康实干苦干的劲头更足了。一次，她加班加点工作了 5 天，解决了一起搁置了 10 年的征地拆迁补偿纠纷，当事人是位年过花甲的老大娘。后来，得知林炳康工作太忙，无暇照顾自己生病的父亲，60 多岁的老大娘给她打了一个多小时的电话，强烈要求去医院，帮林炳康照顾她的父亲。

“三个一线”选人用人，北海选对了人，干成了事。中石化北海炼化项目一期用地 1 943 亩，搬迁户达 119 户，但整个征地拆迁工作仅用了 43 天，整个项目建成投产只花了 18 个月；申报国家历史文化名城，13 个月不到就获得了成功；三期“民生路网”工程，将 36 条烂尾路全部修通……

当一桩桩原来想干没有干成的事变为现实，干部们的士气更足了，干劲也更大了，这让更多的人对北海充满了期待。

得益于干部的贴心服务，惠科电子投产时间比原计划提前了一年多，管理部经理王成兵说，“之所以选择北海，除了看上这里的优惠政策、区位优势和资源优势，这里的发展环境及服务理念也是吸引我们前来的重要原因。”

目前，广西正实施北部湾经济区开放开发、珠江—西江经济带开发建设“双核驱动”战略。“北海作为北部湾沿海城市，理应作出更大贡献。”蔡中平认为，“事在人为，要有作为，最根本的还是要坚持重一线、重基层、重实干的鲜明用人导向，选对人、用好人，这也是北海持续迸发发展生机与活力的坚强保障。”

（转载《光明日报》2014 年 11 月 27 日）

2015 年 12 月 10 日，时任北海市委书记王可（左三）在北海高新技术产业开发区调研园区高新技术创业发展情况（李君光 / 摄）

第四篇

高质腾跃　追梦向海

（2017 年 1 月—2018 年）

习近平在广西考察工作时强调：扎实推动经济社会持续健康发展 以优异成绩迎接党的十九大胜利召开

中共中央总书记、国家主席、中央军委主席习近平近日在广西考察时强调，全面建成小康社会任务艰巨，要统筹推进“五位一体”总体布局和协调推进“四个全面”战略布局，坚持稳中求进工作总基调，全面做好稳增长、促改革、调结构、惠民生、防风险各项工作，稳扎稳打，善作善成，扎实推动经济社会持续健康发展，以优异成绩迎接党的十九大胜利召开。

4 月的八桂大地，春风和煦，万紫千红。4 月 19—21 日，习近平在广西壮族自治区党委书记彭清华、自治区政府主席陈武陪同下，来到北海、南宁等地，深入港口、企业、重点项目、创新示范基地和文化单位，考察调研经济社会发展情况，实地了解基层干部群众对党的十九大的建议和期待。

习近平 19 日上午从北京乘专机到达北海市，下午首先来到合浦县汉代文化博物馆考察。习近平详细了解汉代合浦港口情况，步入青铜之光、土火之韵、碧海丝路等展厅，察看合浦汉墓出土的我国古代青铜器、陶器和域外陶器、琥珀、琉璃等文物，了解汉代北部湾地区对外通商交往史。他指出，中华民族历史悠久，中华文明源远流长，中华文化博大精深，一个博物馆就是一所大学校。博物馆建设要注重特色。向海之路是一个国家发展的重要途径，这里围绕古代海上丝绸之路陈列的文物都是历史、是文化。要让文物说话，让历史说话，让文化说话。要加强文物保护和利用，加强历史研究和传承，使中华优秀传统文化不断发扬光大。要增强文化自信，在传承中华优秀传统文化基础上发展社会主义先进文化，加快建设社会主义文化强国。

离开博物馆，习近平乘车来到铁山港公用码头，察看码头运营，听取北部湾港口规划建设和北部湾经济区发展建设情况介绍，详细了解通过港口、经济区同东盟开展经贸合作及人文交流的做法和成效。得知铁山港短短几年货物年吞吐量由 100 多万吨增加到 2 000 多万吨，习近平很高兴，称这里区位条件好、前景广阔。他强调，写好海上丝绸之路新篇章，港口建设和港口经济很重要，一定要把北部湾港口建设好、管理好、运营好，以一流的设施、一流的技术、一流的管理、一流的服务，为广西发展、为“一带一路”建设、为扩大开放合作多作贡献。

正在现场作业的码头工人看到总书记来了，激动地围拢过来向总书记问好。习近平同他们亲切握手，勉励他们爱岗敬业、争创一流，树立和展示当代工人阶级良好形象。习近平指出，“一带一路”建设是人心所向，我们要在这个框架下推动大开放大开发，进而推动实现“两个一百年”奋斗目标、实现中华民族伟大复兴。大家要携手同心，共圆中国梦。总书记热情洋溢的话语，使在场每个人都深受感染。

夕阳辉映下的红树林格外壮观，习近平踏着晚霞考察了北海金海湾红树林生态保护区。红树林是热带、亚热带海岸潮间带特有的胎生木本植物群落，素有“海上森林”“海洋卫士”之称。习近平听介绍、看实景，详细了解红树林生长习性及其对海洋生态的调节作用。他指出，保护珍稀植物是保护生态环境的重要内容，一定要尊重科学、落实责任，把红树林保护好。

20 日上午，习近平来到南宁，考察了广西南南铝加工有限公司。他到热轧中厚板制造中心、高端铝合金新材料部件区、冷轧制造中心、中车厂房、高端铝合金新材料应用区，了解企业发展航空航天、轨道交通、海洋船舶等领域高性能铝材产业情况，察看热轧中厚板生产线、初轧操作控制室和高铁车厢、超大直径铝合金圆锭、全铝工业厂房、全铝人行天桥、全铝新能源客车等大部件产品。习近平对公司勇于创新创造给予肯定。他指出，一个国家一定要有正确的战略选择，我国是个大国，必须发展实体经济，不断推进工业现代化、提高制造业水平，不能脱实向虚。创新是引领发展的第一动力，要加强知识、人才积累，不断突破难题、攀登高峰，国有企业要做落实新发展理念的排头兵、做创新驱动发展的排头兵、做实施国家重大战略的排头兵。

20 日下午，习近平在南宁考察了那考河生态综合整治项目和南宁 · 中关村创新示范基地。在那考河湿地公园，习近平听取南宁市内河水系分布、“海绵城市”建设等情况介绍，实地察看整治成效。他对南宁市整治城市内河河道，形成水畅水清、岸绿景美的休闲滨水景观带的做法表示肯定，希望他们探索更多经验。习近平指出，顺应自然、追求天人合一，是中华民族自古以来的理念，也是今天现代化建设的重要遵循。广西生态优势金不换，要坚持把节约优先、保护优先、自然恢复作为基本方针，把人与自然和谐相处作为基本目标，使八桂大地青山常在、清水长流、空气常新，让良好生态环境成为人民生活质量的增长点、成为展现美丽形象的发力点。习近平同正在这里休闲的居民群众亲切交谈，祝他们生活幸福。

在南宁·中关村创新示范基地，习近平听取基地总体规划和营运介绍，视察基地入驻企业在智能制造、信息技术、生命健康、创新之星、孵化加速、国际合作等方面的成果展示，了解基地推动外地企业同本土企业协同创新发展和“中国—东盟信息港”建设情况。他强调，开展区域合作和经济技术合作，重在互利双赢。创新和创业相连一体、共生共存。建设创新示范基地，要遵循创新发展规律，以高效的政府服务、有机的产业配套、先进的技术支撑，构建富有吸引力的创新生态系统，让适宜的种子在适宜的环境中开花结果。

随后，习近平主持召开基层代表座谈会。来自农村、企业、机关、学校、科研单位的基层代表鼓掌欢迎总书记，习近平同他们一一握手。习近平对大家说，请一些不同行业的基层代表来座谈，主要是想听听大家对开好党的十九大的建议和期待，大家可以敞开思想、畅所欲言。与会基层代表联系实际，从不同角度谈变化论发展、讲成绩摆问题、提建议表期待，心系大局，言辞恳切。习近平边听边记，不时插话交流，并就改善人才区域布局、促进教育资源均衡化、加快边境地区脱贫攻坚、加快科技成果转化、推广农业先进适用技术、做好民营企业党建工作、加强群众卫生健康工作、做好高校思想政治工作、提高宣传思想工作水平等发表了重要意见。

在听取了 14 位代表发言后，习近平发表重要讲话指出，党的历次全国代表大会，都制定大政方针和行动纲领，对党和人民事业产生了重大影响。改革开放以来的 7 次党的全国代表大会，逐步绘就了中国特色社会主义发展蓝图，集中彰显了中国特色社会主义道路自信、理论自信、制度自信、文化自信。筹备党的十九大，必须充分发扬民主，以多种方式广泛吸取全党全国各族人民智慧。基层的同志处在改革开放前沿和生产工作一线，参与经济社会生活最直接，同人民群众联系最经常，对党的路线方针政策落地见效感知最真切，往往能提出很多朴实、具体、反映群众心声的意见和建议。我们发扬民主、筹备党的十九大，要高度重视基层同志的参与和作用。广大党员、干部要注意把各方面新情况新问题新期待，特别是贯彻落实党的路线方针政策的意见和建议、社会各方面关注的热点焦点问题收集起来，通过合适渠道反映上来，多建睿智之言，多献务实之策，为党中央决策提供依据。会后，习近平同基层代表合影留念。

考察期间，习近平听取了广西壮族自治区党委和政府工作汇报，对广西经济社会发展取得的成绩和各项工作给予肯定。他希望广西广大干部群众进一步解放思想、改革开放、真抓实干，把富民兴桂各项工作做得更好，不断开创改革发展新局面。

习近平指出，保持经济持续健康发展，要在推动产业优化升级上下功夫，在转变发展方式上下功夫，在提高创新能力上下功夫，在深化改革开放上下功夫。供给侧结构性改革是我国经济发展进入新常态的必然选择，要在已有工作和成效的基础上再接再厉，在目标、任务、方式、政策、路径、举措等方面进一步前进。特别要突出定向、精准、有度，深化“三去一降一补”，着力振兴实体经济，深入实施质量战略，推动创新驱动发展，加快形成新的增长动力源。广西有条件在“一带一路”建设中发挥更大作用。要立足独特区位，释放“海”的潜力，激发“江”的活力，做足“边”的文章，全力实施开放带动战略，推进关键项目落地，夯实提升中国—东盟开放平台，构建全方位开放发展新格局。

习近平指出，解决好十几亿人口的吃饭问题，始终是我们党治国理政的头等大事。要以构建现代农业产业体系、生产体系、经营体系为抓手，加强农田水利等农业基础设施建设，严格落实耕地保护制度，加强农业科技创新和推广，夯实粮食安全基础，延伸农业产业链，着力发展高附加值、高品质农产品，提高农业综合素质、效益、竞争力。要扶持新型农业经营主体，培养造就新型农民队伍，把现代特色农业这篇文章做好。

习近平强调，广西是革命老区，是贫困地区，也是边境地区、民族地区。脱贫攻坚工作做好了，边疆稳定、民族团结就有了坚实基础；边境建设搞好了，民族事业发展了，对打赢脱贫攻坚战也是极大促进。这几项工作是一个有机整体，要一并研究、同步推进。当前，脱贫攻坚形势依然严峻，必须倒排工期，落实精准扶贫精准脱贫方略。要针对致贫原因分类施策，戒搞形式，戒做虚功，下一番绣花的功夫。对贫中之贫、困中之困，要采取超常规措施。要加快老区建设和发展，让老区人民尽快摆脱贫困，过上幸福日子。

习近平指出，领导班子是一个地方、一个单位的“火车头”，建设好领导班子是夯实党执政的组织基础的关键，也是抓好改革发展稳定各项工作的关键。特别要提高领导班子思想政治水平、专业化水平、贯彻执行民主集中制水平，强化领导班子整体功能。各级领导干部要干一行爱一行、钻一行精一行、管一行像一行，在勤学苦干、多思善悟中尽快成为行家里手，全面取得领导工作主动权。要注重加强民主集中制教育培训，使各级领导班子都立好规矩，形成既激发个人又依靠集体、既信任鼓励又批评监督、既包容失误又及时纠错、既团结协作又不违原则的良好政治生态。

王沪宁、栗战书和中央有关部门负责同志陪同考察。

（转载《人民日报》2017 年 4 月 22 日 1 版头条）

在全市领导干部大会上的讲话

北海市委书记、市人大常委会主任 / 王乃学

（2017 年 4 月 24 日）

同志们：

习近平总书记视察广西及北海并发表重要讲话后，市委高度重视学习贯彻，4 月 22 日下午，专题召开常委扩大会议进行传达学习，研究部署贯彻落实的工作。今天下午，我们召开全市领导干部大会，主要内容就是动员和组织全市广大干部群众，迅速掀起学习贯彻习近平总书记视察广西及北海时重要讲话精神的热潮，凝心聚力、继续前进，努力推动北海经济社会发展再上新台阶。

首先，我向大家简要介绍一下总书记视察广西及北海的情况。

4 月 19 日至 21 日，习近平总书记在中央政研室王沪宁主任、中央办公厅栗战书主任，以及自治区党委彭清华书记、陈武主席和中央有关部门负责同志的陪同下，到北海、南宁，深入港口、企业、重点项目、创新示范基地和文化单位，视察调研经济社会发展情况，实地了解基层干部群众对党的十九大的建议和期待。

北海市委书记王乃学在全市领导干部会议上传达学习习近平总书记视察广西及北海重要讲话精神，并对贯彻落实进行部署（李君光 / 摄）

19 日上午，总书记从北京乘专机到达北海市，下午首先到合浦县汉代文化博物馆考察。总书记详细了解汉代合浦港口情况，在展厅察看合浦汉墓出土的文物，了解汉代北部湾地区对外通商交往史。他指出，中华民族历史悠

久，中华文明源远流长，中华文化博大精深，一个博物馆就是一所大学校，博物馆建设要注重特色。向海之路是一个国家发展的重要途径，这里围绕古代海上丝绸之路陈列的文物都是历史，是文化。要让文物说话，让历史说话，让文化说话。要加强文物保护和利用，加强历史研究和传承，使中华优秀传统文化不断发扬光大。要增强文化自信，在传承中华优秀传统文化基础上发展社会主义先进文化，加快建设社会主义文化强国。

离开博物馆，总书记来到铁山港公用码头，察看码头运营，听取北部湾港口规划建设和北部湾经济区发展建设情况介绍，详细了解通过港口、经济区同东盟开展经贸合作及人文交流的做法和成效。得知铁山港短短几年货物年吞吐量由 100 多万吨增加到 2 000 多万吨，总书记很高兴。他说，今天考察了合浦汉代博物馆和铁山港码头，这两个地方都与“一带一路”有着重要联系，北海具有古代海上丝绸之路的历史底蕴，我们现在要写好 21 世纪海上丝绸之路新篇章。铁山港有区位优势，发展前景广阔，将来是北部湾经济区一个重要依托。我们常说要想富先修路，在沿海地区要想富也要先建港。要建设好北部湾港口，打造好向海经济。一定要把北部湾港口建设好、管理好、运营好，以一流的设施、一流的技术、一流的管理、一流的服务，为广西发展、为“一带一路”建设、为扩大开放合作多作贡献。“一带一路”倡议提出 3 年来，国际社会广泛响应，这是人心所向。我们要在“一带一路”框架下推动中国大开放大开发，进而推动实现“两个一百年”奋斗目标、实现中华民族伟大复兴，携手同心共圆中国梦。

总书记同正在现场作业的码头工人亲切握手，并合影留念。

当天傍晚，总书记考察了金海湾红树林生态保护区，在详细了解红树林生长习性以及对海洋生态的调节作用后。他指出，保护珍稀植物是保护生态环境的重要内容，一定要尊重科学、落实责任，把红树林保护好。

20 日上午，总书记到南宁，考察南南铝加工有限公司。下午，考察了南宁那考河生态综合整治项目和南宁 · 中关村创新示范基地。

随后，总书记主持召开基层代表座谈会，与来自农村、企业、机关、学校、科研单位的基层代表座谈，听取大家对开好党的十九大的建议和期待。

考察期间，彭清华书记向习近平总书记汇报了自治区党委、政府的工作，总书记发表重要讲话，对广西工作给予肯定，并对下一步的工作提出明确要求、寄予殷切期望。

总书记说：（略）

下面，我再向大家简要传达自治区党委常委扩大会议精神。

4 月 21 日晚，彭清华书记主持召开自治区党委常委扩大会议，传达学习习近平总书记视察广西重要讲话精神，研究贯彻落实措施。

会上，与会同志观看习近平总书记视察广西的新闻报道视频，彭清华传达了总书记的重要讲话精神。大家一致认为，总书记对边疆民族地区一直十分关心，对广西各族人民怀有深厚感情，这次在日理万机的繁忙工作中专门抽出 3 天时间亲临广西视察指导，带来党中央对壮乡人民的亲切关怀和深情厚爱，全区广大干部群众深感振奋、倍受鼓舞。

彭清华书记在讲话时指出，总书记从党和国家事业发展全局的战略高度，对新形势下和新的历史起点上实现持续健康发展精准把脉，提出殷切期望和工作要求，为我们做好各项工作、加快广西发展指明了前进方向、注入了强大动力、带来了巨大机遇，必将极大激发八桂儿女的奋斗豪情，不断谱写中国梦的广西篇章。我们一定要充分认识总书记视察广西的重大意义，深刻领悟总书记对广西发展的关心重视，将总书记的重要讲话精神作为思想引领和力量源泉，增强贯彻落实的思想自觉和行动自觉。要把学习宣传、贯彻落实习近平总书记视察广西重要讲话精神，作为牢固树立“四个意识”、维护习近平总书记核心地位的重大政治检验，作为当前和今后一个时期的首要政治任务。自治区党委将部署开展一系列学习宣传贯彻活动，把总书记的重要讲话精神迅速传达到全区各级领导班子和广大党员干部，把总书记的亲切关怀和谆谆嘱托传递到全社会方方面面，在全区迅速兴起学习宣传贯彻总书记重要讲话精神的热潮。

自治区党委近期的安排，主要有以下六项：第一，4 月 21 日晚召开常委扩大会议传达学习；第二，今天召开中心组学习会集中学习讨论；第三，4 月 26 号召开电视电话会，对全区县级以上领导干部学习贯彻总书记讲话精神进行动员；第四，下发学习贯彻总书记讲话精神的通知，形成方案，把各项任务分解到部门，同时将加强督促检查；第五，自治区人大、政府、政协、高级法院、检察院党组组织中心组专题学习讨论并结合各自职责分工抓好贯彻落实；第六，要求各市县、部门、企业和学校认真组织学习。

彭书记强调，全区各级党组织要深刻领会、准确把握习近平总书记视察广西重要讲话精神的核心要义，扎实推动经济社会持续健康发展，扎实推进现代特色农业建设，扎实推进民生建设和脱贫攻坚，扎实推进生态环境保护建设，扎实建设坚强有力的领导班子，推动广西各项事业发展迈上新台阶。要把贯彻落实总书记视察广西重要讲话精神，体现在贯彻落实“五位一体”总体布局、“四个全面”战略布局和新发展理念上，体现在全面做好稳增长、促改革、调结构、惠民生、防风险各项工作上，稳扎稳打，善作善成，把富民兴桂各项工作做得更好，加快营造“三大生态”、实现“两个建成”、谱写建党百年广西发展新篇章，创造优异成绩迎接党的十九大胜利召开。

以上就是习近平总书记视察广西及北海的重要讲话和自治区党委常委扩大会议精神。下面，就学习好、宣传好、贯彻好、落实好习总书记视察广西及北海的重要讲话精神，我讲几点意见。

第一，充分认识习近平总书记视察广西及北海的重大意义。

在广西改革发展的关键时期，习近平总书记在百忙之中，专门抽出3天时间来广西、北海视察指导，并发表重要讲话，是广西也是北海发展史上具有里程碑意义的一件大事，充分体现了党中央和习近平总书记对广西的高度重视、对广西各族人民的深切关怀、对广西和北海工作的大力支持，为我们在新的历史起点上开创改革发展新局面指明了前进方向、注入了强大动力。

总书记视察广西及北海发表的重要讲话，从党和国家全局发展的高度，进一步明确了广西的发展定位，赋予了广西崇高责任，深刻阐述了事关广西全局和长远发展的一系列重大问题，明确提出了当前和今后一个时期广西的前进方向和重要任务，对广西改革开放和现代化建设具有纲领性、战略性指导意义。

习近平总书记的重要讲话，高瞻远瞩、内涵丰富，具有很强的指导性和针对性，对于我们深入贯彻落实党的十八大以来中央一系列重大决策部署和习近平总书记系列重要讲话精神，更好地落实“三大定位”、实施“四大会战”、舞起“四个龙头”，加快建设创新型开放城市，具有重大现实意义和深远历史意义。

总书记在讲话中充分肯定了广西和北海的工作，为我们做好工作提供了最及时、最有力、最直接、最重要的指导，使我们真切地感受到总书记的领袖风范、民主作风、为民情怀和表率品格，也切身感受到总书记对广西、对北海知之深、爱之切，给全市干部群众以巨大鼓舞和有力鞭策，为我们做好工作提供了强大的精神动力。

这次总书记视察广西，首站选择北海，特别是对北海的港口建设、历史文化保护利用的重要指示以及良好生态环境的赞赏肯定，让北海再一次成为国内外关注的焦点，各种媒体报道的热点，大大提升了北海在“一带一路”倡议中的地位，大大提高了北海在国内外的知名度与美誉度，大力提振了北海干部群众干事创业的精气神，为我们加快发展提供了千载难逢的机遇和条件。

全市各级各部门一定要充分认识总书记这次视察广西和北海的重大意义，进一步增强责任感使命感，凝心聚力，抢抓机遇，乘势而上，努力把北海经济社会发展推上新台阶、实现新跨越，不辜负党中央和习近平总书记的期望和重托。

第二，要把传达学习宣传贯彻总书记重要讲话精神作为当前和今后一个时期的首要重大政治任务。

迅速传达好、学习好、宣传好、贯彻好、落实好习近平总书记视察广西重要讲话精神，既是自治区党委的明确要求，更是全市各级党组织的重要任务。全市各级各部门要迅速组织传达学习，把习近平总书记在广西视察的重要讲话精神传达宣传到全市干部群众。4月22日下午召开的市委常委扩大会已经就相关工作进行研究，今天召开全市领导干部大会进行传达和部署；下一步，市委理论中心组将专题学习总书记重要讲话精神，市委还将印发深入学习贯彻的文件，并制定落实方案，把总书记对广西特别是对北海工作的要求，逐条逐项分解，落实到部门、单位和具体责任人。

全市各级各部门要及时召开会议，传达学习总书记视察重要讲话精神，掀起学习热潮。要全力推动学习贯彻习近平总书记重要讲话精神不断向各个领域延伸、向基层单位延伸、向全体党员和干部延伸，推动讲话精神进企业、进农村、进机关、进校园、进社区，把习近平总书记的殷切期望和最新要求传达到每一个党员干部，把习近平总书记的亲切关怀和谆谆嘱托传递到全社会的方方面面，使讲话精神在珠城大地和全市干部群众中落地生根、开花结果。

各级党委（党组）要把总书记视察广西重要讲话精神作为中心组学习的重要内容，深入研讨、深化理解。各级党校、干部学院要把学习总书记视察广西重要讲话精神作为干部教育培训的重要内容。要组织开展面向基层干部群众的宣讲活动，推动习近平总书记讲话精神深入城乡基层、走进千家万户。政策研究部门要紧紧围绕总书记提出的一系列重大理论和实践问题进行深入研究，推出一批有深度、有分量的研究成果。各级宣传部门要组织新闻媒体充分发挥宣传主导作用，把学习总书记重要讲话精神作为当前和今后一个时期宣传报道的重中之重，多层次、多角度深入解读和大力宣传总书记重要讲话精神，广泛宣传总书记对广西亲切关怀、对北海工作的深切关心，让总书记的讲话精神和亲民务实的风范深入到每家每户和全市干部群众的心中，成为各族干部群众的思想引领和力量之源。各级党员领导干部要带头学习贯彻，特别是一把手要学原文、深领悟，精心部署、分解任务、示范带动，坚持学以致用、用以促学，深入研究思考全局工作和分管领域的重大问题，撰写学习体会，不断提高运用讲话精神推动工作、解决问题的能力和水平。

第三，要全面贯彻落实习总书记重要讲话精神。

总书记这次视察广西，是北海加快发展的一次重大历史性机遇。全市各级各部门要切实增强责任感和使命感，把学习贯彻总书记重要讲话精神转化为做好各项工作、推动北海发展的工作思路和具体举措。要着重在以下几个方面下功夫：

一要进一步加强对北海历史文化的挖掘、保护和利用。总书记认为北海历史底蕴深厚，肯定了北海作为海上丝绸之路始发港的地位。我们要进一步加强对北海历史文化的挖掘与研究，更好地丰富和体现北海历史文化的积淀，找出海上丝绸之路始发港与“一带一路”的历史地理联系，传承和弘扬北海优秀历史文化，进一步增强城市文化软实力，不断提升北海在“一带一路”中的影响力和话语权。

二要进一步加快北海港口的建设步伐，更好地发挥“枢纽”“门户”作用。总书记强调，要想富先修路，在沿海地区要想富也要先建港，要建设好北部湾港口，打造好向海经济。要加快建设铁山港港口码头，着力打造亿吨大港，同时还要进一步完善航空、高速公路、高铁网络，形成海陆互联互通、高效便捷的现代交通网络，更好地融入和服务“一带一路”建设，成为“一带一路”的重要门户和枢纽。我们还要大力培育和发展向海经济，把石化、新材料、海洋旅游、海洋渔业、海洋运输等临港产业、海洋产业进一步做大做强，振兴南珠产业，努力再造一个“海上北海”，成为全国向海经济的创新发展示范城市。

三要进一步强化生态意识，努力把北海建成全国的生态空间和后花园。生态环境是北海的生命，也是北海最突出的优势。我们要按照总书记的要求，把保护珍稀植物作为保护生态环境的重要内容，尊重科学、落实责任，把红树林保护好，同时还要保护好北海的海湾、河道、湿地，抓好生态环境保护，加强环境问题整治和生态修复，让北海青山常在、清水长流、空气常新，让良好生态环境成为人民生活质量的增长点、成为展现美丽形象的发力点，把北海建设成为全国人民可以来“深呼吸”的滨海花园城市。

四要进一步加快发展电子信息现代产业，打造“一带一路”经济高地。产业是北海的支撑，是实现可持续发展与繁荣的根本。我们要切实按照总书记的重要讲话要求，遵循创新发展规律，以高效的政府服务、有机的产业配套、先进的技术支撑，促进产业转型升级，尽快形成与北海城市定位相一致的特色现代工业体系。特别是要坚定不移地发展壮大电子信息产业，加快推进惠科移动智能终端产业链集群、三诺新一代智慧信息电脑终端等重大项目，推动电子信息产业扩量提质、向高端化发展、向2 000亿元产值迈进。同时积极延伸产业链，促进石化、临港新材料产业集群化、园区化发展。大力引进先进技术、装备和工艺，改造提升传统产业。同时依托产业园区积极发展现代商贸、物流业，打造区域商贸物流中心。

五要进一步提高旅游及各项社会事业的发展水平。旅游是北海的名片，社会事业发展水平是社会文明进步的标志。我们要加快建设全域旅游城市，努力把旅游业发展成为美丽北海的生态产业、美好生活的民生产业、转型升级的支柱产业。同时要不断加大投入，完善学校、医院、体育场馆等公共服务设施，加快发展医疗、卫生、教育、文化、体育等社会事业，逐步提高社会保障水平，让人民群众对美好生活的向往不断变成现实。

六要进一步加强“新北海”“新丝路”“新高地”的宣传。要抓住和用好这次总书记来北海视察的重大机遇，加强宣传策划，充分利用新媒体和传统媒体，加大“新北海”“新丝路”“新高地”的宣传力度。通过有效的宣传更好地树形象、扩影响、聚人心、引资源，进一步提升北海的知名度和美誉度。

七要进一步加强党的建设。要落实全面从严治党要求，抓好班子建设，切实提高领导班子思想政治水平、专业化水平、贯彻执行民主集中制水平，强化领导班子整体功能。要通过深入推进党风廉政建设、“两学一做”学习教育常态化制度化以及增强党的基层基础等，全面提高党员干部“四个意识”。领导干部要勤学苦干、多思善悟，成为“问不倒、难不住”的行家里手。

第四，要以学习贯彻总书记重要讲话精神为动力做好当前工作。

全市各级各部门要把学习贯彻总书记视察广西重要讲话精神，与抓好当前工作紧密结合起来，突出重点、抓住关键，统筹做好当前工作。今年以来，全市上下共同努力，克服经济下行压力，实现了一季度经济“开门红”，地区生产总值、财政收入增幅排全区第一，有三项指标排名全区第二。这些成绩来之不易，要再接再厉，努力争取更好的成绩，确保实现上半年“双过半”，为完成全年目标任务打好基础。针对今年以来投资下滑比较严重的实际，要加大招商引资、项目建设工作力度，确保每月都有一批重大项目开工，努力扩大投资。要扎实开展城乡环境提升活动，巩固和扩大整治成效。要大力推进脱贫攻坚，在确保贫困村“十一有一低于”的基础上，努力实现“新九有”。要坚持抓好改革开放，持续增强北海发展的动力与活力。同时要结合学习宣传总书记的重要讲话精神，开展好“三有三送”活动。

这次习总书记视察北海，非常顺利、十分顺畅，整个行程安排得很好，准备工作也很充分，中央领导同志和中央办公厅、警卫局的领导十分满意。在协助和配合自治区的接待工作当中，市委办公室、市政府办公室，市委政法委，市公安局、接待办、住建局、城管局、文化局、市湾办、铁山港（临海）工业区管委会、北海旅游集团等单位和一县三区，从线路设计、材料准备、安全保卫、交通疏导、城市环境综合整治、信访维稳等方面，做了大量卓有成效的工作；全市各有关方面也密切配合，比如说一些工地该停工的停工、一些地段该清洁的清洁、一些路段该绕行的绕行，确保了整个接待工作的顺利通畅和全面完成，表明了北海干部队伍是善做善成、能办大事的，展现了北海干部群众的大局意识和人文素养。在此，我代表市委、市政府，向参与接待工作的单位和全体同志，向积极配合接待工作的市民群众，表示衷心的感谢和崇高的敬意！

同志们，学习贯彻习近平总书记视察广西和北海的重要讲话精神，是全市各级各部门的重大政治任务和重大历史使命。让我们更加紧密地团结在以习近平同志为核心的党中央周围，把学习贯彻习近平总书记的重要讲话精神，转化为团结奋进的强大动力，转化为党员干部“忠诚担当”的过硬作风，转化为主动服务和融入“一带一路”倡议的务实举措，以更加奋发向上的精神状态、更加扎实有效的措施办法、更加高效务实的工作作风，切实履行好“三大定位”赋予北海的使命和责任，大力实施“四大会战”，奋力舞起“四个龙头”，加快建设创新型开放城市，以优异成绩迎接党的十九大胜利召开，绝不辜负党中央和总书记对我们的期望与重托。

2018 年 4 月 10 日至 11 日，广西壮族自治区党委书记鹿心社（第一排左一）到北海市调研，研究谋划深入贯彻落实习近平总书记视察广西重要讲话精神，进一步推动北部湾经济区开放开发。北海市委书记、市人大常委会主任王乃学（第二排右一），北海市市长蔡锦军（第二排左一）一同调研（扶建邦 / 摄）

2018年前三季度，北海市财政收入累计完成191.59亿元，同比增加23.04亿元，增长13.67%。财政收入总量居全区第三，仅次于南宁市和柳州市；一般公共预算收入同比增长24.36%，增幅居全区第一（陆靖德/摄）

开放开发

2017 年 8 月 20 日，桂台（北海）农渔业合作双创园启动，王乃学等领导为双创园培土奠基（北海市志办 / 提供）

2017 年 11 月 25 日，王乃学（后排左五）、李延强等领导见证中国电子（北海）产业园发展有限公司与国内多家企业举行入园签约仪式（北海市志办 / 提供）

2017 年 11 月 30 日，北海市人民政府与广西北部湾国际港务集团进行战略合作协议签约（许振国 / 摄）

2017 年 12 月 7 日，北海市政府与信义集团（玻璃）有限公司签订合作框架协议（北海市志办 / 提供）

2017 年 12 月 19 日，北海市委书记王乃学（右四）、时任市长李延强（右五）等触摸光束球宣告斯道拉恩索北海工厂聚乙烯消淋膜生产线投产（许振国 / 摄）

2017 年 10 月 28 日，北海市人民医院银滩医院门诊大楼开业（许振国 / 摄）

2018 年 9 月 11 日，签约总额 1 340 亿元的北海市重大文旅项目发布会暨签约仪式在南宁万达文化酒店举行

2018 年 2 月 27 日，自治区国土资源厅与北海市签订《共同加强北海市国土资源管理工作支持北海市打造向海经济合作备忘录》（北海市志办 / 提供）

舞起“龙头”闯丝路

伍朝胜

初夏，北海铁山港。来自澳大利亚海轮、巴拿马货轮等数艘外籍万吨巨轮停泊在码头；从世界各地进口的大豆、液化天然气（LNG）等商品在港口源源不断地输出……广西北部湾国际港务集团负责人动情地说：“站在铁山港口上，能触及世界经济的脉动。”

如今，从北海石步岭老港区到新兴的铁山港西岸区、东岸港区、沙田港区，依托港口和临港产业集群点亮的“向海经济”，似一道蜿蜒的彩虹，更像一条腾飞的巨龙，昂首冲向大海。

2017 年 7 月 10 日，“中能北海”号 LNG 运输船举行首航仪式（北海市志办 / 提供）

“习近平总书记视察北海，给全市干部群众予极大的鼓舞和鞭策。”北海市委书记王乃学说，北海要把学习贯彻习近平总书记重要讲话精神作为推动全市发展的巨大动力，舞起“四个龙头”，在“一带一路”建设中发挥积极作用。

兴港向海：思路转变闯丝路

北海的区位优势独特，牵十国而邻粤港，襟南流江而靠大西南，是服务西南华南中南、沟通东中西部、面向东南亚的战略要地。

身处战略要地的北海，曾在中国历史上谱写辉煌。“水行而山处，以舟为车，以楫为马，行若飘风……”《越绝书》如此记载北海古代航海盛况。“自日南障塞、徐闻、合浦船行可五月，有都元国；又船行可四月，有邑卢没国……”《汉书·地理志》描述了2 000多年前，一艘艘满载着瓷器、丝绸以及友谊的商船，在合浦海港列队扬帆东南亚的生动情景。

然而，时移势易，曾经车水马龙、万商汇集的北海，主要经济社会指标不仅落在全国首批14个沿海开放城市的最后，还一度居广西14个市的下游。

“守着金碗讨饭吃”，这句俚语切中北海时弊。2008年1月，国务院批准实施《广西北部湾经济区发展规划》，将广西北部湾经济区的开放开发上升为国家战略，这一重大历史机遇再次把北海推上了风口浪尖。深感错失良机之痛的北海决策层，在认真审视国家对北海发展定位后凝聚了共识：要真正领略到大海的魅力，就必须转身向海，走向世界，争当时代发展的弄潮儿！

自此，筑梦丝路、起航古港之旅启程了。隆冬的铁山港建设热浪灼人：机器轰鸣，人头攒动，头戴安全帽的技术人员有条不紊地指挥施工……一条条通衢大道向八方延伸，一栋栋标准厂房争相在昔日的木薯地上拔地而起，一个个产业园区竞相在昔日的旱坡地里落地开花，一个个深水港相继在昔日的滩涂驻足生根。火热的建设场景，融化了冬日的寒意。

风劲帆满海天阔，俯指波涛更从容。浴火重生的北海，终于告别了港口短板，目前已开通了80多个国家和地区的200多个港口航线，形成了四通八达的国际海运交通网。

今年3月23日，一派繁忙景象的铁山港码头迎来了澳大利亚的巴拿马籍“康馨海”号，这艘装载着11万吨煤炭的巨轮顺利靠泊，刷新了北海靠泊的吨位船舶纪录。眼下，铁山港1—4号4个15万吨级泊位已经建成，5—6号泊位基槽停泊地建成；石头埠1—2号泊位正抓紧施工；航道疏浚二三期扩建工程正在进行前期工作。玉铁铁路已通车运营，铁路支线铁山港站第二货场完成了征地搬迁任务……再看如今的铁山港，玉铁高速、桂海高速连通港区，洛湛铁路即将对接玉铁铁路，亿吨大港的生成指日可待。

向海通道被打通的背后，折射出北海港口吞吐能力的节节攀升：2016 年北海港口货物吞吐累计完成 2 749.68 万吨，同比增长 11.40%，其中集装箱吞吐量突破 15 万标箱，创历史纪录，同比增长 47.78%。今年第一季度，北海延续了港口吞吐量两位数增长的常态格局。

舞龙向海：产业转型闯丝路

鸡年的北部湾，正是闻鸡起舞时。

今年年初，广西壮族自治区党委书记彭清华在自治区两会上要求北海“舞起北部湾经济区扩大开放合作的龙头、临港产业尤其是电子信息产业升级发展的龙头、海洋经济发展的龙头和滨海旅游发展的龙头，当好广西排头兵”。这是中央赋予广西“国际通道战略支点、重要门户”三大定位后，自治区党委给予北海的期望和要求。

多年来，北海经济一路狂奔，就是要争当北部湾经济区龙头。一路飘红的数据见证了北海产业强势崛起带来的巨大变化：北海地区生产总值从 2010 年的 397.6 亿元旺增至 2016 年的 1 007.28 亿元，年均增长 14.2%，2016 年突破千亿元大关；财政收入从 47.1 亿元增至 166.31 亿元，年均增长 23.4%，2016 年增幅位居广西首位；规模以上工业总产值从 365.9 亿元增至 2 180 亿元，年均增长 35.4%，2016 年增速居广西首位。经过多年工业化“补课”，已形成石油化工、临港新材料、电子信息三大产业三足鼎立之势，其中电子信息产业稳居广西的“半壁江山”。

龙头战鼓响，转型闯大关。如今，接过了“当好广西排头兵”这一沉甸甸历史使命的北海，产业转型向何处转、动力何处来等重大命题接踵而来。

“这里区位条件好、前景广阔，要建设好北部湾港，打造好向海经济，写好海上丝绸之路新篇章。”4 月 19 日，习近平总书记在视察铁山港码头时强调。总书记的殷切期望，极大地提振了北海全市上下推进产业转型升级的信心和勇气。

立足于向海转型求动力，北海市最近出台《北海市海洋产业“十三五”发展规划》，明确在“十三五”期间优化发展三大海洋支柱产业，改造升级两大海洋传统产业，培育壮大五大海洋战略性新兴产业。到 2020 年海洋产业增加值超过 300 亿元，实现增加值比“十二五”期末翻一番的目标。

夏日的北海，天高气爽，花果飘香。在北海海洋产业科技园，满载“海葡萄”的卡车整装待发，产品销往江浙地区，产品供不应求。这种珍稀海洋生物原产于日本，目前在北海培育成功并渐成规模，成为科技创新引擎，这是北海市海洋经济发展的生动写照。目前，北海已经成为广西海洋科研机构最为密集的城市，国家海洋局第三海洋研究所、清华大学海洋技术研究中心、中国科学院烟台海岸带研究所等一批“国家队”即将进驻北海，全市海洋科研实力将继续领跑广西。据统计，2014 年以来，北海市海洋生产总值一直稳居全区第一，占广西海洋生产总值的 40% 左右，海洋经济龙头的桂冠名副其实。

在打造“四个龙头”过程中，北海推进了港口、资源环境、政策等优势深度整合。面向东盟，毗邻粤港澳，服务西南、中南、华南的辐射带动作用不断被激活。今年以来，中央有关部门“相机而动”，提供政策、资金助力北海，云贵川渝粤澳台等地也纷纷“借势而起”，来北海投资兴业，呈现出百业兴旺的喜人景象。

续缘向海：文化转身闯丝路

海浪阵阵，螺号声声……大型历史舞剧《碧海丝路》，以汉代合浦海上丝绸之路历史为背景，生动地描述了主人公大浦和阿斑的爱情故事，再现了古代中国与东南亚、南亚的经贸文化交流历史。

北海与东南亚国家地缘相近、人缘相亲、文缘相通，人员往来、文化交流源远流长，南珠文化、疍家文化等成为古代海上丝绸之路的繁荣见证。

如何发掘千年古郡、丝路起点的历史等文化价值，讲好“北海故事”？在“一带一路”的版图上扬帆寻梦，北海正以先行者的姿态，站在海洋文化发展的制高点，通过海上丝绸之路文化这个“软力量”来推动经贸往来。

这一思路在《北海市文化产业发展规划（2015—2020 年）》上找到注脚：到 2020 年，把北海建成广西文化产业发展的重要示范区、北部湾经济区文化产业的重要增长极、我国海洋文化产品的重要集聚地、“21 世纪海上丝绸之路”文化产业先行区、面向东盟文化产业的重要门户。

如今，随着广西三诺智慧产业园、广西天象国际动漫科技产业有限公司等一批国家级和省级文化产业重点项目快速崛起，北海文化产业呈现集聚发展势头：继《碧海丝路》《咕哩美》等精品力作走出国门，《魔角侦探》等动漫剧也相继走进央视，南珠、贝雕、角雕、编织等特色民间工艺品深受中外游客青睐，国家历史文化名城的效应正不断放大。近 5 年来，北海市文化产业增加值均实现了两位数增长。

北海出口加工区创建国家高新技术产品入境再制造、全球维修示范区通过国家质检总局考核（李君光/摄）

文化转身向海，让北海扬帆丝路之旅越走越畅。2016年，北海被评为首批国家全域旅游示范区创建城市，全市接待国内旅游者2 473万人次、增长15.4%，接待入境旅游者13.6万人次、增长5%。文化带活商贸，近几年来，在国际贸易下行压力加大的情况下，北海依然保持了外贸进出口总值持续高速增长的良好态势。

（转载《当代广西》2017年6月上/第11期）

潮起海天阔　扬帆再起航

——北海积极推进“向海经济”建设纪实

《广西日报》记者 / 曾俊峰

天高云淡，极目海天阔。从北海铁山港公用码头 6 号泊位向东放眼望去，21 台大型门吊机依次排开，一辆辆货车穿梭进出，一艘艘来自世界各国的万吨巨轮靠泊……数年前还是一片沉寂的海边滩涂，现已成为西南地区最具发展潜力的现代化良港。

北海人激动和喜悦之情溢于言表。今年 4 月 19 日，习近平总书记视察北海，提出打造“向海经济”，为我国建设海洋经济强国指明新的方向。

总书记的殷殷寄语，如催征的鼓点，在人们心坎上腾跃。加快启动“蓝色引擎”，谋划向海而兴的北海奋起而为：北海港口岸正式扩大开放、入选国家海洋经济创新发展示范城市、获批国家高新技术产品入境再制造全球维修示范区、国家海洋局第四海洋研究所正式落户……今年上半年，全市生产总值增长 10.3%、财政收入增长 32.9%、规模以上工业增加值增长 12.8%、城镇居民人均可支配收入增长 8.5%。

谋划思考，绘就“向海”蓝图

“总书记提出要‘打造好向海经济’，为我们做好工作提供了最及时、最有力、最直接、最重要的指导！”北海市委书记王乃学说。继而，北海全市迅速掀起学习贯彻总书记视察广西及北海时的重要讲话精神热潮。

一场思想大洗礼迅速铺开：因海而兴的北海，如何创造新的辉煌？“向海经济”如何打造？相关部门迅速行动。

7 月 14 日，一份《北海市关于打造向海经济的行动方案》正式出炉。

该市确立了“向海经济”的发展方向：加快发展优势海洋产业，转型升级传统海洋产业，培育发展新兴海洋产业，创新海洋市场体系，向海洋要资源、要财富，促进海洋经济和外向型经济的深度融合，在北部湾经济区舞起海洋经济发展龙头，为推进“一带一路”作出应有贡献。

北海打造“向海经济”的号角已经吹响：建设规划面积270平方千米的“两港、三城、一枢纽”，打造“向海经济”新区。即：铁山港、国际邮轮母港，银滩新城、海洋新城、铁山港新城以及北部湾城市群海陆空联运交通枢纽，形成构建面向东盟的国际大通道。到2020年，海洋生产总值接近900亿元，形成海洋生物、海洋装备两个百亿级产业集群，培育亿元重点海洋企业30家以上，成为“一带一路”的重要门户和枢纽，成为全国向海经济的创新发展示范城市。

建港兴港，释放“向海”潜力

因港而兴，正是北海发展的真实写照。有了港口，大陆南端的北海从陆上的“天涯海角”，变身为跨海搏击的前沿和起点。从2009年岁末正式开港到现在，北部湾港铁山港区已建成6个15万吨级泊位。吞吐量从120万吨跃升至去年近2 000万吨，码头陆域腹地近1万亩。在优良的港口支撑下，名不见经传的北海诚德新材料公司，短短数年成长为拥有全球最先进生产线和全产业链的公司，年产值突破300亿元，成为国内第三大不锈钢生产企业。

诚德公司的快速发展是北海港口发展的一个缩影。北海人牵住港口建设“牛鼻子”，做强海洋经济——

每天近百辆工程车在铁山港作业，一条长3.5千米、宽60米的进港大道正在日夜加班加速建设之中。预计今年年底，进港车道将由4车道增加到10车道，通行速度大大提高；铁山港东港区，2个10万吨级起步码头、10个5 000吨级泊位，连接龙潭产业园和铁山港东岸的出海通道龙腾路建设火热推进；石步岭港区，北海邮轮母港7月28日开工建设，未来将是中国牵手东盟国家跨国海上旅游航线的重要基地。

伴随着重大港口设施建设提速，中石化LNG、国华神华业主码头齐头并进，石步岭港、海角港、电建港、铁山港公共码头、石头埠码头及进港铁路、公路条件不断改善，一个面向东盟，连接中南、西南、华南的向海通道愈发通畅，“海”的潜力将进一步得以激发。

数据显示，2016年北海港口货物吞吐累计完成2 749.68万吨，同比增长11.40%，其中集装箱吞吐量突破15万标箱，创历史纪录，同比增长47.78%。今年上半年，北海港口吞吐能力继续保持两位数增长，其中集装箱吞吐量增幅更是超过

60%，领跑广西沿海各市。

以港口为依托的铁山港临海工业区，随着石油化工、临港新材料、粮油加工、煤电一体化、装备制造等产业集群进驻，实现超常规发展，成为广西首个税收过百亿的产业园区。

产业引领，挺起“向海”脊梁

天然的深水良港、宽阔的海洋渔场、近万公顷的红树林、平缓细腻的优质沙滩、神奇的火山海岛……

北海 500 多千米的海岸线上，处处是发展“向海经济”的聚宝盆。如今，依托丰富的海洋资源优势，北海已经形成轻重兼备协调发展的产业发展格局。平均每天有 1.5 万台智能笔记本电脑打上“北海制造”走向世界；每天从澳大利亚进口的液化天然气从铁山港源源不断输向广西 10 个城市和广东 2 个城市，撑起工业能源大动脉；每天 6 000 多吨豆粕和油脂，行销东盟国家和国内云贵川等地……今年 1—7 月，北

2018 年 5 月 10 日，北海市市长蔡锦军（前排中）率队到地角内港、电建渔港值班点检查伏季休渔工作（李君光 / 摄）

海工业园、铁山港（临海）产业区、出口加工区、高新区、合浦工业园五大园区共完成产值 1 324.76 亿元，占全市比重 94.6%；全市规模以上工业产值 1 401.18 亿元，增长 15.7%。今年以来，该市月月有重大项目开竣工，前来投资的客商也络绎不绝。5 月至今，总投资 23.6 亿元的我国西南地区最大移动智能终端生产基地一期项目落户开工；总投资 95.8 亿元，项目涵盖精密钣金加工及金属制品、不锈钢焊管及制品管生产、废钢加工处理综合利用、新材料产业城综合配套等 12 个临港新材料产业项目正式签约；投资 4.5 亿元在桂台（北海）农渔业合作双创园建设的台湾渔业风情小镇项目开工。作为未来海洋产业发展的主阵地，北海海洋产业科技园区正加紧推进建设，目前，已引进了包括国家海洋局第四研究所在内的 21 家国内顶尖的海洋科研机构进驻。同时，海洋旅游业发展迅猛，今年上半年接待游客数量比增 25%，国内旅游收入比增 26%，机场旅客吞吐量比增 39.98%。

（转自《广西日报》2017 年 9 月 10 日）

广西北海市积极打造“向海经济”

——面向大海扬新帆

《经济日报》中国经济网记者 / 童　政　周骁骏

在广西北海市合浦县石湾镇大浪村古城头，有一座“古代海上丝绸之路”始发港的原始码头。一艘艘古老舟楫从这里下水起航，沿着印度洋沿岸的海上丝绸之路，将织物、瓷器等运往东南亚、西亚……

今年 4 月 19 日，习近平总书记在北海首次提出“打造好向海经济”，让北海这个古老的海上丝绸之路始发港萌生新的生机与希望。

北海迎来发展新机遇

“习近平总书记视察广西，首站选择北海，对北海的港口建设、历史文化保护利用作出重要指示，并首次提出要‘打造好向海经济’的重大决策，这是北海发展史上具有里程碑意义的一件大事。”北海市委书记王乃学说。

北海市委迅速把总书记的殷切期望和最新要求传达到每一个党员干部，把总书记的亲切关怀和谆谆嘱托传递到全社会的方方面面，增强推动北海赶超跨越的使命感、责任感和紧迫感。

相关部门迅速行动，立即开展调研。从港口建设、城市布局、产业发展、枢纽建设……一次次夜以继日，挑灯夜战；一次次反复论证，精准推敲。7 月 14 日，一份《关于打造向海经济的行动方案》正式出炉。

“打造好向海经济，既遵循了北海历史的发展规划，又切合时代发展的需求，更是北海发展的行动纲领和行动指南。”北海市市长李延强说。

“向海经济”千帆竞发

《方案》的每一项任务后，都注明了实施的牵头单位和配合单位。北海市干部群众把总书记的亲切关怀转化为做好各项工作的强大动力，你追我赶，迅速行动。

石步岭港、海角港、电建港、铁山港公共码头、石头埠码头……记者在北海的海岸线上感受到推进“向海经济”的热潮。北海铁山港码头航道疏浚二期扩建工程、中石化北海炼化项目石化码头即将竣工；铁山港5号、6号泊位、榄根作业区码头、铁山东港产业园起步码头在抓紧建设。同时，北海加大招商引资力度，策划包装851个项目，推出“项目超市”对接金融机构。

“为了着力解决产业发展的瓶颈问题，我们投入产业扶持资金超过5亿元，创新‘直补+直投+基金+企业+银行’模式解决企业融资难、融资慢、融资少问题，首创‘招商贷’融资新模式推动项目落地。”北海市工信委主任李光邵说。

千年丝路展新颜

悠悠千年丝路，阵阵涛声催人奋进。北海向海经济的脉络越来越清晰，格局越来越明了。千年海上丝路正呈现出可喜的变化。

今年上半年，北海市交出了一份亮丽的经济答卷。上半年全市完成地区生产总值524.5亿元、增长10.3%，规模以上工业增加值279.3亿元、增长12.8%，财政收入116.8亿元、增长32.9%，这三项主要指标的增幅均排广西全区第一。

向海要资源、向海要财富、向海要发展。扬帆鼓劲、担当有为，北海市正以实施好“三个行动方案”为重点，努力舞起北部湾“扩大开放合作、电子信息产业升级、海洋经济、滨海旅游”四大龙头，奋力谱写21世纪海上丝绸之路新篇章。

（转载《经济日报》2017年10月16日）

2015年6月28日，广东路铁路立交桥正式建成通车（王宏武/摄）

广西北海：优惠政策激发创新热情

《经济日报》记者 / 童　政　通讯员 / 厉　烨

为促进小微企业发展，支持“双创”工作，繁荣实体经济，国家 5 次提高小微企业年应纳税所得额上限，出台了“双创”关键环节和领域税收优惠等政策。这些政策的落地，让广西北海市的许多企业乘减税政策的“东风”而起，投身创业创新事业。

北海市亿森林业设计有限责任公司是一家从事林业调查规划设计的公司。2015 年、2016 年企业累计减免企业所得税 4.97 万元。“得益于之前的政策支持，2017 年

北海市坚持抓党建促发展。图为北海市领导参加全市 2017 年首个“共产党员活动日”启动仪式（北海市委组织部 / 提供）

业绩提升，本已经不符合小微企业的减免条件，没想到碰上优惠政策扩围，减免税额达到 4.54 万元。”企业负责人张永恺解释说：“虽然业绩开始提升，但小微企业的资金压力始终很大，这项减税政策‘给力’！”

连续 5 次加码的小微企业税收优惠政策，除了直接减税减轻企业压力外，更深层次的意义还在于为经营者和创业者提供了稳定的政策环境和积极的政策预期。同时，为支持“双创”工作，2013 年以来国家针对“双创”关键环节和领域新出台了 67 项税收优惠，目前覆盖企业整个生命周期的税收优惠已达 77 项。这些政策更好地为北海市企业的创业创新之路清障搭桥。

在广西北海高新技术产业园区里，北海石基信息技术有限公司就是在税收优惠政策的助力下完成“蜕变”、华丽绽放。至 2017 年 10 月份，北海石基信息技术有限公司 2017 年减税规模达到 2 772 万元。谈到未来，石基信息负责人陈宇程表示在税收优惠政策的扶持下，公司还大有可为。

（转载《经济日报》2018 年 1 月 30 日）

石油化工和临港新材料两大支柱产业比翼齐飞

——“工业港城”展现新活力

《广西日报》记者 / 曾俊峰

宽阔的进港大道径直奔向大海，塔罐林立的现代化石化产业园内不断刷新同类企业产出效率新高，代表国内最先进工艺水准的不锈钢新材料基地迅速崛起，世界林纸巨头北海工厂包装纸板机提前达到设计产能……昔日沉寂的铁山港区变身为广西北部湾重要的“工业港城”。

数据显示，2017 年铁山港（临海）工业区规模以上工业总产值 904.86 亿元，比 2016 年增长 23.73%，占全市 35.69%，是 2008 年 8.58 亿元的 105.47 倍，年均增长 67.8%。

铁山港（临海）工业区设立于 2007 年，规划面积 123 平方千米，是北部湾经济区五大功能组团之一铁山港（龙潭）组团的核心工业园区，是北部湾经济区三大临海工业区之一。该工业区积极推进项目建设，已逐步形成石油化工和临港新材料两大千亿元产业，林纸、海洋装备制造、港航物流、加工贸易等临港型产业及配套产业竞相发展的新格局。

截至去年年底，该工业区内龙头企业北海炼化实现产值 322.83 亿元，比增 28.21%，上缴税金 113.63 亿元，是北海首家税收超百亿元的企业；诚德集团完成产值 474.26 亿元，比增 22.25%，税收 5.98 亿元。去年 3 月，铁山港临港新材料产业园正式挂牌，新材料产业走上向园区化、集群化发展的道路。而在去年佛山举行的专场招商引资，签约项目 12 个，投资 95.8 亿元，全部建成达产后预计新增产值 200 亿元，税收 5 亿元。此外，香港信义集团计划在工业区投资 110 亿元建设信义产业园项目，项目全部建成达产后，每年将新增工业产值约 100 亿元，新增服务业产值约 60 亿元，新增税收约 8 亿元；总投资 191 亿元的斯道拉恩索公司北海林纸一体化项目，去年实现产值 19.22 亿元，比增 307.64%，上缴税金 4 508 万元。北海工厂从纸板生产向新型绿色包装材料延伸；此外，北海电厂一期、热电联产项目、渤海粮油高蛋白饲料粕物流及加工项目、铁山港石英砂精炼厂等一批加工项目已建成，南洋修造船、北海海洋装备修造等项目、北部湾表面处理中心、神华国华广投北海能源基地、和润粮油深加工等一批项目加快建设，投资超百亿元的胜宝钢铁项目各项前期工作正有序推进。

与此同时，对广西北部湾经济区发展具有战略意义的铁山港亿吨大港架设也在提速。目前，铁山港码头 1—4 号泊位及配套堆场已建成投入使用，5—6 号泊位完成建设，铁山港铁路支线铁山港站第二货场开工建设，加快推进铁山港进港铁路专用线项目、铁山港北暮作业区南 7—11 号泊位工程项目，港口硬件实力不断提升。去年 6 月，北海港口岸扩大开放铁山港区顺利通过国家验收后，铁山港港口物流产业发展迅猛，全年完成吞吐量 1 875.4 万吨，比增 14.82%。

（转载《广西日报》2018 年 2 月 27 日）

2017 年 7 月 13 日，北海市行政审批局举行揭牌仪式。市委书记、市人大常委会主任王乃学（左二）、时任市长李延强（右二）、自治区政务服务监督管理办公室主任王西冀（左一）、市行政审批局局长张文玉（右一）揭牌（北海市行政审批局 / 提供）

扬帆丝路逐浪高

——广西北海奋力开启新世纪海上丝路新航程

伍朝胜　曾　明

四月春潮舞翩跹，北海扬帆逐浪高。2017 年 4 月 19 日，习总书记将深情的目光，聚焦北海："要建设好北部湾港口，打造好向海经济，写好新世纪海上丝路新篇章。"站在时空交汇的历史节点上，总书记为北海发展指明方向。如今，一个春天的轮回，北海发展华章重彩——

海上丝路上风劲帆满：2017 年，实现海洋生产总值 517 亿元，占全市地区生产总值的 48%；主要海洋产业实现增加值 250 亿元，占广西的 37.5%，总量排广西第一位。

广西副中心城市的目标越奔越近：2017 年，全市地区生产总值和财政收入的增速居全区第一，工业产值总量首次提升至全区第四位。

一部城市的发展历史，总是在不断演进中续写新的篇章。如今，站在铁山港公用码头上，看波涛汹涌的海面上，一艘艘满载货物的巨轮正整装待发，壮美如画。落实党中央决策部署，北海正砥砺前行，奋力开启新世纪海上丝路新航程。

谋定而后动，画好向海之路的"同心圆"

北海向海文明丰沛而源远。第一次"向海"在西汉时期，扬帆印度洋，奠定了北海合浦"古代海上丝绸之路"始发港的地位；第二次"向海"在晚清时期，北海被辟为通商口岸，"外洋各国夷商云集"，店铺林立，贸易兴隆；第三次"向海"是北海被列为首批全国沿海开发开放城市后，实现了从小渔村向初具规模现代化城市的蜕变。

今天，我们该如何传承和弘扬这份文明？"向海之路是一个国家发展的重要途径，这里围绕古代海上丝绸之路陈列的文物都是历史、是文化。要让文物说话，让历史说话，让文化说话。”习近平总书记的谆谆教导，振聋发聩，为北海发展指路引航。

重新审视、发掘北海“向海”资源禀赋，北海市开展“十个一”活动，专家学者、领导干部和社会各界的一次次交流让思想互相碰撞，一次次探讨让认知凝聚共识，最终指向同一个路径——向海要资源、向海要财富、向海要发展，在北部湾经济区舞起“四个”龙头，吸引各种发展要素在北海集聚，为打造向海经济提供源源不竭的动力。

谋定而动，方能笃行致远。

向海，方略先行——2017 年 7 月出台《打造向海经济行动方案》等三个行动方案，推出“打造向海经济新区、加强海陆空互联互通建设、发展临港产业集群、构建国际国内开放新格局、加强海洋生态环境保护、深化改革创新”六大举措来实现向海经济跨越发展。

向海，先行先试——北海港口岸正式扩大开放，入选国家海洋经济创新发展示范城市；出口加工区获批国家高新技术产品全球入境维修 / 再制造示范区和广西首批《关于建立更紧密经贸关系的安排》（CEPA）先行先试示范基地；国家海洋局第四海洋研究所落户北海；龙港新区和桂台产业合作北海示范区获批设立，广西对外开放龙头城市作用充分凸显。

向海，内联外通——积极参与粤港澳大湾区、南向通道建设，建枢纽、建港口、建平台、拓航线，沟通大西南，对接“珠三角”港澳台，辐射北部湾城市群。2017 年，全市港口货物吞吐量完成 2 750 万吨、增长 11.4%。推进桂台产业合作北海示范区、玉港合作园、临港新材料产业园、北海—澳门葡语系国家产业园建设。2017 年，外贸进出口总额增长 12.5%；加工贸易进出口总额增长 11.6%。

向海，文旅并进——实施文化交流“走出去”工程，加快国家全域旅游示范区创建步伐，开通北海至越南下龙湾海上旅游航线和北海至越南岘港空中航线，北海机场旅客吞吐量增长 38.7%，是全国民航机场旅客吞吐量增幅的 3 倍。全市接待游客量增长 24.12%，旅游总收入增长 28.2%。借力“文旅联姻”，北海国家历史文化名城的魅力焕发了异彩。

向海，生态优先——始终将生态建设作为扬帆丝路的重要内容来抓。去年，全市近岸海域水质优良率 100%，环境空气质量优良率 92.1%，空气质量综合指数位居全区第一。

按下“快捷键”，构建向海经济新“高地”

2017 年 10 月 27 日，国家海洋局第四海洋研究所科研及技术合作中心在北海海洋产业科技园区开工。

新增国家级高新技术企业10家，中电北海产业园众创空间、高新区21度聚变空间被认定为国家级众创空间……

“国”字号项目缘何青睐北海？

“任何一个战略的实施，都离不开项目的支撑。没有精准招商就引不来大项目，没有项目建设的大突破，就不可能实现向海经济的大发展。”市委主要领导一语道破玄机。

指针拨回到2017年7月30日，北海市委书记王乃学亲自率队，赴广东省佛山市召开北海市临港新材料产业招商推介会。会上，北海市与当地企业签约项目12个，总投资95.8亿元。一花引来百花开。北海市委、市政府主要领导率先垂范抓招商、抓项目，分管领导一线奋战，多次带队北上南下、东突西进，形成了“引进一个、建设一个、带来一批”的“葡萄串效应”。去年，北海全市“走出去”招商500多批次，在外省市举办了19场招商推介会，接洽来访客商超1 500批次逾6 000人次。新引进项目194个，新签项目合同投资额1 078亿元，实际到位资金388.2亿元。

潮起海天阔扬帆正当时。“合作一个项目、对接一家大企业、做大一个产业、构建一个区域集群，形成滚动开发、持续投资、合作共赢的发展大格局”，这正成为北海提升向海经济发展的“快捷键”。如今，循着北海蜿蜒的黄金海岸，随处可见的项目建设、产业发展滚滚热潮，组成了一幅向海经济转型升级的壮观场面：林纸一体化一期工程和年产20万吨热磨机械木浆生产线、中石化广西LNG一期、诚德不锈钢冷轧、星沅LCM等一批项目竣工投产……据统计，去年，北海全市实施重点项目266个，新开工项目70个，形成了以石油化工、临港新材料、林纸一体化、能源电力、海洋装备、港口物流等产业为主的向海经济发展格局。其中，石油化工、临港新材料等优势产业隆起临港经济带，携手电子信息产业，成为支撑北海工业经济发展的“定海神针”。去年，工业保持两位数增长，对全市经济增长贡献率达50.8%。

打造新动力，改革创新书写新画卷

与发达沿海地区相比，北海向海发展并不具优势，靠什么来抢占先机？

“向海发展中的问题，没有现成的办法可以运用，只有依靠源源不断地改革创新来破解。”这是北海市决策层的共识。市委、市政府要求，全市上下必须强化“朝受命而夕饮冰”的责任感、紧迫感，牢记总书记嘱托，勇于正视现实，主动破冰前行，以在广西率先发展的优异成绩向党中央、自治区交出满意的答卷。

2018 年 4 月 4 日，北海市市长蔡锦军（右二）到海洋四所调研（许振国 / 摄）

为此，北海紧盯向海经济转型升级的薄弱点。

针对人才紧缺、创新能力不足的问题，北海市推进专利双倍增计划，去年，每万人发明专利拥有量 4 件、提升 35%。加强创新企业和创新平台建设，去年新认定高新技术企业 23 家，新增国家级众创空间 2 家、自治区级众创空间 2 家、院士工作站 1 家、工程技术研究中心 1 家。北海海洋产业科技园入选国家创新人才培养示范基地，成为广西首个进入国家“万人计划”项目。“985”“211”高校优秀毕业生 199 名在北海找到了施展才华的舞台。

从“进”中破解发展瓶颈，北海市加大政策扶持力度，建立广西第一家政府采购电子化交易“政采云”平台。建成“农事网通”政务服务和“阳光红页”信息公开平台，率先在全区实现一网连通基层群众的服务和信息需求。“如果没有政府扶持，我可不敢来北海投资。”北海（台湾）鲔丰鑫坚水产有限公司台商周先生坦言。去年，在市领导的支持下，受北海便利政策的吸引，该公司投资在合浦县闸口镇用新技术、新品种、新模式成功开发了千亩渔业养殖基地，促进了合浦传统海水养殖业改造提升。

从“退”中寻找发展空间，北海市积极简政放权，全面推进商事制度改革，“多证合一、一照一码”登记制度改革走在全国前列。成立市行政审批局，划转24个部门的行政许可事项232项，实现“一枚公章管审批”，审批事项平均办结时限由24.2天压缩到6.7天。

“进”“退”有度自如，招招出奇制胜，使北海“政策洼地”“服务高地”“创业福地”的格局逐步成型，大众创新创业激情竞相迸发，扬帆丝路越走越畅。

（转载《中国改革报》2018年7月4日）

打造向海产业新一极

——北海海洋产业园区建设侧记

广西记者 / 曾俊峰

高耸入云的塔吊频繁转动、工程车来回穿梭，北海城东的数千米海岸线边，作为广西向海经济发展重要基地的北海海洋产业园正在崛起。

上半年，随着园区道路等基础设施建设加快，入园单位科研创新环境不断完善，年轻的海洋产业园步入发展快车道。

基础设施建设快速推进

从北铁一级公路竹林段一路南下，昔日坑洼不平的羊肠小道，如今变身宽阔的海洋大道。从北海海洋产业科技园综合楼 11 楼向下环视，整个园区建设正酣：作为园区先行军的道路设施建设方面，包括投资 1.05 亿元、总长 2.51 千米的科研一路、创新二路、创新三路北海海洋产业科技园区海洋科研创新园（一期）道路工程正在全速推进，科研一路雨污水管道开挖、创新二路箱涵及污水管道开挖、创新三路过路箱涵前期施工工作及处理漏项事宜已经完成；完善园区创业创新环境的创业谷项目建设也在加快推进。

目前园区湿地长廊项目水系改造工程量已完成 95%，初步形成以湿地景观（以及相应的给排水、照明）、造景、接驳工程、健康步道、建筑小品、亭台等为主要内容的生态休闲区。投资额约 1.7 亿元、总建筑面积 3.5 万平方米的创客基地项目，现已完成三栋楼的地下车库及地上二层主体工程建设。

海洋四所力争 9 月揭牌

在重点入园项目上，作为自治区重点推进项目的国家海洋局第四海洋研究所建设项目，正在按照主体工程 8 月底竣工、在 9 月第十五届中国—东盟博览会期间揭牌目标，倒排工期全速推进。科研及技术合作中心（一期）项目科研中心楼主体工程，已于 5 月初提前完成封顶，现转至室内墙体砌筑；交流中心楼也已于 6 月初完成主体工程封顶；项目配套路网海景大道已完成 2 000 米水泥稳定层铺设，随着大水塘路段加快推进建设，主车道也有望在海洋四所项目竣工同期建成通车。

与此同时，建筑面积约 7 000 平方米（共 11 层）的清华大学海洋技术研究中心北部湾研究所和 4 300 平方米（共 7 层）的广西大学海洋学院科研楼建设已完成主体工程建设，正在进行室内墙体砌筑及水电线路安装。

“自上而下”发展向海产业

北海海洋产业科技园区规划面积 27 平方千米，是广西唯一的海洋专业产业园，

2017 年 10 月 27 日，国家海洋局第四海洋研究所项目开工仪式。图为国家海洋局副局长林山青（前排一）致辞（北海海洋产业科技园区管委会 / 提供）

也是打造向海经济的重要载体。园区的前身为2010年12月由科技部批准建设的广西北海国家（海洋）农业科技园区，2013年6月增挂北海海洋产业科技园区。园区于2016年被认定为第二批国家科技兴海产业示范基地，于2017年入选国家创新人才培养示范基地，初步搭建了海洋科技孵化、海洋人才培养等公共服务支撑平台和现代海洋产业科技服务体系。

自2015年4月启动建设以来，按照“自上（游）而下（游）”产业发展的模式，该市优先引进创新链和产业链上游的国内顶尖海洋科研资源入园，再延伸到产业化，致力将园区建设成为广西海洋科技实力最强、人才密集度最高的海洋产业科技集聚区域。截至今年4月，园区已引进包括国家海洋局第四海洋研究所、国家海洋局第三海洋研究所北海基地、清华大学海洋技术研究中心北部湾研究所等近20家高校、科研机构及项目。海洋科技研究方向涵盖了海洋生物医药、高端海工装备、海洋智能装备、海洋新材料、海洋生态工程、海洋环保、海洋水产育种、南珠研究、海上安全等领域。产业项目方面进驻了中检集团广西公司北部湾检验认证公共服务平台、迪斯海洋生物鲎产业综合利用及精准医疗、美茵生物手性药物、精工南珠工厂化养殖等项目。

（转载《广西日报》2018年7月30日）

倾力打造向海经济拳头产品

——广西北海发展向海经济系列报道之海洋经济篇

《中国海洋报》记者 / 杨子健　通讯员 / 丁纬国

近日，广西北海海金花生物科技有限公司收到了江西某公司和天津某跨国电商公司的一笔订单：1 500 支海金花液。该产品 2017 年 11 月研制成功，今年 4 月投产，提取物来自涠洲岛刺海参和广西金花茶。像海金花这样的海洋生物科技公司，如今在北海已有许多，渐成向海经济新的增长极。

10 月 8 日上午，记者来到北海黑珍珠海洋生物科技有限公司，一栋厂房建筑正在施工。“在建的是 5 层楼高的生产线，计划上 13 条化妆品生产线，产量至少翻 5 番。”该公司总经理李应坤说。

该公司 2010 年推出中国第一个淳肌“无添加”护肤品，目前不但建设了功能齐全的实验室，还重金引进人才，与自然资源部第三海洋研究所、第四海洋研究所等建立了良好的合作关系。

“我们产品的提取物，主要来自珍珠、海参、牡蛎、藻类等海洋生物。”李应坤介绍，该公司是一家典型的海洋生物产品研发公司。从 2017 年起，由公司牵头与海洋三所及广西区内外 4 家企业组成产业链的形式，成功申报了财政部、原国家海洋局“十三五”海洋经济创新发展示范城市项目——“北海珍珠高值化医用产品与化妆品产业链开发与示范”；今年参与了由海洋四所牵头申报的“南珠产业振兴关键技术研发与应用”项目；参与了广西科学院牵头组织申报的“海洋微藻规模化培养和高值生物制品综合利用技术研发与产业化示范”项目……

“北海市海洋与渔业局为本公司争取了 3 年 2 000 多万元的财政资金，支持我们发展。”李应坤说。

北海市天普乐生物科技有限公司是国内唯一一家成规模用海水养殖螺旋藻的企

业，螺旋藻产品需求量很大，供不应求，仅德国今年已从中国进口了1 000多吨。

该公司董事长雷卫疆说，“北海海域生态好，水质好，螺旋藻的品质就好。北海发展螺旋藻产业自然条件得天独厚，大有前景”。

雷卫疆称，像内蒙古、云南的螺旋藻产业知名度都很高。云南的螺旋藻产品在游客中知名度高，成为当地著名旅游产品。北海是著名旅游城市，希望能够打造螺旋藻产业，也像云南那样，让游客买点这样的特色产品带回去。

同样期许的，还有北海生巴达生物科技有限公司。目前，该公司正在和中国青年文化旅游公司合作生产旅游产品。该公司董事长薛命雄认为，国内大健康产业有8万亿的市场潜力，螺旋藻系列产品完全可以分一杯羹。“广西位于亚热带，空气好，阳光足，可以一年四季生产螺旋藻，潜力巨大”。

北海市天普乐生物科技有限公司是北海海洋产业科技园区引进的海洋生物科技公司之一。园区管委会相关负责人告诉记者，园区大力支持海工装备、海洋新材料、海洋生物医药、水产种业、南珠养殖等新兴产业发展。截至今年6月，完成新签招商引资合同投资总额15亿元。

北海海洋产业科技园区规划面积为2 876亩，发展备用地3万亩，计划建设中国南方海洋科技城，打造蓝色经济集聚区。依托自然资源部第四海洋研究所等国家级海洋科研机构，重点发展海洋生物和海洋高端装备制造两大产业，大力培育海洋能源、矿产资源开发、海洋信息技术、海洋生物基因与生物工程等，探索海洋产业创新集聚发展与海洋生态文明建设并行的模式。

记者了解到，北海海洋生物科技公司等海洋类新兴产业面临着人才引进难、招工难、融资难等问题，发展基础仍比较薄弱。如何推动更好地发展，北部湾经济研究中心主任何为民表示，北海和粤西各市同为北部湾经济合作组织成员，都是欠发达地区，而广东一直重视粤西沿海地区发展，积极给予政策扶持。去年，《广东省沿海经济带综合发展规划》中将湛江市定位为省域副中心城市，给予湛江更大发展空间。北海是中国西部地区重要的出海口，但未能充分发挥窗口作用，因此，广西应借鉴广东做法，给予北海市自治区级副中心地位，使其更好地发挥内在潜力。

何为民还建议，北海等地应和粤西沿海城市抱团发展，在现有基础上，建立“北部湾沿海城市群”，依托相互接壤的海岸地带、近似的资源禀赋，拆除产业壁垒，探索共同发展的道路。以沿海城市群为主体建立北部湾经济发展规划，以便更好地利用北部湾沿岸海洋资源，大力有序发展向海经济。

（转载《中国海洋报》2018年10月15日）

北海市委、市政府决定成立北海向海经济研究院，在北海市人民政府经济研究中心增挂牌子，赋予牵头组织开展向海经济研究的职能。2017 年 10 月 16 日，市委常委、副市长陈新（右四）宣布北海向海经济研究院成立（北海市政府经济研究中心 / 提供）

文化旅游

2018 年 3 月 29 日，北海市委书记王乃学（第一排右一）、市长蔡锦军（第二排中）在廉州湾调研廉州湾规划、高德老街改造等工作（许振国 / 摄）

广西北海：承载“古丝路”精髓书写“新丝路”篇章

《光明日报》记者 / 周仕兴　通讯员 / 唐婉婉

扩音器不离身，每日辗转于文物陈列室间，三两句便将参观者“带入”汉代海内外的贸易盛景……广西北海市合浦县汉代文化博物馆馆长廉世明时常客串解说员，让更多人知晓海上丝绸之路（简称“海丝”）文化。廉世明说，这是他的职责和使命。

今年 4 月 19 日，习近平总书记来到合浦县汉代文化博物馆考察时指出，这里围绕古代海上丝绸之路（简称“古丝路”）陈列的文物都是历史、是文化。要让文物说话，让历史说话，让文化说话。要加强文物保护和利用，加强历史研究和传承，使中华优秀传统文化不断发扬光大。

当前，北海市正深入学习贯彻习总书记系列重要讲话精神，积极挖掘、保护“海丝”遗存，大力弘扬“海丝”文化，奋力写好 21 世纪海上丝路新篇章。

每一帧历史都独一无二

2 000 多年前，一条以中国徐闻港、合浦港等为起点的“古丝路”，成就了世界性贸易网络。自此，合浦不仅连接了东西方的贸易和文明，亦成为内陆与海外连接的窗口，成为“古丝路”不可替代的存在。

“每一帧历史都独一无二，其遗存亦然，这也使集合多件孤品的合浦汉代文化博物馆始终保持着独特的历史价值”。廉世明从事“海丝”文化研究 20 余年，传播“海丝”文化，已成为他的一种文化自觉。

这样的个体在北海并非“孤军奋战”。北海市委宣传部副部长梁思奇告诉记者，近年来，北海抓住国家推进“一带一路”建设的契机，积极挖掘、保护“海丝”遗存，寻找“始发港”遗迹，打造体现历史传承特色的文化名城。

北海挖掘“古丝路”文化取得了阶段性成果：分布在合浦县城郊近 70 平方千米范围的上万座汉代墓葬，是目前国内发现的大型汉代墓葬群之一，出土了大量来自波斯、斯里兰卡等“古丝路”沿岸国家的陪葬品，成为汉代合浦作为海上丝绸之路早期始发港的重要物证。于汉墓群附近区域发现的“大浪古城”“草鞋村”两处汉城址，均已列入国家大遗址保护“十三五”规划。

为“海丝”申遗全力以赴

2009 年，北海开始启动“海丝”申报世界文化遗产工作。自治区、市、县各级党委、政府均十分重视“海丝”申遗工作，突破各个难点，建立申遗中心及研究院，全力推进各项工作。

2012 年，国家文物局将北海史迹作为海上丝绸之路 · 中国史迹组成部分列入《中国世界文化遗产预备名单》，将 3 处遗产点申报公布为全国重点文物保护单位，列入国家大遗址保护项目，并批复合浦汉墓群保护总体规划。

“习总书记考察广西时的重要讲话，不仅明确了北海的文化定位，为做好广西海上丝绸之路文化遗产保护和利用指明了方向，也对北海的‘海丝’申遗起到极大的鼓舞和推动作用。”北海市委书记王乃学说。

“文物一摆，就是一段历史，不需修饰，但前提是保护好。”合浦县委书记王方红告诉记者，4 月 24 日，合浦县召开推进文化旅游产业发展和申遗工作专题会议，决定成立合浦海丝研究院及合浦县申遗中心、合浦县海丝研究院，助攻“海丝”申遗。

4 月以来，合浦县加快推进合浦汉墓群墓葬保护及环境整治工程的脚步，加快编制实施“海线”遗产点保护规划等，并通过“走出去，引进来”取长补短，为推进申遗全力以赴。目前，北海市政府已颁布《北海市海上丝绸之路文化遗产点保护办法》，《合浦汉墓群总体保护规划》也已通过国家文物局审批。

政策写在纸上，更需落在地上。北海已搬迁清理四方岭、金鸡岭汉墓密集区内违建的 15 家木片加工厂，迁移民坟 4 200 多座，清除已征地 700 亩土地上的林木杂物，改善了文物保存环境。同时对合浦汉代文化博物馆进行改造提升。

广西壮族自治区党委、政府高度重视“海丝”申遗工作，自治区党委书记彭清华、自治区主席陈武多次到北海，就申遗工作进行调研部署。目前，海上丝绸之路 · 北海史迹的申遗工作已列入《广西参与建设丝绸之路经济带和 21 世纪海上丝绸之路的思路与行动》，北海史迹有关建设项目已列入自治区层面统筹推进的重大项目。

让文化接地气聚人气

寻常午后，街头人影寥寥，北海市少儿图书馆却十分热闹，非遗传承人正声情并茂讲述着“珠还合浦”的故事……这是图书馆以“海丝”文化为主题，精心策划的“小海螺故事会”，每个星期都会上演。

秉承文化传承“从娃娃抓起”的理念，北海着力提升青少年儿童对当地文化的认知。“文化只有接地气，群众才够得着；文化的种子只有在青少年中生根开花，才算得上传承。”图书馆馆长姚小玲说。

为此，北海实行“内传”和“外宣”并重，让文化植根海疆之时，亦走向更广阔的世界舞台。

2017 年 10 月 19 日，环广西公路自行车世界巡回赛在北海成功举办（北海市志办 / 提供）

今年8月20日，“一带一路·北海遇见北海”活动在俄罗斯莫斯科举行。北海市精心组织策划的“旅游景点”“民俗风情”“城市产业”等展览，配以演员带来的精彩歌舞表演，在当地掀起一阵“北海旋风”。

“一带一路·北海遇见北海”系列文化交流活动，旨在通过寻求全球多个与北海市同名的城市、水域，与“市外北海”“海外北海”相遇并相知。活动第一阶段于2016年在北京北海公园启动，第二阶段前往俄罗斯和日本，第三阶段前往大西洋的边缘海北海附近的国家开展活动。“活动以高层交流、图片展和文艺演出等方式展开，推动北海市与到访国在旅游文化商贸等方面的合作交流，同时传播海丝文化、弘扬‘海丝’精神，以同名结缘方式，促进‘一带一路’沿线各国人文交流。”北海市政协主席李蔚说。

北海还通过文化艺术，深入发掘海上丝绸之路的文化内涵。其大型舞剧《碧海丝路》获得全国“五个一”工程奖、文华奖和荷花奖，先后到马来西亚、斯里兰卡、韩国、瑞士、德国、比利时等国展演。目前，以广西古代海上丝绸之路为背景创作的《沧海丝路》电视剧已拍摄完成，《海上丝路之南珠宝宝》动漫也已公开面世，获得一致好评。

今日北海，正迎着穿越时空的海风，承载“古丝路”精髓，书写“新丝路”篇章，释放着它激荡千年的情怀。

（转载《光明日报》2017年9月27日）

北海：写好“海丝”文旅融合发展新篇

伍朝胜

初春，信步合浦汉代文化博物馆，观汉代宝藏，溯丝路文脉。古物千姿，群宝竞艳，诉说着珠城历史人文与自然生态水乳交融的沧桑变迁；文景相宜，游人如织，展现出新时代文化旅游融合发展的蓬勃生机。统计显示，2017 年，合浦汉代文化博物馆接待游客同比增长近 3 倍。

2017 年 4 月 19 日，习近平总书记视察广西时指出，北海具有古代海上丝绸之路的历史底蕴，要写好 21 世纪海上丝路新篇章。谆谆嘱托重如千钧，殷殷期望言犹在耳。今日的北海正击响贯彻落实党的十九大精神的铿锵鼓点，创新谋变，扬帆丝路，书写“海丝”文化旅游融合发展的新答卷。

顺势而为：让海丝文化成为旅游发展的“压舱石”

悠悠南流江，碧波北部湾，两千多年奔腾不息的历史长河孕育出璀璨的北海历史文化。北海老城、“千年古郡”合浦、海上丝绸之路始发港遗址、白龙珍珠城遗址……作为国家历史文化名城，北海的文化底蕴厚实而多元，这些内涵丰富、特色浓郁的文化元素，既是中国文化宝库中的明珠，又是海丝之路上备受追捧的“活化石”。

如何让这些“活化石”开枝散叶、绽放光彩，形成风光旖旎的海丝风景线？

“促进文化与旅游相结合，借助旅游平台，扩大文化影响力。”北海市委书记王乃学强调，要发挥浓郁的历史文化优势，加快推进全域旅游城市建设大会战，奋力舞起滨海旅游发展的龙头。

经过有针对性的调查研究、集智聚力……很快，转型发展路径在一次次思想碰撞中逐渐明晰，由此，北海市出台了《加强海上丝绸之路文化遗产保护利用的行动方案》，明确了推进世界文化遗产申报等六项任务，探索加快历史文化旅游融合发展的五种新模式，为全市文化旅游业发展指路添力。

锣鼓一声动地来，狼烟千里起尘埃。合浦县城南郊正在建设的 3 600 多亩汉文化和“海丝”文化主题公园里，人头攒动，机械轰鸣，焊光闪闪。合浦县委相关负责人介绍说：“总书记视察北海后，我县将投入 2 亿多元加快汉墓公园项目建设，使之既起到保护汉墓的作用，又能向游客展示历史，同时更是老百姓生态休闲的好去处。”

合浦汉文化和海丝文化主题公园是北海加强“海丝”文化遗产保护利用的一个重要标志，由此拉开了规模宏大的文旅相融扬帆丝路之旅的帷幕。2017 年以来，重点打造的涠洲岛、银滩、邮轮母港、合浦海上丝绸之路四个百亿级项目，由于植入“海丝”文化元素，唤醒了历史文化基因，契合了人们对传统文化的渴求，深受游客的热捧，促进了全市旅游业转型升级。

数据显示，2017 年北海市共接待国内游客 3 069.8 万人次、增长 24.1%，国内旅游消费 364.5 亿元，增长 28.2%，新增 4A 级景区 1 家和 3A 级景区 9 家，4 家国际品牌高星级酒店开工建设。北海机场旅客吞吐量 171 万人次、增长 38.7%，是全国民航机场旅客吞吐量增幅的 3 倍。进出北海动车车次最多时每天达 34 对，全年旅客到发量 838 万人次。

紧扣时代：让文旅产业发展形成“虹吸效应”

置身于“一带一路”大背景下看北海，让人惊艳不已：源远流长的海丝文化，蓬勃发展的滨海旅游，“海陆空铁”的立体化交通网络，还有不日可期的北海国际邮轮母港。

“北海‘海丝’文化缘起、发展于承载着商业贸易与文化交流的海上丝绸之路，蕴藏着巨大的经济价值，涌动着无限商机。要讲好北海故事，把文化资源优势转化为产业优势，反哺经济社会发展”。这已成为全市上下的共识。

2017 年 5 月 8—24 日，以“一带一路”为主题的大型 3D 动画片《海上丝路之南珠宝宝》在央视少儿频道黄金时段播出，引起广大观众和网民的热烈反响和好评，为“一带一路”国际合作高峰论坛营造良好的社会舆论氛围。

这是北海文化产业化与时代同脉动的体现。

早在 2015 年，北海市就在《北海文化产业规划（2015—2020）》上明确：在 5 年内打造“一核、两翼、多组团、区域联动”的文化产业格局，重点培育文化旅游业、文化科技业、影视动漫业等七大产业。到 2020 年，文化产业增加值超过 93 亿元，占全市 GDP 比重达到 5% 以上。经过三年的铺垫，文化产业在路径上有了新的方向，在模式上有了新的探索，在力量上有了新的积累。

如今，一大批“海丝”文化产业项目建设已硕果累累：北海高新区文化产业园、北海园博园“天天演”文化旅游演艺基地竞相争辉、游客如织；合浦汉文化公园、北海北部湾国际文化广场、南珠文化主题酒店、北海市南珠博物馆、北海贝雕文化艺术博览馆等一批文化产业项目建设正如火如荼；中国—东盟影视文化创意产业园、动漫产业基地、文化科技研发中心、海上丝绸之路文化产业基地、文化设计产业基地等项目正在启动。大批“海归”和高校教授加盟，近千本硕以上学历员工到来，促使一批优秀的动漫作品在全国院线、央视和各省电视台闪亮登场，初步形成了动漫产业为主导的“海丝”文化产业集群带。

同时，随着“海丝”文化资源优势的不断放大，其“虹吸效应”也初步形成。近三年来，广西德利投资集团“北海北部湾国际文化广场”、新加坡（北京）中大集团“北海国际文化艺术品创意产业谷”、天津福丰达影视科技集团“北海国际立体动感球幕影院”等一批文化产业项目纷纷抢滩落户北海。

具有浓郁汉代文化、海丝文化、南珠文化风情的中信国安·北海第一城水乐园也将开园迎客。总投资 15 亿元正在建设的北海国际科普动漫产业城项目，将成为北部湾地区规模最大、品位最高、功能齐全的海洋文化特色风景区。

精品战略：让文化铺设“民心相通”之路

2017 年 8 月 20 日，“一带一路·北海遇见北海”系列文化交流活动在莫斯科中国文化中心启动。大型舞蹈剧《碧海丝路》在海螺声声中拉开大幕，海丝之旅的历史故事将观众带往历史深处，瞬间拉近了北海与莫斯科的距离。

坚持把“海丝”文化资源优势转化为品牌优势，转化为服务群众、面向市场、走向世界的精品力作，是北海促进与“海丝”沿线国家民心相通的成功创举。在此过程中，北海市设立文化人才专项资金，大力引进培养各种专业人才，让他们在文化建设中竞风流、展才华，推高文化精品创新热度。

如今，北海文化品牌日趋成熟、文化符号升级增值。2017 年以来，重点打造体现“一带一路”主题的大型音乐剧《珠还合浦》及大型音乐剧《孟尝与南珠》、大型音乐舞蹈诗《老街》已闪亮登场，大型古装粤剧《珍珠公主》受到市场追捧。一批美

2017 年 5 月 7 日，北海市委书记王乃学（前排右二），时任市长李延强（前排右四），市政协主席李蔚（前排右三），副市长、市委宣传部部长黄江（前排右六）等领导到省级文物保护单位白龙珍珠城调研（北海市政协 / 提供）

术作品入选全国美术作品展和广西水彩画展并获得奖项，优秀作品油画《城韵》、水彩画《微风》入选广西艺术作品展。

在乡村和社区，文化精品也层出不穷。海城区高德办事处高莱村疍家文化艺术团蓝天艺术队受邀到韩国首尔表演，疍家文化节目《奔腾》获“国际中老年艺术节文艺汇演金奖”，铁山港区南康镇编排的女声独唱《花开了》获八桂群星农村文艺汇演金奖，刷新了北海乡村文艺精品获奖的最高纪录。

（转载《当代广西》2018 年 3 月上半月号第 6 期）

生态文明

廉州湾的晚霞（许振国/摄）

北海大道新姿（陆靖德/摄）

让绿色环保成为百姓永久福利

——访广西北海市委书记王乃学代表

《光明日报》记者 / 周仕兴

“生态是北海的生命，良好的生态环境和优越的自然禀赋，是北海最亮丽的名片，也是北海赖以生存发展的宝贵财富。”广西北海市委书记王乃学代表说，习近平同志在党的十九大报告中指出“加快生态文明体制改革，建设美丽中国”，再一次为北海走绿色发展道路指明了前进方向。

王乃学说，党的十八大以来，北海始终坚持“绿水青山就是金山银山”的理念，牢牢守住发展和生态两条底线，出台实施了《北海市生态立市行动方案》《北海市城市环境保护及生态建设规划》《涠洲岛生态环境保护条例》等一系列制度，严格落实

2017 年 5 月 12 日，北海市“农事网通”“阳光红页”平台正式启动运行（北海市委组织部 / 提供）

环保工作“党政同责”“首长负责”“一岗双责”，建立入海河流流域污染防治“河长”负责制，将 41 个市直部门和单位纳入环保指标绩效考评范围。

北海对涉气、涉水、涉重金属等企业和工业园区实行污染全程监管。王乃学说，北海把环保是否到位作为招商引资的“硬杠杠”，抬高门槛，挡住高污染、高能耗项目，实现了产业发展和生态保护的双赢。

“国家园林城市”“最中国生态名城”“中国十大最美海滩”“中国十大魅力湿地”等一系列殊荣见证了北海近年绿色发展之路取得的成就。王乃学表示，北海将以习近平新时代中国特色社会主义思想为指导，深入贯彻落实党的十九大精神，让绿色成为北海发展的鲜明底色，让绿色环保成为百姓的永久福利。

（转载《光明日报》2017 年 10 月 24 日）

北海市四套班子领导出席在“迎接十九大忠诚保平安”攻坚誓师大会暨警营开放日活动（北海市委政法委/提供）

广西北海发展向海经济系列报道之海洋生态篇

《中国海洋报》记者 / 杨子健　通讯员 / 丁纬国

9 月 25 日，三头布氏鲸在广西北海涠洲岛海域游动的视频刷屏朋友圈。这是今年继 2—4 月在涠洲岛海域发现多头鲸鱼活动后的再次发现，是北海市海洋生态环境保护取得实质性成效的例证。

沿北海银滩景区东行，顺着林海公路，进入金海湾红树林生态保护区，可以看到：密密匝匝的红树林铺成了一望无际的绿色海洋；远处的树冠上，几十只白鹭不时腾起；近处的滩涂里，招潮蟹和跳跳鱼欢快地跃动。

“空气好、景色美、环境舒适。”正在金海湾红树林生态保护区木栈道上散步的一位游客称赞，如果说北海是一座可以深呼吸的城市，金海湾就是最佳去处。

金海湾红树林生态保护区是我国和国际上重要湿地之一，红树林种植的典型代表，2014 年被评为“中国十大魅力湿地”，其独特性、稀缺性海洋资源，具有极高的科研价值和观赏价值。

“良好的生态环境是金海湾景区可持续发展的‘金字招牌’。”北海金海湾红树林生态旅游区管理有限公司总经理朱继海说。自 2008 年 5 月对外开放以来，“在生态保护优先的原则下科学开发旅游项目，在发展中保护、在保护中发展”的制度被该区贯彻至今。

近年来，北海市开展红树林保护与恢复工程建设，使红树林的总面积由 2002 年的 3 120 公顷增加至目前的 5 000 多公顷，大约增长了 65%。

金海湾红树林生态保护是北海市坚持“环保先行”的缩影。近年来，北海市积极改善产业结构，转变经济发展方式，大力推进生态城市建设。

在环保领域，北海市累计投入超过 30 亿元。新建成投运 9 座生活污水处理厂，新建成7座污水泵站、235.02千米污水管网，新增城镇污水日处理能力17.2万吨，建成区生活污水处理率达93.98%，新规划建设垃圾发电厂1个、乡镇污水处理厂9座，规划搬迁北海渔港。

北海市还建立了入海河流流域污染防治“河长”负责制，将市内5条主要入海河流流域环境整治工作分解到各县区，河流所在县区主要负责人担任“河长”。辖区综合整治以来，部分入海河流水质明显好转。

对于中国最美十大海岛之一——涠洲岛而言，2018年7月1日是一个具有里程碑意义的日子。从这天开始，《北海市涠洲岛生态环境保护条例》正式实施，涠洲岛生态环境保护自此进入有法可依的新时代。

记者从北海市林业局了解到，北海市实施海防林生态修复工程，大力构建“绿色屏障”，已建设海防林9 975亩；编制关于北海市蓝色海湾和南红北柳整治修复项目和北海市海洋生态整治修复的5年规划；积极争取中央资金组织实施广西涠洲岛岸线保护治理和珊瑚礁生态试验基地及恢复示范工程、廉州湾海湾新城区综合整治项目二期——海堤街公园至半岛公园岸滩整治工程。

北海市海洋与渔业局通过开展“海盾”“碧海”“护岛”“打击非法捕捞”等专项执法行动，对海洋工程项目、海洋倾废、海洋排污口、海砂开采、高压水枪偷捕沙

2018年5月8日至9日，北海市人大常委会常务副主任伍国辉（第一排右二）带领调研组对我市饮用水源保护工作情况开展专题调研（北海市人大办/提供）

虫、霸海围海等违法违规行为严厉打击。2018 年，共出动执法人员 8 000 多人次，出动执法船只 40 余次，清理拆除渔箔 98 所，清理非法占海养殖海域 600 余亩。

近年来，北海市的空气、水、噪声等环境质量保持良好。空气质量名列广西前列，并且持续改善。城市饮用水水质连续 5 年达标率 100%，近岸海域一、二类海水比例保持 90% 以上。北海规模以上工业增加值能耗持续下降，主要污染物减排等主要“绿色”指标领先广西。

原国家海洋局在 2015 年年底公布的第二批国家级海洋生态文明建设示范区名单中，北海榜上有名，成为广西第一个也是唯一一个“国家级海洋生态文明建设示范区”。2017 年 6 月，北海市荣获财政部、国家海洋局“十三五”海洋经济创新发展示范工作第二批示范城市。

良好的海洋生态带来了良好的经济效益。北海市海洋和渔业经济保持高速发展态势。历年公报显示，北海市海洋生产总值自 2014 年至 2017 年连续 4 年获得广西第一，年增速均超过 10%。2017 年，北海海洋生产总值达 517 亿元，占全市地区生产总值的 48%；主要海洋产业实现增加值 250 亿元，占广西的 37.5%。

在海洋经济创新发展示范城市活动开展期间到 2020 年，北海海洋产业总产值预计将突破 800 亿元，形成海洋生物、海洋高端装备两个产值超过 100 亿元级的产业集群，成为该市经济发展的新兴支柱产业。

十大“最中国生态名城”、国家园林城市、中国十大最美海滩、中国十大魅力湿地等，一连串的金字招牌，见证了北海的生态发展之路。

（转载《中国海洋报》2018 年 9 月 29 日）

农业农村

2018年8月15日，北海市委书记王乃学（左二）到白沙镇草江村乡村（扶贫）调研督查脱贫攻坚和扶贫产业发展情况（许振国/摄）

2017年10月30日，北海市银海区侨港镇党员在渔船上给渔民党员宣讲党的十九大精神（北海市委组织部/提供）

高质量打赢攻坚战

——北海市推进脱贫摘帽工作侧记

《广西日报》记者 / 管林华

合浦县白沙镇新村是贫困村，2017 年村集体经济收入从零跃升到 4.93 万元。

铁山港区南康镇经“双认定”核验，2017 年脱贫人口 247 户 1 064 人，所有脱贫户均达到“八有一超”标准。

这些是北海市扎实推进脱贫攻坚工作的一个缩影。

新一轮脱贫攻坚工作开展以来，北海市充分整合资源，加大力度，开拓创新抓好脱贫攻坚的各项工作。经过全市上下的不懈努力，截至去年年末，对照“八有一超”的贫困户脱贫摘帽标准，经脱贫“双认定”并在系统标识脱贫的贫困人口为 3 875 户 16 986 人，超过自治区下达计划任务数的 2 686 人、超计划任务数 18.8%；对照“十一有一低于”的贫困村脱贫摘帽标准，经脱贫认定并在系统标识出列的贫困村共 21 个，超自治区计划任务数 3 个、超计划任务数 16.7%。

约谈提醒强职责

为扎实推进脱贫工作，北海市出台《抓党建促脱贫攻坚六项措施》，提出了 18 条举措，明确各级抓党建促脱贫的工作职责和要求。加大考核使用力度，对在脱贫攻坚工作中，德才表现优秀、工作实绩突出的干部优先提拔使用。

以贫困村党组织第一书记为例，北海市从派驻贫困村党组织第一书记中共提拔 8 人担任处级领导干部，提拔副科、正科级领导干部 52 人，提拔率达 76%。

针对脱贫攻坚工作推进缓慢或责任落实不到位的情况，该市通过制定和出台相关文件，明确各级干部的帮扶工作责任和奖惩机制。

同时，通过约谈、负面清单提醒、“红黑榜”通报等方式，督促脱贫攻坚的各项帮扶措施推进落实。据统计，脱贫攻坚工作开展以来，该市共发出350多份“脱贫摘帽任务完成情况负面清单”，对市级四家班子领导和各后盾帮扶单位进行提醒。同时还对脱贫攻坚工作中存在问题比较突出的48个单位和个人进行约谈。

奋力消除“空壳村”

贫困村的最大难点是没有村集体经济收入或收入薄弱，如何破解这一难题？该市进一步加大了对贫困村发展村级集体经济收入的资金扶持力度。

从各级财政专项扶贫资金中，该市按照每个贫困村10万元的标准，安排2016年21个脱贫村和2017年46个预脱贫达标的贫困村专项发展村级集体经济扶持资金；按照每个贫困村平均60万元的标准，落实贫困村集体经济发展配套基础设施项目资金3 000多万元。

同时，整合市县两级党的基层组织建设经费，按照每个村约50万元的标准，共落实3 000万元，重点用于扶持贫困村发展村级集体经济。

通过上述举措，平均每个贫困村用于发展村级集体经济资金达100万元以上。

2017年北海市本级财政预算安排财政专项扶贫资金1.034亿元，是上年的3倍多。

同时，协调农业、水产、林业、畜牧兽医等部门，进一步加强对贫困村村集体合作社发展产业的扶持工作。

银海区福成镇大坎村无集体经济收入，是名副其实的“空壳村”。在财政专项扶贫资金和后盾单位强有力的支持下，村集体经济发生了可喜的变化。“2017年以来集体经济收入近10万元，突破村集体经济收入为零的现状。”大坎村第一书记庞媚说。

截至2018年1月15日，该市共有60个贫困村村集体经济实际收入超2万元以上，占全市贫困村总数的75.9%。

多措并举助脱贫

“有这么好的政策支持，作为一名党员，我将继续扩大养殖规模，并带动更多的贫困户脱贫致富。对明天的生活，我很有信心。”铁山港区南康镇夏塘村脱贫户黄在河信心满满，2017年他养虾7.6亩，预计家庭纯收入达4万元。

“党支部+合作社+基地+贫困户”、产业发展资金、“一帮一联”扶持资金……就是黄在河津津乐道的好政策。

2018年3月24—25日，北海市召开贯彻实施乡村振兴战略工作会议（北海市委组织部/提供）

针对贫困户零星分布在全市329个行政村（涉农社区）的特点，为真正补齐非贫困村贫困户（散户）扶持工作的“短板”，北海市着力打造了“万亩豇豆示范基地”“亚热带水果产业基地”“大棚果蔬核心示范基地”。

据不完全统计，贫困户通过到基地务工，年人均收入达2.35万元；同时通过果蔬种植，年人均增收2 600元。

北海市进一步加大到户产业资金的扶持力度，每户给予5 000元产业发展资金，对加入合作社的贫困户，每户又追加3 000元扶持。

2017年，该市共投入到户产业开发项目的各级财政专项扶贫资金10 381.28万元（中央和自治区资金601.28万元，市本级资金9 780万元）。其中，2017年安排自治区财政专项扶贫资金601.28万元用于到户产业开发项目，发展特色种植产业，全部项目已实施完毕。全市到户产业扶持资金户均1万元以上。产业扶持覆盖了2017年预脱贫户3 780户有劳动力的贫困户，直接受益扶贫对象覆盖率达100%。

据不完全统计，2017年以来仅市直帮扶单位或干部个人直接投入帮扶资金1 000多万元，帮助实施包括基础设施建设、产业开发、资助贫困家庭学生上学、落实医疗救助等各类项目1 000多个。帮扶工作的开展，加快推进了贫困村贫困户脱贫致富的步伐。

（转载《广西日报》2018年2月27日）

乡村振兴尽芳菲

——北海市大力推进新时代讲习所建设纪实

伍朝胜 《中国改革报》记者 / 曾　明

盛夏七月尽芳菲，北海市银海区福成镇端田村的128亩荷田碧绿耀眼，荷花映红，格外娇艳，引来无数游人流连忘返。

“我们村500多亩盐碱地撂荒了近10年，种什么都难收成。参加讲习所学习后，我提出种荷花试试，但许多村民觉得可笑，他们认为本地从来没有种过荷花，一直都是靠种稻谷和虾塘养殖过日子，搞这种新玩意肯定会血本无归。”在尝到成功甜头后的端田村农民李海锋满怀喜悦地介绍，他投资40万元以流转的方式把这128亩地转包过来，今年2月开始种植荷花，仅这个夏收季节前期投资的40万元就能回本。

这仅仅是全市新时代讲习所建设累累硕果中的一颗。北海市自去年11月启动新时代讲习所建设以来，截至2018年6月底，讲习所已覆盖全市行政村的80.39%，累计培训农民30多万人次。如今，新时代讲习所已异彩纷呈、尽显芳菲：广大农民掌握党的理论方针政策的“服务平台”效应彰显，广大农民开启农技、法律等的“知识殿堂”逐步完善，繁荣乡村文体活动的“娱乐舞台”日显风采。

讲习施教：让农民听得懂、用得上

初春时节，位于合浦大道旁的赤西村成片油菜花像碎金般撒满大地，花海、道路、水渠、民宅相映成景，春意盎然，宛如一幅壮美画卷。这一令人惊艳的美景来自一次心灵的碰撞。“让贫困人口和贫困地区同全国一道进入全面小康社会是我们党庄严承诺……”党的十九大闭幕不久，赤西村村委第一书记洪中善就到田间地头向村民宣讲：“我们要充分利用实施乡村振兴战略机遇，加快产业扶贫，打造赤西村的亮点，使得贫困户能够实现脱贫致富。”党的十九大精神的讲习让发展乡村旅游思路在村民中形成了共识，由此引来的是产业结构的大调整。上半年，赤西村累计接待游客10多万人次，村民增收50多万元，提前一年实现了脱贫摘帽目标。

以观念大转变来实现产业优化调整，是赤西村实现华丽转身的关键。那么，如何才能以讲习来实现这种转变？

“关键要解决‘谁来讲、为什么讲、讲什么、在哪讲、怎么讲’的问题。”北海市委相关负责人在去年11月10日合浦县西场镇西大村新时代农民讲习所启动仪式上强调，要用更接地气的形式，推动党的十九大精神深入人心，让广大人民群众听得懂、用得上。

坚持讲习队伍大众化。县级讲习所教员主要由县有关部门领导及优秀教授、企业家、学者等组成，乡镇级的教员主要由乡镇领导班子和乡镇部门负责人组成，村级的教员主要由村“两委”成员、第一书记、市县帮扶单位干部、致富能手、返乡创业青年、大学生村官、返乡大学生等组成，要求各级讲习所讲习每个月至少开展活动一次以上，同时聘请农业专家为常任村级讲习所教员，定期开展实用技术讲习活动。白沙镇平田村是合浦县的贫困村，去年通过帮扶单位领导对农民讲习，村民终于同意由帮扶单位和“村两委”干部共出资30多万元，在大家捕鱼的海域发展生蚝养殖业，当年就实现收入38万元，纯利润约12万元，仅此项每户贫困户增收1 100元，村集体收入实现了零的突破。帮扶单位市二医院院长黄少伟说：“我们用本地方言、俗语和鲜活例子讲习党的十九大精神，成功地让平田村农民成立专业合作社抱团发展，促进了农民脱贫致富。”

坚持讲习内容个性化。北海市围绕重大政策、重点难点问题以及群众普遍关心的热点焦点等问题，个性化设置内容，“靶向式”开展讲习，强化针对性和实效性。合浦县石湾镇张屋村农民讲习所立足规模经营，将党的土地延包30年的政策讲透，引导农民将土地入股到由村集体创办的合作社，由村集体与农业龙头企业进行股份合作，建设田园综合体。

坚持讲习方式生动化。北海市通过室内讲习与室外实践相结合、讲师“送菜”与群众“点菜”相结合，将讲习融入党员群众的生产生活实际，确保讲习有效管用。铁山港区南康镇夏塘村把讲习所“搬”到了田间地头、农家院落，现场为群众讲授“辣椒病虫害防治技术”“木菠萝套种凤梨技术”等种养技术，这些“特色大餐”不仅深受本村群众的欢迎，也吸引了四乡八邻的群众来分享。

坚持讲习机制长效化。在县建立示范讲习所，每个乡镇成立1个乡镇级讲习所，由乡镇党委书记为所长，党委副书记为副所长，主要负责乡镇讲习所的建设完善、讲师队伍建设、统筹安排全镇讲习工作，对村级讲习所的建设进行指导和督促考核，健全管理制度，开展重点督办，对建设推进不力、开展活动不经常的进行追责问责，确保讲习所办好做实。

讲习惠民：让农民沐党恩、跟党走

能不能把农民群众的利益实现好、维护好、发展好，决定着农民群众能否拥有获得感和幸福感。

以此为基点，北海市利用新媒体优势，以开辟“农事网通”“阳光红页”讲习所为突破口，让党的方针政策更好地为农民答疑解惑，在网络上方便群众办理行政许可事项。

合浦县曲樟乡曲木村村委主任陈善武曾在淘宝、京东上面开网站推销农产品，但是由于门槛和费用太高未能成功。去年 11 月，他在北海市“阳光红页”注册账号，把合作社的“六湖蜂蜜”和“曲木黑山羊”放到了“阳光集市”上，没过几天，订单便雪片般飞来。陈善武说：“通过‘阳光红页’，使党的声音、致富技能培训的声音、化解基层矛盾的声音、便民服务的声音迅速传递给群众，干部麻烦了，群众却方便了。”

围绕着让群众拥有更多的获得感来设所讲习，这是北海市新时代讲习所深受百姓赞誉的主要原因。

“说一千，道一万，关键要雪中送炭，把农民最关心的问题解决好。”银海区侨港镇党委书记赖伟清在渔船上向群众宣讲党的十九大精神后感慨地说，“只有把党的好声音送到群众心里，打消他们的顾虑，群众才认可你。”

侨港镇很多渔民长期在海上作业，易患痛风、高血压等病，但信息来源不畅，渔民对医保政策了解不多，导致有的群众不愿参保。对此，镇党委组织医疗志愿服务讲习小分队上船为渔民提供医疗服务和十九大精神解读，让“病有所医”的惠民政策深入人心，一下子就打消了渔民参保的顾虑。

如今，在北海，讲习员走村庄、入农家、踏田头、上渔船，给群众讲时事、摆政策、讲市场、算细账，为群众排忧解难的新鲜事层出不穷。“以后种田不再是解决农民口粮问题，而是脱贫致富奔小康的产业”“种地还得直补金，产粮还领补贴费”“人人都能享受医保”……这样既贯穿了党的方针政策又与群众生活息息相关的通俗讲习，让群众懂得“惠从何来、惠在何处、惠有多少”的内涵，增强群众沐党恩、跟党走的思想意识。

讲习寓乐：让农民强素质、移风俗

沐浴夏风，漫步南流江边，戏水十里银滩，观赏阡陌晨昏，徜徉庭园广场……如今的北海乡村让你不仅陶醉于她如诗如画的美景，更震撼于其厚重的文化神韵：文化墙、宣传画、宣传标语随处可见，村规民约、家风家训格言遍及村街小巷、广场庭园，这些都潜移默化地滋润着人们的心灵。

新时代讲习所如何解决宣讲“上热下冷”的问题，让乡风更文明，让村庄更美丽？北海市的做法是：突出群众这个主体，运用寓教于乐这个法宝，用身边先进典型教育鞭策后进，使移风易俗成为农民的自觉行动。

“‘乡风文明、治理有效’是十九大报告的重要内容，作为先进典型我们要在乡村振兴中大有作为！”广西壮族自治区优秀党务工作者、合浦县廉州镇廉北村党总支书记、村委会主任王琨自豪地说。

围绕着乡风文明建设，北海市通过评选、整合道德模范、“星级文明户”、乡土人才、新老乡贤等500多人，并以这些人为主体组建农民讲习队伍，采取“身边人讲身边事、身边人讲自己事、身边事教身边人”的形式，开展宣讲活动，传播凡人善举，

2017年11月30日，北海市纪检监察系统领导在高莱村讲习所宣讲党的十九大精神（北海市乡村办/提供）

引导农民崇尚科学，抵制迷信，移风易俗，破除陋习，有效地提升广大农民群众文明素质。

入夜，北海市海城区驿马办事处驿马村文艺广场灯火璀璨、鼓乐飞扬，“竹板一打嗒嗒响，满怀激情来宣讲；十九大制定新目标，驿马铺开新蓝图”……驿马村文艺宣传队表演的快板、山歌深受广大农民群众的青睐。

“十九大强调，要有文化自信。我们的快板、山歌源于生活，体现生活，最能为大家接受，我们有责任把这种传统文化传承下去。”知名的地角女民兵连原连长、驿马村文艺宣传队长兼清洁队长曾允珍动情地说。

在北海乡村，像驿马村这样富于田园风韵、散发出滨海芳香的文化活动无处不在，如春风化雨般滋润着百姓心田，促进了乡风文明建设。

（转载搜狐网 2018 年 7 月 19 日）

附　录

绿意盎然的珠城（莫励明／摄）

十年向海发展大事记

（2008 年 1 月—2018 年 6 月）

2008 年

1 月 3 日 广西农垦北部湾产业园区北海铁山港年产 6.5 万吨铝型材精加工项目启动仪式举行。铝型材精加工厂位于铁山港区四号路附近，占地面积 300 亩，总投资 4.8 亿元。

2 月 21 日 广西壮族自治区人民政府在南宁荔园国际会议中心举行新闻发布会，正式对外宣布：2008 年 1 月 16 日，国家批准实施《广西北部湾经济区发展规划》。此规划中明确指出：广西北部湾经济区（主要包括南宁市、北海市、钦州市、防城港市，面积 4.25 万平方千米）。

3 月 21 日 北海工业园区冠德电子产业基地二期工程等 9 个项目和合浦县工业园区洪恩水产品加工等 5 个项目的开工庆典仪式举行。北海工业园区内的 9 个项目总投资达 10.2 亿元；合浦县工业园区的 5 个项目总投资达 8.3 亿元。

5 月 8 日 北海高新区举行园区创业服务中心揭牌仪式，这标志着园区创业服务中心正式成立并起步运作。

5 月 30 日 北海泰邦能源有限公司投资 18 亿元建设的“400 万吨 / 年重油化工项目首期 120 万吨工程”在铁山港临海工业区正式开工建设。

6 月 26 日 涠洲岛客货码头竣工并投入运营，北海至涠洲岛的航程由 27 海里缩短至 21 海里，同时涠洲岛无客滚船码头的历史结束。涠洲岛客货码头位于涠洲岛的西北部，在南海油气码头东北侧，码头长 120 米，实体引堤 292.72 米，总宽 12.5 米，码头泊位采用人车分流设计，总投资为 3 350 万元。

7 月 30—31 日 “2008 泛北部湾经济合作论坛”在北海市香格里拉大饭店举行。本届论坛以“共建中国—东盟新增长极—沟通、合作、繁荣”为主题，围绕世界经济发展不平衡不确定性背景下的泛北部湾经济合作、泛北部湾次区域合作的重点难点和趋势、广西北部湾经济区开放开发与泛北部湾经济合作等三个方面进行了探讨和交流。

8月1日 广西北部湾（北海）发展研究院举行签约仪式并揭牌成立。签约仪式上，北海市委常委、常务副市长曹坤华，上海社会科学院常务副院长左学金，广西社会科学院副院长赵公立分别代表合作方签署了《广西北部湾（北海）发展研究院合作意向协议书》；广西壮族自治区党委常委、市委书记温卡华讲话。

9月27日 中国共产党北海市第九届委员会第五次全体会议在市政府小礼堂召开。全会审议通过了《中共北海市委员会关于实施科学发展观三年计划的决定》和《中共北海市委员会关于贯彻落实〈建立健全惩治和预防腐败体系2008—2012年工作规划〉的实施办法》。

10月4日 中共中央政治局常委、国务院总理温家宝在广西壮族自治区党委书记、自治区人大常委会主任郭声琨，自治区政府主席马飚，自治区党委副书记陈际瓦，自治区党委常委、市委书记温卡华等的陪同下，考察了北海永旭科技电子有限公司、广西长城计算机有限公司、大冠沙红树林生态旅游区、海景大道第四标段及北海大学园区等处。温家宝在考察期间作了重要指示，强调指出："北海是广西北部湾经济区的龙头""生态环境是北海的优势和竞争力""北海的路子走对了"。

10月22—25日 广西壮族自治区党委常委、北海市委书记温卡华率北海市代表团到南宁参加第五届中国—东盟博览会暨中国—东盟商务与投资峰会。其间，举行第五届中国—东盟博览会北海市合作项目专场签约仪式，在标准厂房项目、新工业孵化创新基地及系列保健品生产线项目、北海邮轮码头项目、园区生活配套项目、精密模具制造塑胶加工项目、北海大风江至高德公路项目等35个项目签订的投资总额达156.9亿元人民币；在国际国内合作项目集中签约仪式上，北海市有6个国际项目、6个国内项目共12个签约，投资总额70.73亿元人民币。

11月18日 铁山港至玉林高速公路开工庆典仪式在玉林市举行。此高速公路北起玉林市北流西埌镇，与在建的岑溪至兴业高速公路设枢纽互通相接，终点位于北海市铁山港区，与城区道路兴港路对接于北海至铁山港一级公路，途经玉林市的北流市、玉州区、陆川县、博白县和北海市的合浦县、铁山港区，全长175千米。

12月14—15日 以中共中央政治局委员、国务院副总理张德江为副团长的中央代表团第二分团一行42人到北海市，与北海市人民共庆广西壮族自治区成立50周年。

12月16日 中石化北海炼油异地改造年产20万吨聚丙烯项目在铁山港临海工业园举行开工仪式。项目建设主要内容包括：20万吨/年聚丙烯装置、300万吨/年催化原料预处理装置、200 万吨 / 年催化裂化装置、50 万吨 / 年气体分馏装置和 2 000 吨 / 年硫磺回收装置等，配套建设 1 台 65 吨 / 时锅炉和 1 套 12 MW 抽凝发电机组等相应的辅助设施和公用工程系统。

12 月 16 日 斯道拉恩索北海林浆纸一体化项目厂址奠基典礼在市铁山港区举行。广西壮族自治区党委书记、自治区人大常委会主任郭声琨宣布厂址奠基仪式仪式开始；广西壮族自治区主席马飚、自治区党委常委、北海市委书记温卡华和斯道拉恩索集团首席执行官康佑坤分别讲话。奠基仪式由广西壮族自治区党委常委、自治区常务副主席李金早主持。

12 月 18 日 北海铁山港区项目总投资超过 5 亿元的营盘中心渔港动工庆典仪式举行。

12 月 19 日 中信大锰北海新材料项目在铁山港临海工业区开工建设。第一期投资计划 13 亿元，建设 24 万吨合金材料基地。

12 月 29 日 总投资 3.45 亿元人民币的合浦至河唇铁路铁山港支线工程开工动员大会举行。合河铁路铁山港支线在合浦至河唇线上的铁山港站引出，往南经高竹岭、大岭村、大井口、伞塘，在老禾塘村附近预留缓开站后经夏屋塘、罗屋、木头田，于铁山港区兴港镇的红花根村附近设兴港站。铁路全长 18.1 千米。

2009 年

1 月 8 日 在北京召开的首届建设创新型国家年会上，北海市与杭州、昆明等市获“建设创新型国家十强市”殊荣。

2 月 6 日 北海市召开全市领导干部大会，宣布广西壮族自治区党委有关干部任免的决定。会上，广西壮族自治区党委常委、组织部长陈向群宣布了广西壮族自治区党委任温卡华为自治区党委政法委书记、王小东为北海市委书记、曹坤华为北海市委副书记、孙大光为北海市委常委的决定。

3 月 27 日 北海市在南宁市举行新闻发布会，宣布北海出口加工区正式叠加保税物流等功能，12 家保税物流企业在会上与北海出口加工区管委会签订了项目合作协议，投资总额达 15 亿元。这标志着北海出口加工区已从单纯的“加工车间”向拥有完整产业链的“研发制造基地”和“保税物流基地”转型，进入“保税加工和保税物流”两轮驱动的新阶段。

5 月 1 日 西南大道（原称疏港大道）全线试通车。全长 7.7 千米，基本完成了路面、交通标识、红绿灯等设施的施工。

5 月 7 日 《中国石化集团公司、北海市人民政府战略合作框架协议》签字仪式在北京举行。协议约定，双方将以北海炼油厂异地搬迁改造为契机，推进双方互惠互利、长期稳定的战略合作，双方共同努力，在北海铁山港工业区建设一个具有国际先进水平、具备核心竞争力的生态石化区。第一步建设北海炼油异地改造石化项目、涠洲岛 30 万吨原油码头及配套工程、铁山港 320 万方原油商业储备、北海至南宁成品油管道、铁山港至湛江原油管道等项目，以上项目同步建成投入使用，总投资 104 亿元，2009 年争取完成投资 15 亿—20 亿元；第二步建设千万吨级炼化一体化项目，总投资约 180 亿元。部分项目 2011 年建成投产。此协议的正式签订，标志着北海炼油异地改造石化项目进入了实质性的施工建设阶段。

5 月 14 日 北海市政府与广西投资集团有限公司项目洽谈会举行。会后，双方签署了项目洽谈会纪要。根据纪要，广西投资集团计划在北海市投资约 300 亿元，建设铝加工、发电供热、铁路专用线、码头及原料堆场、产业配套等项目。

6 月 9—11 日 北海市委书记王小东率北海市经贸代表团到南宁市参加第五届泛珠三角区域合作与发展论坛暨经贸洽谈会。其间，铁山港区政府与中国矿业集团有限公司签订了《年产 30 万吨高档纸项目投资框架协议》。

6 月 15 日 重庆路（北京路至贵州路段）竣工通车。竣工路段共长 1 513.66 米，车行道宽 24 米，左右人行道各宽 8 米。

6 月 18 日 北海市红坎污水处理厂二级处理一期工程建成投产。市红坎污水处理厂二级处理一期工程占地面积约 75 亩，建设规模日处理污水 10 万吨，总投资 1.42 亿元。

6 月 26 日 总投资 3 亿元的广西农垦北部湾产业园区 3 个项目分别在铁山港区开工、竣工。其中，华润混凝土（北海）有限公司年产 60 万吨商品混凝土搅拌站建设项目竣工、广西农垦北部湾产业园区铁山港启动区路网工程纬二路建设项目、标准厂房建设项目开工。

6 月 30 日 广西华海房地产有限公司与北海市工业园区正式签订“北部湾·创业园”建设项目，该项目是在工业园内建设电子科技信息示范园区，占地 4 980 亩，总投资 46.5 亿元。

7 月 22—23 日 广西壮族自治区党委书记、自治区人大常委会主任郭声琨一行在北海考察了北海炼油异地改造石化项目、铁山港深水公共码头、中国电子北海产业园、冠德（北海）电子产业基地等项目后，郭声琨指出，今日北海，风生水起，热火朝天，发展形势喜人，希望北海市为实现保增长、保民生、保稳定、保持广西发展良好势头作出更大贡献。

8月8日　由北海市承办的2009泛北部湾区域经济合作市长论坛在香格里拉大饭店举行，越南、泰国、柬埔寨、菲律宾、老挝、中国6国共17个泛北部湾城市的领导或代表参加了论坛。中央有关部委领导、东盟相关国家驻华领事机构官员、自治区有关部门领导、市四家班子领导以及中外专家、学者、企业家近200人出席了论坛。中国外交部领事司参赞孙显宇、自治区副主席高雄出席了开幕式并致辞。市委书记王小东在论坛的开幕式上致辞时指出，泛北合作市长论坛正在成为促进区域内各城市交流与合作的重要平台，“合作、交流、共赢、发展”是论坛的主题，在推进泛北部湾区域经济合作的共同事业中，北海十分愿意并希望进一步加强与区域各城市的交流与合作，共同为泛北部湾区域的繁荣发展作出积极的贡献。与会嘉宾围绕“泛北部湾城市经济、文化、旅游合作的长效机制与相关政策”和“构建中国东盟自由贸易区—泛北城市交通、物流合作战略与政策措施”两个议题进行了研讨；6国17个市共同商定了论坛轮值制度与各方职责，明确了合作原则和重点领域，并签署了《2009泛北部湾区域经济合作市长论坛备忘录》。

9月8日　投资3.5亿元、按国家五星级标准建设的森海豪庭酒店动工仪式举行，这是北海继香格里拉大饭店之后时隔13年的又一家五星级酒店。森海豪庭酒店位于银滩旅游度假区中区，北临金海岸大道，占地约30亩，建筑面积约4万平方米，建设周期2年，计划于2011年10月1日建成营业。

9月9日　香港德昌电机集团与北海出口加工区管委会，在香格里拉大饭店签约建设微电机制造基地。基地项目包括汽车类电机、电动工具等，一期投资2 000万美元，计划在2010年4月正式投产。

9月11日　北海市委召开深入学习实践科学发展观活动第二批总结暨第三批动员会议。市委书记王小东在会上指出，北海市第二批参学单位及第三批试点单位在学习实践科学发展观活动中按照自治区党委的部署与要求，以“扬起开放风帆、推动科学发展、共筑增长一极、建设宜居北海”为主题，以“大力优化环境、强力推进项目、着力改善民生”为载体，突出实践特色，抓住发展主题，扎实开展学习实践活动，收到了“党员干部受教育、科学发展上水平、人民群众得实惠”的明显效果。

9月28日　中国电子产业园北海创新科存储项目正式投产仪式举行。北海创新科存储项目的正式投产，填补了广西存储行业和信息安全产业的空白。该项目总投资5亿元，投产后年产值达20亿元。

10月20—24日　北海市委书记王小东率北海代表团到南宁参加第六届中国—东盟博览会。其间，王小东参加了第六届中国—东盟商务与投资峰会开幕式及第六届中国—东盟博览会北海市产业发展招商推介会暨合作项目签约仪式。此届中国—东盟博览会，北海市共签约24个投资合同项目，投资总额43.37亿元人民币，项目涉及电子信息、仓储物流、石化能源等领域。

10月23日 中央电视台《走遍中国—走进北海》系列专题片开机仪式在市珠海路老街举行。专题片计划拍摄《千年商埠》《汉墓群之谜》《南珠涅槃》《谍战古城》《寻找美人鱼》《神秘涠洲岛》《疍家海上婚礼》七集，深度挖掘北海的历史、文化、自然、民俗、经济等领域的深厚积淀。

11月1日 北海通程仓储物流有限公司仓储物流项目在北海出口加工区开工建设。该项目总投资2亿元人民币，占地面积147亩，计划分三期建设，第一期于2010年4月竣工投产，投产后每年将实现100亿元货值的物流业务量。

11月2日 桂林电子科技大学北海校区西区工程正式开工建设。西区工程占地面积374.65亩，规划建筑面积23万平方米，计划2010年9月建成并投入使用。

11月3日 广西壮族自治区党委书记、自治区人大常委会主任郭声琨在广西壮族自治区党委常委、组织部长陈向群和广西壮族自治区副主席高雄的陪同下到北海考察调研，检查指导项目建设和第三批学习实践科学发展观活动。北海市委书记王小东全程陪同郭声琨先后到北海工业园、冠岭项目选址、中石化北海炼油异地改造项目建设现场、铁山港区兴港镇彬定村和综合种养加工场进行考察调研。郭声琨在其第三批学习实践活动联系点兴港镇召开的座谈会上听取王小东的汇报及铁山港区、兴港镇、石康镇、兴港镇彬定村和华劲集团北海糖业公司党组织负责人的发言后作了重要讲话。郭声琨指出，北海市第三批学习实践活动抓得很紧，富有成效。有五个方面的突出特点：一是学习培训有声有色；二是调研走访深入；三是拓展延伸广泛；四是边学边改有效；五是批次协调联动紧凑。

12月1日 北海市累计完成财政收入329 150万元，实现多年来首次提前1个月完成自治区调整下达的财政收入任务，同比增长32.65%，在全区14个地级市中第一个完成自治区下达的财政收入任务，增幅排全区第一。

12月29日 广西国际旅游休闲度假北海冠岭项目、富丽华大酒店改造、“银滩一号”三大项目开工庆典仪式隆重举行。北海冠岭项目位于北海冠岭滨海景区内，规划用地面积1 066亩，计划2010年年底完成第一期工程的建设，并在2011年春节前正式投入使用，二期项目在2010年第一季度动工建设，总投资估算为12.3亿元，规划总建筑面积约73 100平方米；富丽华大酒店改造工程投资8亿元，在原来95亩的用地上重新按国家白金五星级标准规划，建设1座、拥有600多间客房的酒店。项目建成后将成为广西目前单体客房最多、规模最大的酒店；“银滩一号”项目总投资18亿元，地面建筑面积48.75万平方米，地下建筑面积10万平方米，建造的超大五星级酒店拥有 1 000 个房间，国际会议中心共 21 个会议室，含 1 个可容纳 2 500 人举行大型会议的元首级国际会议室、10 个中型会议室、10 个小型会客厅，计划在 2011 年 9 月前竣工使用。

12 月 29 日 北海机场 2009 年旅客吞吐量突破 50 万人次大关。

12 月 30 日 广西北部湾港北海铁山港区开港仪式举行。此次开港的广西北部湾铁山港区首批深水公共码头位于铁山港西港区北暮作业区。项目总投资 36 亿元，建设 4 个 10 万吨级（水工 15 万吨级）通用泊位，设计年吞吐量 1 200 万吨。

12 月 30 日 中国电子北海产业园开园仪式举行。中国电子北海产业园的建成开园，为建设北部湾乃至西部地区电子信息产业基地打下了基础。开园当日，全国首条固态干钽电容生产线投产，广西第一块笔记本电脑电池、第一台计算机电池也在产业园内下线。

2010 年

1 月 10 日 广西壮族自治区主席马飚到北海对推进重大项目、加快产业发展和沿海基础设施建设进行调研。北海市委书记王小东全程陪同马飚一行到中电北海产业园、北海出口加工区的建兴光电科技（北海）有限公司、冠岭项目建设工地、北海炼油异地改造石化项目施工现场、广西北部湾港铁山港区深水公共码头等处进行考察调研，听取相关部门负责人汇报，与项目、企业负责人亲切交谈，详细了解项目建设进展情况，分析问题，共商对策，解决问题。

1 月 11 日 中关村大学科技园联盟北海工作站揭牌仪式在自治区科技厅举行，这标志着北海市与中关村大学科技园联盟建立了常态性的合作工作机制，双方在孵化器建设、企业培育、技术投资、技术咨询、试验示范、人才培训、公共技术服务平台建设等方面有了合作平台。揭牌仪式上，北海市生产力促进中心还与北航北海学院、北京国通合源科技有限公司及北海深蓝科技发展有限公司签订了“北海‘工信部——微软嵌入式技术联合实验室’”项目合作协议书。

1 月 15 日 中国共产党北海市第九届委员会第八次全体会议召开。全会由北海市委常委会主持。全会传达学习了全区经济工作会议精神，听取和讨论了北海市委书记王小东代表北海市委常委会作的工作报告。全会认为，王小东所作的题为《开拓创新，乘势而上，为实现北海三年跨越发展而努力奋斗》的报告，全面总结了 2009 年的工作，科学分析了当前的形势，对实施“北海三年跨越发展工程”进行了动员和部署。全会明确了实施“北海三年跨越发展工程”的奋斗目标是“一年继续打基础，两年明显见成效，三年实现大跨越”，到2012年，把北海基本建设成为区域性国际化的现代产业集聚基地、旅游商贸物流中心、开放合作重要平台和生态宜居文明城市。综合实力明显壮大，产业支撑明显增强，开放合作明显深化，城市品位明显提升，人民生活明显改善。与2008年相比，北海全市生产总值翻一番达到600亿元、人均GDP达到3.5万元左右，财政收入翻两番超过100亿元。固定资产投资达到700亿元，规模以上工业总产值突破1 000亿元。城镇居民人均可支配收入达到2万元，农民人均纯收入力争赶上全国平均水平。

1月22日 世界第二大光驱制造厂—建兴光电科技有限公司在北海出口加工区投资的建兴电子园区正式投产。项目投资9 600万美元，预计2010年产值达4.5亿美元，2012年达7.3亿美元。建兴光电科技有限公司是台湾十大企业光宝集团的主要成员。建兴光电园区在北海的顺利建成投产是广西与台湾经济交流合作的重要成果。自治区政府副秘书长魏然在投产庆典仪式上宣读了自治区主席马飚对建兴公司投产庆典的贺信。受马飚的委托，广西壮族自治区党委常委、副主席陈武参加庆典并应邀宣布企业正式投产。

2月6日 北海民生路网（一期）工程最后两条道路——贵州南路（重庆路至西南大道路段）、重庆路段（西藏路至贵州路段）竣工。至此，全市民生路网（一期）工程的11条道路及排水工程建设全部完成。

2月17—18日 中共中央政治局常委、全国政协主席贾庆林在广西壮族自治区党委书记郭声琨、自治区政协主席马铁山的陪同下到北海考察。贾庆林对北海加快工业化和城镇化、加强生态环境建设和历史文化保护等方面的工作提出了明确要求，对北海实现跨越发展寄予厚望。

2月28日 北海市与广西北部湾国际港务集团有限公司战略合作洽谈会在香格里拉大饭店举行，双方就把广西北部湾港铁山港区打造成亿吨大港合作中遇到的土地、海域使用、配套物流体系等事宜进行了洽谈。北海市委书记王小东对广西北部湾国际港务集团为北海经济社会发展作出的重大贡献表示感谢，并表示，在合作中，北海市委、市政府将严格按照定人、定责、定时间、定进度的“四定”要求，做到事事有回音，事事有落实，为企业创造良好的投资环境。

3月1日 广西壮族自治区人民政府正式颁发实施《关于加快广西北部湾经济区大产业大港口大交通大物流大城建大旅游大招商大文化发展实施意见》，明确了今后3—5年为完成“八大工作”的发展目标，计划总投资为15 336亿元。“八大工作”中涉及北海市的共有217个项目，总投资额2 524.8亿元。其中涉及北海产业方面的重大产业项目92个，投资1 370.1亿元；重大港口投资149.5亿元；重大交通项目5

个，投资 304 亿元；重大物流项目 15 个，投资 176.7 亿元；重大城建项目 68 个，投资 193.6 亿元；重大旅游项目 20 个，投资 294 亿元；重大文化项目 17 个，投资 36.9 亿元。

3 月 2 日　总投资达 12.6 亿元的中电北海产业园内的景光电子二期项目、八达光电研发及生产基地项目、宇能陶瓷金属耦合润滑油项目，工业园区内的逢时电子节能灯生产项目、好科输配电及控制设备研发生产项目、金洋电力控制设备生产项目、中电北海产业园基础设施配套二期工程等 7 个项目同时在市工业园区和“园中园”中电北海产业园破土动工。北海市委书记、市人大常委会主任王小东宣布项目开工。市委常委、常务副市长孙大光在动工庆典上致辞。

3 月 3 日　北海炼油异地改造石化项目土建开工仪式隆重举行，该项目的地下管网和装机、设备机组等土建工程全面铺开，标志着北海这一“重中之重”的重大项目朝着 2011 年 9 月建成投产目标迈出了重要一步。北海炼油异地改造石油化工项目及配套工程由中国石油化工股份有限公司投资 200 多亿元，分两期建设，一期建设内容包括北海炼油异地改造石油化工（20 万吨 / 年聚丙烯）项目、涠洲岛 30 万吨原油码头及配套工程、北海 320 万方原油商业储备基地工程、北海至南宁成品油管道工程等四个项目；二期将建设千万吨级炼化项目。北海市委书记、市人大常委会主任王小东宣布项目开工。中石化股份有限公司副总裁张克华致辞。北海市委常委、常务副市长孙大光讲话。市四家班子领导车延风、李蔚、伍国辉、刘宏武以及中石化北海分公司、管道储运公司、销售华南分公司及市直相关部门的人员共 500 多人参加了开工仪式。

5 月 13—16 日　北海市委书记、市人大常委会主任王小东在深圳参加由广西壮族自治区党委、政府组织的北部湾产业发展招商考察活动。北海在此次招商考察活动中共签约 7 个重点项目，引进资金 31.34 亿元，位列全区考察各市之首。

6 月 10 日　北海市民生路网工程（二期）全面启动。建设内容包括完善民生路网的路面、排水、人行道、路灯、绿化以及交通设施。总投资人民币 2.35 亿元。

6 月 27 日　北部湾沙田港码头及航道一期工程正式开工。北部湾沙田港码头是北海港东岸唯一的综合性商业港口，沙田港建设一期工程占地面积约 1 000 亩，总投资 6.62 亿元，建设 7 个 5 000 吨级泊位（水工预留 10 000 吨）及 5 个 800 吨级泊位，建设内容包括码头水工、装卸工程、码头前沿泊地、仓储堆场等配置设施，年吞吐量达 1 000 万吨以上。沙田港航道一期工程建设标准为 10 000 吨级进港航道，疏浚里程约 9 千米，设计船型为 10 000 吨级杂货船，总投资 3.16 亿元。

7 月 1—9 日　以北海市委书记、市人大常委会主任王小东为团长，北海市委常委、常务副市长孙大光为副团长的北海市经贸代表团赴台湾参加第六届“2010 桂台经贸文化合作论坛”系列活动。活动期间，北海部分企业与台企签订了9个项目，总投资额2.2亿美元。

7月18日 2010年北海市面向全国公开选拔领导干部面试在北海市第五中学进行。来自全国20个省、自治区、直辖市的116人分别参加了13个副处级职位、3个企业经营管理者职位、5个正科级职位总共21个领导职位的面试。

7月21—23日 中国人与生物圈国家委员会对山口红树林生物圈保护区进行该保护区加入世界生物圈保护区网络10年的阶段性评估。评估组认为，加入世界生物圈保护区网络组织10年来，红树林保护区天然面积扩大了12%，对保护广西海洋生态环境产生了巨大影响，并一致同意通过了加入世界生物圈保护区网络10周年的评估。其间，广西壮族自治区副主席陈章良，北海市委书记、市人大常委会主任王小东，在北海会见了中国人与生物圈国家委员会主席、原北京大学校长许智宏院士一行，双方就如何做好山口红树林保护区的保护工作进行了交流。

7月30日 广西北部湾港北海铁山港区3—4号泊位、新建铁路合浦至铁山港北线暨邮轮码头三大项目开工仪式举行。这三大项目的开工，标志着铁山港加快向亿吨大港目标迈进。北海铁山港区3—4号泊位码头工程投资18亿元，建设2个10万吨级散杂货码头，码头水工结构按15万吨设计，设计年吞吐量为800万吨，计划2011年年底完工；新建铁路合浦至铁山港北线是合浦至湛江铁路的一段，西起合浦火车站，向东至铁山港北站，是一条以客为主的客货共线铁路，属国家Ⅰ级双线电气化铁路，正线长度26.85千米，联络线32.44千米，估算总投资33.42亿元；石步岭邮轮码头项目选址于冠头岭国家森林公园西侧，总投资62 042万元，包括1个5万吨级、1个2万吨级邮轮泊位，3个2 000吨级客船泊位以及引桥、护岸和陆域配备的客运中心等建筑物及水电等配套设施，年通过能力为200万人次，计划于2012年6月竣工。广西壮族自治区主席马飚在开工仪式上宣布项目开工。广西壮族自治区党委常委、自治区副主席陈武，广西壮族自治区副主席杨道喜，北海市委书记、市人大常委会主任王小东分别致辞。

8月11—13日 第五届北海国际海滩旅游文化节隆重举行。文化节包括2010年世界比基尼小姐大赛总决赛、2010南珠文化展览会暨南珠精品交易会、北海老街文化艺术节三大主题活动。

8月13—14日 以“合作、交流、共赢、发展”为主题的“2010年泛北部湾区域经济合作市长论坛”在北海举行。论坛围绕“泛北部湾城市发展的金融支撑问题”和“中国—东盟自由贸易区建成后，泛北部湾城市产业发展与合作”两个议题进行探讨，并就发挥泛北城市合作在中国—东盟自由贸易区中的重要作用，积极推动泛北城市间的产业合作，进一步扩大相互之间的贸易规模，不断完善互利合作机制达成共识。来自中国、泰国、菲律宾、越南、柬埔寨、日本、韩国 7 个国家的 29 个市长或市长代表，新加坡、越南、柬埔寨、老挝等驻华使馆官员，著名专家学者、商界代表共 200 多人应邀参加了论坛活动。出席论坛的市长共同签署了《2010 泛北部湾区域经济合作市长论坛宣言》。

8 月中旬 中国城市竞争力研究会评出 2010 年中国最适合夏季旅游的十大城市，北海以丰富的海洋资源、优美的海洋环境跻身第五名。与北海一同入选中国最适合夏季旅游十大城市的还有大连、烟台、连云港、苏州、长春、海口、珠海、湛江、桂林。

10 月 19—24 日 北海市委书记、市人大常委会主任王小东率北海代表团到南宁参加第七届中国—东盟博览会。21 日上午，王小东参加了北海市重点发展产业推介会暨合作项目签约仪式。在此届中国东盟博览会上，北海市共签订合作项目 33 个，投资总额 291.8 亿元，项目涉及石化能源、电子信息、仓储物流、旅游、农产品加工、文化创意产业、商贸等领域。

10 月 26 日 北海市政务服务中心揭牌仪式举行。北海市委书记、市人大常委会主任王小东出席揭牌仪式并共同为政务服务中心揭牌。北海市政务服务中心于 2010 年 4 月开始建设，使用面积 12 867 平方米，已有 55 个具有行政许可事项的审批部门和公共服务机构进驻该中心，设有 42 个独立窗口和 1 个综合窗口。

10 月 26 日 开竣工的 12 个项目庆典仪式在北海工业园区同时举行。这 12 个项目总投资 12.48 亿元。开工的 7 个项目分别是：北海中电兴发科技集团有限公司投资的平安城市信息系统研发及产业化基地项目、北海六禾科技有限公司投资的贴片项目、北海忠章科技公司投资的标准厂房项目、冠德科技（北海）有限公司投资的冠德电子产业基地项目（三期）、科达美实业（北海）有限公司投资的电子玩具加工项目（二期）、广西雅力耐磨材料有限公司投资的铸铁金属件制造产品生产项目和北海市海王星海洋工程有限公司投资的海洋高压柔性复合管生产项目；竣工的 5 个项目分别是：广西华辰药业有限公司的中草药系列养生保健饮品生产项目、北海惠盛电子有限公司的显示器和液晶电视生产项目、科达美实业（北海）有限公司的电子玩具加工项目（一期）、北海创新塑业有限公司的系列塑料制品及棍塑设备生产项目和北海市巨欣生物科技有限公司的核酸功能等系列食物生产项目。

10 月 26 日 广西运德集团北海南珠汽车站落成典礼举行。南珠汽车站由广西运德集团投资 8 000 多万元按照国家交通部一级客运站标准建成。占地面积 70 亩，总建筑面积 22 560 平方米。

11 月 16 日 国家商务部、国家人力资源和社会保障部、中国海关总署三部门在深圳联合举行新闻发布会，将北海市列为第三批加工贸易梯度转移重点承接地。

11月23—25日 以“共同探讨新形势下‘两广十市’旅游合作，共商发展大计，共绘合作蓝图，共铸合作品牌”为主题的“两广十市”区域旅游合作联席会议在北海召开。来自茂名、阳江、湛江、云浮、钦州、防城港、玉林、贵港、来宾、北海10个城市主管旅游的市政府领导、旅游企业负责人、专家、学者、媒体共150多人参加了会议。与会的10个城市共同签署了“关于共同推广‘两广十市’旅游精品线路和推广发行《两广十市旅游一本通》”的协议书。

12月21日 高德港大桥建成通车。该桥始建于2008年4月，项目概算总投资9 004.4万元。大桥主桥单跨99米，面宽32.6米，采用下承式拱桥结构形式，主桥长99米，引桥长241米，道路长660米，斜跨高德港航道而过。高德港大桥是北海环岛滨海道路交通的重要节点工程。它的建成通车，不仅贯通了廉州湾沿海走廊，其时尚的造型也为北岸海滩增添了一道亮丽的风景。

12月21日 总投资2.32亿元的铁山港七号路正式建成通车。铁山港七号路项目位于铁山港（临海）工业区，路全长11.47千米，宽40米，按城市主干路Ⅰ级标准建设。该道路的建成通车，标志着铁山港（临海）工业区三横五纵路网系统基础设施建设在不断完善。

12月21日 北海中学异地搬迁项目以及北海市第二人民医院迁建分别举行隆重的开工仪式。北海中学异地搬迁项目建设和市第二人民医院迁建工程是北海实施三年跨越发展的重点项目。北海中学异地搬迁项目占地420亩，总投资估算2.55亿元。项目有学生宿舍楼、教学楼、多功能楼、行政办公楼、图书馆、综合体育馆等。北海市第二人民医院迁建工程占地面积144亩，按国家三级甲等医院建设，一期工程建筑面积为106 000平方米，总投资概算为4.7亿元，建成后将成为北海规模最大的综合医院。

12月27日 北海市被列为“国家历史文化名城”新闻发布会召开。北海市委常委、常务副市长孙大光向来自海内外的24家媒体发布：国务院2010年11月9日批复同意将北海市列为国家历史文化名城。这是广西北部湾经济区唯一获得国家历史文化名城的城市。从而成为广西区继桂林、柳州之后的第三个国家历史文化名城。28日北海市被列为“国家历史文化名城”庆祝大会在北海火车站广场隆重举行。文化部党组成员、国家文物局局长单霁翔出席庆祝大会并代表国家文物局对北海市被列为中国历史文化名城表示衷心的祝贺。北海市委书记、市人大常委会主任王小东发表了重要讲话。

12月29—30日 广西壮族自治区党委常委、自治区副主席、广西北部湾经济区管委会主任陈武在北海市委书记、市人大常委会主任王小东的陪同下，到北海异地改造 20 万吨聚丙烯石化项目工地、铁山港铁路支线项目建设现场，中电北海产业园的景光电子、六禾科技、惠盛电子以及北海出口加工区等企业考察调研，协调解决项目存在的问题，看望慰问奋战在项目一线的职工。30 日，北海电子产业园内的六禾科技公司贴片生产项目、惠盛公司液晶电视项目投产仪式以及北海电子产业园生活配套项目、景光公司三期项目开工典礼隆重举行。广西壮族自治区党委常委、自治区副主席、广西北部湾经济区管委会主任陈武宣布项目投产、开工。北海市委书记、市人大常委会主任王小东在致辞中说，电子信息产业是北海三年跨越发展工程确定的重点支柱产业。在去年首次突破 100 亿元的基础上，今年可望达到 180 亿元，呈现出跨越发展的喜人态势。同时表示，北海市委、市政府将全面实施《国务院关于进一步促进广西经济社会发展的若干意见》和《广西北部湾经济区发展规划》，认真落实广西壮族自治区党委、政府关于加快发展工业支柱产业和特色优势产业重大决策，坚定不移地把电子信息产业做强做大，力争电子信息产业产值 2012 年达到 300 亿元，把北海打造成中国中西部地区重要的信息产业制造基地、面向东盟的电子产品出口基地和承接东部产业转移示范基地。广西北部湾经济区管委会副主任、办公室常务副主任陈瑞贤在致辞中说："目前，北海电子产业园已引进项目 50 个，厂房的开建工面积已经达到 65 万平方米，今年产业园的发展速度令人振奋，各个项目填补了广西的空白，创造了八项广西第一。生产广西第一台笔记本电脑、第一块笔记本电池、第一台海量存储器、第一台电脑电源、第一台 LED 自适应显示器、第一台液晶电视、拥有广西第一条固态干钽电容器生产线、第一家万级液晶模组无尘车间。"他相信，在广西壮族自治区党委、政府的正确领导下，在北海市委、市政府和入园企业的共同努力下，北部湾"硅谷"的梦想一定能实现。

12 月 30 日　广西北部湾港北海石步岭港区三期工程开工庆典仪式举行。这是北部湾经济区实施"八大"工程，推进大港口建设，推动大旅游发展的一项重大举措。广西壮族自治区党委常委、自治区副主席、广西北部湾经济区管委会主任陈武宣布工程开工。北海市委书记、市人大常委会主任王小东在庆典仪式上致辞。北海港石步岭港区三期工程是 2008—2012 年广西北部湾经济区大港口建设项目之一，由北海港股份有限公司投资建设，概算总投资为 11.62 亿元，包括新建 2 万吨级、3 万吨级和 5 万吨级多用途泊位码头各一个，设计通过能力为 200 万吨。同时建设海监、海事及工作船码头。码头后方根据泊位功能布置杂货堆场、集装箱堆场、仓库、综合仓储物流堆场和综合管理区及水电等配套设施等。项目计划于 2012 年 8 月完工。

12 月 30 日　北海市 2009 年重点工程、市民生工程、杭州路廉租住房小区二期工程和老城区廉租住房工程竣工典礼仪式举行。杭州路廉租住房小区二期工程项目总投资约 7 000 万元、总建筑面积 4.86 万平方米、项目占地 2.97 万平方米、共 948 套，已全部竣工。老城区廉租住房工程项目位于西南大道（湖南路至上海路中段），共建 150 套、0.75 万平方米、总投资 1 150 万元，于 2009 年 9 月 28 日开工建设，已全部竣工。

12 月 31 日 北海市医疗废物集中处置项目——医废焚烧气化炉试点火仪式举行。北海市医疗废物集中处置项目地处福成镇白水塘垃圾场，距离北海市区 14 千米，厂区占地面积 15.6 亩，工程总投资 1 300 万元，日处理医疗废物规模 5 吨。这标志着北海市医疗废物无序处置、卫生安全及环境安全隐患长期存在的历史终结。

2011 年

1 月 8 日 2010 年民生路网二期工程中的云南南路、西藏路、重庆东路举行通车典礼。至此，民生路网工程 12 条道路全部竣工投入使用。

1 月 10 日 北海市人民医院住院大楼落成仪式举行。新建成的住院大楼总投资 2.18 亿元，总建筑面积 49 626 平方米，设置病床 936 张。

1 月 16—17 日 北海市委、市政府在市人民剧场召开全市实施北海三年跨越发展工程工作汇报会。北海市委书记、市人大常委会主任王小东在会上作了重要讲话。

2 月 21 日 北海市委书记、市人大常委会主任王小东在北京陪同自治区党委书记郭声琨，自治区主席马飚会见中国石化集团公司负责人。自治区人民政府与中国石化集团公司签订了《十二五战略合作协议》。

2 月 28 日 中国共产党北海市第九届委员会第十次全体会议在北海市政府小礼堂召开。全会传达了中央经济工作会议和全区经济工作会议精神，听取和讨论了北海市委书记王小东代表市委常委会作的题为《真抓实干乘势而上　奋力推进北海三年跨越发展工程》的报告。

3 月 1 日 中铁二局钦北高铁首孔箱梁架设在合浦县星岛湖乡珊瑚村钦北高铁南流江特大桥 0 号桥墩处举行。此举标志着钦北高铁全线最长（9.8 千米）的南流江特大桥开始首架，为钦北高铁全线通车打下了良好的基础。

3 月 2 日 北海市海洋局举行揭牌仪式。国家海洋局党组成员、人事司司长李春先在揭牌仪式上致辞，并和国家海洋局海洋预报减灾司司长王锋，国家海洋局南海分局副局长杨炼锋，广西壮族自治区国土资源厅党组成员、自治区海洋局党组书记、局长张创智，北海市委常委、常务副市长孙大光等领导共同为北海市海洋局揭牌。

3 月 8 日 广西壮族自治区人民政府正式批复同意实施《北海涠洲岛旅游区发展规划》。

3 月 9 日 北海市政府与冠捷投资有限公司项目合作签约仪式在香格里拉大酒店举行。该项目投资 6 000 万美元。

3 月 21 日 北海诚德新材料等 18 个项目集中开竣工仪式在铁山港（临海）工业区举行。其中：铁山港工业区 5 个、市工业园区 11 个、北海出口加工区 2 个。由北海诚德集团投资的诚德新材料项目总投资 120 亿元，年产 160 万吨镍铬合金新材料。现竣工投产的一期工程建设时间仅 1 年，创造了同类项目建设的最快纪录。已完成投资 30 亿元，建成烧结系统、初炼系统、精炼系统及配套设施，形成了年产 60 万吨镍铬合金板坯，实现年产值 100 亿元、利税 10 亿元的规模。二期、三期项目现正在推进中。同日，北海市工业园区 12 个项目举行开竣工典礼。竣工的 5 个项目总投资 2.58 亿元。开工的 7 个项目计划总投资 13.01 亿元。

3 月 23 日 《广西日报》以“北海占我区电子信息产业半壁江山”为题报道：北海市规模以上电子信息企业工业总产值从 2006 年 25.6 亿元达到 2010 年 187 亿元，占据广西电子信息产业半壁江山。

4 月 12 日 《北海涠洲岛创 5A 提升规划》获专家组通过。《北海涠洲岛创 5A 提升规划》专家评审会在海滩大酒店举行。来自广西壮族自治区旅游局等单位的 7 名专家分别对由北京中科景元城乡规划设计研究院编制的《涠洲岛创 5A 提升规划》进行评审。

4 月 20—21 日 中共中央政治局委员、中央政法委副书记王乐泉在广西壮族自治区党委书记、自治区人大常委会主任郭声琨，广西壮族自治区主席马飚，广西壮族自治区党委常委、政法委书记温卡华，广西壮族自治区党委常委、统战部部长黄道伟，广西壮族自治区副主席、自治区公安厅厅长梁胜利的陪同下到北海，就进一步加强政法综治工作，推动广西北部湾经济区开放开发，推进广西社会经济和谐稳定模范区建设等工作进行考察调研。

5 月 27—28 日 广西壮族自治区主席马飚率自治区 28 个厅局办和相关单位负责人到北海，专题调研北海产业发展状况，并主持召开广西北海千亿元产业现场办公会。北海市委书记、市人大常委会主任王小东在现场办公会上汇报了北海电子信息产业的发展情况。广西壮族自治区主席马飚还就北海提出的请求当场作了具体答复。广西壮族自治区党委常委、自治区副主席陈武，广西壮族自治区副主席杨道喜参加调研并在现场办公会上讲了话。

5 月 28 日 北海市政府在香格里拉大饭店与深圳朗科科技公司、三诺电子公司签约。广西壮族自治区主席马飚，广西壮族自治区党委常委、自治区副主席陈武，广西壮族自治区副主席杨道喜，北海市委书记、市人大常委会主任王小东出席签约仪式。

6 月 21 日 广西壮族自治区党委书记、自治区人大常委会主任郭声琨在广西壮族自治区党委常委、自治区副主席陈武，广西壮族自治区党委常委、统战部部长黄道伟，广西壮族自治区副主席林念修和北海市市长的陪同下，考察了广西北部湾港铁山港码头、北海炼油异地改造石油化工（20 万吨 / 年聚丙烯）项目、北海诚德新材料、中国电子北海产业园的国钰电子和北海惠盛电子等企业，听取了连友农汇报北海经济发展情况和北海市委常委、常务副市长孙大光汇报北海电子信息产业发展情况，并亲切看望和慰问了产业一线建设者。郭声琨要求北海做大做强千亿产业，实现北海跨越发展。

8 月 16 日 北海市中医医院住院综合大楼落成仪式举行。市中医医院住院综合大楼高 16 层，建筑面积 2.7 万平方米，开设 11 个病区，450 张病床。

8 月 16—17 日 参加广西第六届泛北部湾经济合作论坛的全国人大常委会副委员长华建敏专程到北海市考察。广西壮族自治区党委书记、自治区人大常委会主任郭声琨，广西壮族自治区人大常委会副主任吴恒，广西壮族自治区人大常委会秘书长崔智友，北海市有关领导陪同考察。

8 月 26 日 涠洲岛旅游区首批建设项目启动仪式举行。广西壮族自治区副主席高雄在启动仪式上宣布“涠洲岛旅游区首批项目启动”。

8 月 29—31 日 中国共产党北海市第十次代表大会在市人民剧场隆重召开。会议听取和审议了王小东代表中国共产党北海市第九届委员会向大会作题为《立足新起点谋求新突破为全面开创北海科学发展新局面而努力奋斗》的报告。

9 月 1 日 “数字北海地理空间框架建设”项目国家级验收会及成果推广会召开。“数字北海地理空间框架建设”项目通过国家级验收专家组的验收。国家测绘局副局长李维森，广西壮族自治区国土资源厅厅长肖建刚，广西测绘局局长陈怀仲和北海市委常委、常务副市长孙大光共同开通了“北海市地理信息公共平台”。同时，北海市获得国家测绘局授牌，成为“全国数字城市建设示范市”。

9 月 25 日 北海炼油异地改造石化（20 万吨 / 年聚丙烯）项目预处理装置进料成功，标志着北海迄今为止投资最大的工业项目如期进入了全面启运阶段。

9 月 27—29 日 中国人民政治协商会议北海市第九届委员会第一次会议在北海市人民剧场隆重召开。北海市委书记、市人大常委会主任王小东在开幕式上作重要讲话。北海市政协副主席吴道业在开幕式上向大会作了题为《创新履职、发挥作用，为全面开创北海科学发展新局面作出新贡献》的常委会工作报告。

9 月 28—30 日 北海市十四届人大一次会议在市人民剧场隆重召开。北海市代市长周家斌代表北海市第十三届人民政府向大会作《政府工作报告》。

10 月 30 日 总投资约 5. 亿元的首批 6 个石化配套项目在铁山港工业区正式开工建设，这标志着铁山港工业区石化下游产业正式进入建设阶段。

12 月 1—2 日 以“南珠故郡，客家情缘”为主题的世界客属第 24 届恳亲大会（下简称世客会）在北海市隆重举行。来自欧美、东南亚国家、中国大陆及港澳台地区的 156 个客属团体、约 6 500 名客家乡亲参加了大会。本届世客会由广西壮族自治区人民政府主办，广西壮族自治区党委统战部、广西客属海外联谊会协办，北海市人民政府承办。

12 月 7 日 广西朗科科技投资有限公司投资兴建的朗科国际存储科技产业园在北海工业园区隆重开工。广西壮族自治区主席马飚对产业园开工发来贺信。朗科国际存储科技产业园总投资 20 亿元。

12 月 13—22 日 北海市委常委、宣传部部长、副市长谢向阳率领大型历史舞剧《碧海丝路》出访团到达斯里兰卡，并在斯里兰卡国家表演艺术剧院内进行三场演出。斯里兰卡总统拉贾帕克萨和中国全国政协副主席张梅颖到场观看首场演出。

12 月 28 日 北海冠岭国际会议中心动工仪式举行。广西壮族自治区副主席高雄宣布项目开工。广西壮族自治区政府副秘书长张振东主持开工仪式。北海市委书记、市人大常委会主任王小东参加了开工仪式。北海冠岭国际会议中心工程计划总投资 13.93 亿元，总建筑面积 88 300 平方米。

12 月 28 日 民生路网（三期）首批 7 条道路安美花园东侧规划路、京泰路、云藏路、江苏路、北星路、云贵路、湖北路建成通车。

12 月 29 日 北海炼化 12 套生产装置成功进油，标志着这一北海迄今投资最大的工业项目顺利投产。

12 月 31 日 由投资促进机构美中经贸投资总商会（USCGC）、欧美亚工商界投资合作联盟（EAACU）、世界城市世界企业研究会（WWRA）联合主办的“世界著名品牌大会”第八届年会向世界公布了“2011 年度中国最具投资潜力城市 50 强”。北海名列 50 强第 35 位。

2012 年

1 月 9 日 北海市民生路网（三期）工程第二批三条道路——北京路、北部湾西路、西南大道通车庆典仪式在市北京路举行。至此，北海市民生路网（三期）工程的通车道路已经达 10 条。

3 日 中共中央政治局委员、全国人大常委会副委员长、中华全国总工会主席王兆国到北海考察调研。在考察调研过程中，王兆国听取了王小东汇报北海经济社会发展情况后，对北海经济社会发展、加强生态环境建设所取得的成绩，特别是对北海把电子信息产业打造成千亿元产业的发展思路和发展势头给予了充分肯定。

2月9日　国家住房和城乡建设部正式下文通报授予北海市等城市为“国家园林城市”称号。

2月14日　北海冠岭项目二期工程搬迁安置区工程正式开工建设。工程搬迁安置区位于南万渔村北侧、冠头岭东侧，项目用地面积36.16亩，建筑面积21 314.7平方米，总投资3 705.26万元。

2月17日　广西壮族自治区党委书记、自治区人大常委会主任郭声琨到北海，就涠洲岛旅游区保护开发建设进行调研并召开工作推进会。广西壮族自治区副主席高雄主持会议。广西壮族自治区发改委、国土资源厅、住建厅、交通运输厅、旅游局等有关单位负责人作了发言。北海市委书记、市人大常委会主任王小东，北海市委副书记、市长周家斌向郭声琨汇报了涠洲岛旅游区目前开发建设推进情况。

3月2日　国务院办公厅同意扩大北海出口加工区规划范围，扩大后的北海出口加工区规划面积3.296平方千米，共分为两个区块。

3月20日　北海林浆纸一体化项目《合作确认书》签字仪式在南宁举行。广西壮族自治区主席马飚，广西壮族自治区政协主席陈际瓦，广西壮族自治区党委副书记危朝安，广西壮族自治区副主席陈章良、蓝天立在签约前会见了博观纳并共同见证签约仪式。广西壮族自治区党委书记、自治区人大常委会主任郭声琨在仪式上说，北海林浆纸一体化项目已经洽谈了11年，项目《合作确认书》的签字仪式，来之不易，值得庆贺。瑞典驻中国大使罗睿德，斯道拉恩索集团全球执行副总裁马诺德、高级投资副总裁万科仕、中国区总裁宋望球等参加会见并共同见证签约。北海市委副书记、市长周家斌出席了签约仪式。

3月28日　中共中央政治局常委李长春在广西壮族自治区党委书记郭声琨，广西壮族自治区党委副书记、自治区主席马飚等自治区领导，以及北海市委书记、市人大常委会主任王小东和市委副书记、市长周家斌等市领导的陪同下，李长春到中电北海产业园区调研。

4月12日　国家软件与集成电路公共服务平台北部湾平台项目签约仪式在北海香格里拉大饭店举行。

5月29日　银滩大道、成都北路、侨港区域污水截流工程南万路4个项目集中开工仪式在上海路与银滩大道交汇处举行。银滩西区岸线整治、云南南路污水截流、城市机械设备3个项目当日也同时在各分会场正式启动，7个项目总投资约12亿元。

6 月 20—21 日 “2012 百城论坛”在北京召开，北海获“友城战略发展奖”，成为广西壮族自治区唯一获此殊荣的城市。

8 月 10 日 渤海粮油 5 000 吨 / 天高蛋白饲料粕物流及加工项目竣工投产庆典仪式在广西北部湾港铁山港港区举行。

8 月 15 日 北海市政府与深圳惠科电子集团在南宁荔园山庄举行合作签约仪式。

9 月 6—7 日 中共中央政治局委员、全国政协副主席、党组副书记王刚到北海工业园区考察。

9 月 15 日 北京八中与北海二中合作办学签约暨北京八中北海分校揭牌仪式在北京八中北海分校校园（北海二中）举行。

9 月 26 日 全国文化体制改革工作表彰大会在北京人民大会堂举行。北海荣获“文化体制改革工作先进地区”称号。

10 月 17—18 日 中共中央组织部原部长、中华人民共和国国史学会顾问张全景到北海考察。

10 月 24—25 日 我国第一部海洋题材舞剧——北海大型历史舞剧《碧海丝路》在北京世纪剧院演出。

11 月 17 日 国家文物局在北京召开的全国世界文化遗产工作会议上公布了更新的《中国世界文化遗产预备名单》，北海市与南京、扬州、宁波、泉州、福州、漳州、蓬莱、广州等城市联合申报的“海上丝绸之路”列入其中。

12 月 14 日 涠洲岛旅游区项目集中开竣工仪式在涠洲岛举行。广西壮族自治区副主席高雄出席开竣工仪式并宣布“十五个新项目开工启动”。此次集中竣工、开工或启动的项目共有 24 个。

2013 年

1 月 7 日 国家海洋局正式批复同意建立涠洲岛珊瑚礁国家级海洋公园。

1 月 11 日 广西壮族自治区主席马飚到合浦县廉州镇廉北村下村、合浦东园家酒厂、廉州镇烟楼村考察调研及看望慰问干部群众。广西壮族自治区政府秘书长王跃飞、市长周家斌陪同调研。

1 月 12—13 日 广西壮族自治区党委书记、自治区人大常委会主任彭清华先后到北海考察调研。彭清华充分肯定了“北海三年跨越发展工程”的成果和下一步的工作思路。北海市委书记、市人大常委会主任王小东陪同调研。

6 月 18 日 中国城市竞争力研究会发布“2013 中国城市分类优势排行榜”，北海在200多个参评城市中居第十位，获“中国十佳优质生活城市”殊荣。

6月23—26日 “2013美丽广西港澳行”活动开幕。其间，北海市委书记、市人大常委会主任王小东拜会了中国港中旅集团公众公司总经理王帅廷；北海经贸代表团举办了投资环境说明会；桂港合作在北海总投资约24.32亿美元的3个项目签约。

7月1日 北海三诺高新科技园正式投产，北海市委书记、市人大常委会主任王小东，北海市市长周家斌出席产品下线仪式。

7月19日 “美丽广西·清洁乡村”活动建设项目集中开工仪式在北海市辖一县三区同时举行，开工建设的项目总投资1.7亿元。

7月30日 广西北海林纸一体化项目在铁山港工业区正式开工。广西壮族自治区党委副书记危朝安宣布项目开工，广西壮族自治区党委常委、副主席林念修，斯道拉恩索集团高级副总裁、斯道拉恩索北海林纸一体化项目总指挥万科仕，北海市委书记、市人大常委会主任王小东，北海市市长周家斌等出席开工仪式。同日，广西液化天然气（LNG）项目在铁山港工业区举行开工仪式。广西壮族自治区党委常委、副主席林念修宣布项目开工。广西壮族自治区党委副书记危朝安，中石化集团公司党组成员、股份公司高级副总裁王志刚，北海市委书记、市人大常委会主任王小东，北海市市长周家斌等出席开工仪式。

8月2日 由广西中良物流有限公司投资30亿元的广西中良物流项目落户北海。

9月12日 广西北海国家（海洋）农业科技园区暨北海海洋产业科技园区首批入园北海海洋科学研究项目集中签约仪式在香格里拉大饭店举行。北海市委书记、市人大常委会主任王小东，北海市市长周家斌参加了签约仪式。北海市委常委、常务副市长林山青代表市政府与11家入园科研机构代表签署《海洋科学研究基地建设合作框架协议书》。

9月26日 “2013中国城市榜——全球网民推荐的中国生态城市”颁奖典礼在北京园博园举行，北海市入选全球网民票选出的十大“最中国生态名城”。

11月8日 三诺集团在北海投资的广西三诺智慧产业园正式开园，广西壮族自治区副主席张晓钦，北海市委书记、市人大常委会主任王小东，北海市市长周家斌等领导参加开园仪式。

2014年

1月5日 第三届中国旅游产业发展年会发布“2013中国旅游风云榜”，北海涠洲岛获“十佳海洋旅游目的地”殊荣。

1月25日　银滩大道建成通车，全长14.5千米，宽80米，双向6车道，总投资10.9亿元。广西壮族自治区党委常委、北海市委书记、市人大常委会主任王小东，北海市市长周家斌参加通车仪式。

4月18日　北海出口加工区B区（一期）通过了国家海关总署、国家发改委、财政部等九部委联合验收组验收，成为广西唯一拥有两个园区的海关特殊监管区。广西壮族自治区党委常委、北海市委书记、市人大常委会主任王小东，广西壮族自治区政府副秘书长魏然，广西北部湾经济区管委会办公室常务副主任李延强，北海市市长周家斌等出席了验收工作会议和验收纪要签署仪式，并为北海出口加工区B区揭牌。国家海关总署副司长、联合验收小组组长李志辉和自治区政府副秘书长魏然签署了《北海出口加工区B区（一期）验收纪要》。

7月23日　“2014中国城市分类优势排行榜”新闻发布会在香港举行，发布“2014中国十佳空气质量城市排行榜”，北海市位列其中。

8月22日　总投资14亿元的重大电子信息产业项目惠科电子（北海）科技产业园正式开园。广西壮族自治区党委常委、北海市委书记、市人大常委会主任王小东宣布产业园开园。北海市市长周家斌致辞。惠科集团董事长、总裁王智勇参加了开园仪式。

8月28日　广西北部湾经济区产业基础设施投资（北海）基金获准设立，广西壮族自治区北部湾办和北海市财政各安排1亿元，定向扶持北海工业园区建设发展。

9月16—19日　广西壮族自治区党委常委、北海市委书记、市人大常委会主任王小东率北海市代表团到南宁参加第11届中国—东盟博览会、中国—东盟商务与投资峰会。在集中签约仪式上，北海市3个外资和4个内资合作项目参加集中签约，投资总额约30亿元。

9月18—20日　合浦至湛江铁路可行性研究报告评估会在广东省湛江市举行，原则通过合浦至湛江铁路可行性研究报告。合浦至湛江铁路全长115千米，总投资138亿元。

9月25—29日　“2014北海珍珠展”在北海园博园开展，是弘扬南珠文化、传承南珠品牌、发展南珠产业的重要平台。本届珍珠展观展人数约4.7万人，成交额约253万元。

10月　广西北海滨海国家湿地公园开工建设。公园占地面积2 008.83公顷，项目总投资350万元。

11月8日　见证北海30年对外开放的北海富丽华大酒店历时5年重建开业，投资8亿元，为广西最大面积的单体建筑酒店。

11 月 28 日 全长 25.53 千米、总投资 6.06 亿元、北海市首次采取 BT 融资方式开工建设的广西滨海公路山口支线（北海市山口经沙田至红树林公路）项目正式开工建设。

12 月 12 日 广西“十二五”规划的重点项目的神华国华广投北海电厂新建工程获广西壮族自治区发改委核准，成为国务院发布《政府核准的投资项目目录（2014 年本）》后、广西壮族自治区核准的首个大型燃煤发电项目。

12 月 26 日 北海诚德集团年产量 120 万吨、产值达 150 亿元的冷轧项目在铁山港（临海）工业区正式投产。广西壮族自治区党委常委、北海市委书记、市人大常委会主任王小东宣布项目投产。

12 月 30 日 冯家江大桥拓宽工程竣工。冯家江大桥总长 308.34 米，扩建后桥面总宽度 45 米，总投资 5 100 万元。

2015 年

2 月 5 日 国务院批复同意北海高新技术开发区升级为国家高新技术产业开发区。这是广西的第四家国家级高新区，也是西部地区唯一一家沿海国家级高新区。

2 月 14 日 国家海洋局第三研究所北海基地项目与北海市签约，成为入驻北海海洋产业科技园的首个项目。

3 月 23 日 北海港口岸扩大开放获国务院批复，开放范围包括市辖区内的石步岭、铁山港和涠洲岛港区。

3 月 26 日 “北部湾旅”在上海证券交易所正式挂牌上市。广西壮族自治区党委常委、北海市委书记、市人大常委会主任王小东，新奥集团董事局主席王玉锁共同为“北部湾旅”上市鸣锣。北部湾旅游本次公开发行 A 股共募集资金约 2.72 亿元，共发行 5 406 万股。

4 月 17 日 北海市人民政府与中国石化北海炼化有限责任公司签署北海炼油异地改造石油化工（20 万吨 / 年聚丙烯）产品质量升级改造合作框架协议，总投资约 10 亿元。

5 月 2 日 由广西南珠宫投资控股集团有限公司投资建设的“北海南珠文化研发展示推广中心”项目被国家文化部列为 2015 年度丝绸之路文化产业重点项目。该项目总投资 2.15 亿元。

5 月 8 日 金海岸大道（四川路至北海大道西延线）改建工程开工。项目全长 5.55 千米，总投资 3.48 亿元。

5月 北部湾首个浮标自动气象站在距铁山港约70千米的北部湾海面落成。该项目由中央政府投资建设，总投资400万元。

6月20日 珠海天硌打印耗材有限公司投资建设的综合性打印机耗材生产项目在北海出口加工区B区正式投产。标志着北海出口加工区B区在封关验收后投入正式运营。

6月28日 北海首座跨铁路城市立交桥——广东路跨铁路立交桥正式通车。立交桥为双向六车道，全长640米，其中，主桥长90米，宽32米。

8月2日 长沙路（新世纪大道至浙江路）项目正式开工建设。项目总投资5 000万元，道路全长1 360米，红线宽40米，设计时速每小时40千米。

9月1日 北海市政府与农行广西区分行在富丽华大酒店举行《关于服务北海实体经济打造海上丝路明珠全面战略合作备忘录》的签约仪式。

9月7日 北海市参加2015厦门国际投资贸易洽谈会，与厦门建发集团签订在北海出口加工区投资建设年中转100万吨粮食饲料的仓储物流项目的战略框架协议。

9月10日 北海海洋产业科技园与中国水产科学研究院南海水产研究所举行合作签约仪式。标志中国水产科学研究院南海水产研究所正式进驻北海并启动北部湾海洋渔业研究中心项目建设。

9月12日 联想智能云终端笔记本电脑在广西三诺智慧产业园生产车间正式开线。标志着广西第一台自主研发制造的笔记本电脑在北海诞生，实现广西生产制造国际品牌电脑零的突破。

9月18—21日 第十二届中国—东盟商务与投资峰会举行。北海市签约北海红星美凯龙—沃尔玛百货商场项目、华菲渔业公司项目、冠崴科技有限公司项目三个外资项目，以及铁山港（临海）工业园区年处理600万吨不锈钢废渣处理项目、华电北海合浦山口55兆瓦光伏发电项目、合浦物流仓储项目、北海万达广场项目、智能充电及LED节能照明产品生产项目五个内资项目，投资总额约46.71亿元。

9月23日 北海嘉信高科技有限公司智能充电及LED照明产品生产项目在中国电子北海产业园内正式投产，项目总投资额超过1.5亿元。

9月24日 总投资2亿元的惠科电子（北海）科技产业园（二期）暨北海口岸综合服务中心项目正式开工建设。

11月19日 广西壮族自治区北部湾办组织召开《广西北部湾经济区龙港新区总体规划》评审会并通过该规划。

12月3日 国家海洋局第三海洋研究所北海基地正式揭牌。

12月16日 北海市人民医院异地扩建门诊医技综合楼开工建设仪式举行。人民医院异地扩建项目占地面积 11.5 公顷，按三级综合医院标准建设，总投资 8.78 亿元。

12 月 22 日 北海合浦至广东湛江铁路（广西段）项目举行开工仪式。项目总投资约 138.8 亿元，广西境内投资约 64.6 亿元，项目总工期为 42 个月。

12 月 25 日 中国电子北部湾信息港项目开工，占地面积约 66 公顷，累计投资超过 40 亿元。

12 月 31 日 北海市委常委、副市长赵增连与清华大学深圳研究生院院长康飞宇共同签署《共建〈清华大学海洋技术研究中心北部湾研究所〉项目合同》。

2016 年

1 月 6 日 “2016 海洋经济发展研讨会”在北海召开。北海市市长林山青为中国科学院院士焦念志，中国工程院院士张偲、麦康森、桂建芳，国务院参事任玉岭颁发《北海市人民政府海洋经济发展顾问聘书》。北海市委常委、副市长赵增连代表市政府，与广西大学签署《北海市人民政府与广西大学深化战略合作框架协议》，与中国检验认证集团广西有限公司签署《北部湾检验认证公共服务平台项目合同》，与中国出入境检验检疫协会、京东集团签署《北海市人民政府中国出入境检验检疫协会北京京东尚科信息技术有限公司电子商务战略合作框架协议》。

1 月上旬 国家海洋局下发通知，确定 12 个市（区）县为第二批国家级海洋生态文明建设示范区。北海市成为广西第一个也是唯一一个“国家级海洋生态文明建设示范区”。

4 月 19 日 中国石化广西液化天然气（LNG）项目投产仪式在北海 LNG 接收站举行。来自澳大利亚的“methanespirit”（甲烷精神）号海轮装载着约 16 万立方米 LNG 停靠在接收站码头接卸，标志着西南地区首个 LNG 项目在北海正式建成并进入商业运营。

6 月 25 日 国家海洋局在“2016 年平潭国际海岛论坛”上公布 2015 年“十大美丽海岛”评选结果。涠洲岛继被《中国国家地理》评为“中国十大最美海岛”之后，再度获得“美丽海岛”殊荣。

7 月上旬 北海市有 6 个项目入选 2016 年度广西 50 个特色文化产业发展重点项目，成为国家级重点项目和国家、广西壮族自治区文化产业发展专项资金申报储备项目。

7 月 29 日 广西壮族自治区城市工作会议暨年中工作会议在北海召开。北海市市长林山青作《学习借鉴成功经验，推动北海加快发展》的发言。

9 月 11—14 日 以广西壮族自治区党委常委、北海市委书记王可，北海市委副书记、北海市代市长李延强为团长的北海市代表团到南宁参加第 13 届中国—东盟博览会和第 13 届中国—东盟商务与投资峰会。其间，北海市签约外资合作项目 1 个，内资合作项目 6 个，投资总额约 39.5 亿元。

9 月 25 日 北海市工人文化宫改扩建工程、北海大道（上海路—南珠大道）排水改造工程、长沙路（浙江路—银滩大道段）二期工程和北海图书馆新馆等四大民生项目同时开工建设。

10 月 27 日 广西北海国家农业科技园区通过科技部评审验收和正式授牌。

12 月 12 日 北海市体育馆举行奠基仪式，体育馆位于南珠大道与新世纪大道交汇的南珠广场内，占地面积 5.9 万平方米，建筑面积约 3.6 万平方米，投资 3.45 亿元。

12 月 30 日 北海新元科技园正式开园，该科技园主要生产手机、平板电脑等智能终端产品，总投资约 5 亿元。

2017 年

1 月中旬 铁山港区营盘镇石村 40 兆瓦光伏农业大棚项目正式并网发电，此为北海首个建设投产的光伏发电站项目，总投资 3.2 亿元。

2 月 13 日 和润集团粮食物流及粮油深加工、冯家江大桥、北海大数据及服务外包产业示范基地、北海市东区道路改造工程等 10 个重点项目集中开工，计划总投资 57.6 亿元。

2 月 14 日 “2017 北海—香港、台湾合作项目签约仪式”在北海富丽华大酒店举行。广西北海国家（海洋）农业科技园区暨北海海洋产业科技园区与（台湾）中国财税金融文教基金会签约合作共建“桂台青年创业创新基地”项目，北海市体育局与台北市五人制足球协会签约合作建设“台北市五人制足球北海基地（暂定名）”项目，北海市卫生计生委与香港广西北海市同乡联谊会签约合作基层卫生援建项目，北海市教育局与香港广西北海市同乡联谊会签约教育交流合作项目。

3 月 11 日 国家海洋局与广西壮族自治区就共建国家海洋局第四海洋研究所达成一致，并签署《国家海洋局广西壮族自治区人民政府关于共建国家海洋局第四海洋研究所的商谈备忘录》，确定国家海洋局第四海洋研究所落址于北海市。

3 月 25 日 2017 广西“壮族三月三”电商节开幕，在北海海滩公园设主会场。同日，2017 广西“壮族三月三”电商节高峰论坛在北海召开，其间，深圳多丽电商产业园和北海高新区签订战略合作协议。

3 月 28 日 北海希尔顿逸林酒店等 17 个重点项目集中开工仪式在北海中信国安第一城举行，项目计划总投资 35 亿元。

4 月 24 日 广西壮族自治区人民政府正式批复同意设立广西北部湾经济区龙港新区。龙港新区包括北海铁山港东港产业园、玉林龙潭产业园。龙港新区启动区的核心区规划面积 1 419.8 公顷。其中，北海铁山港产业园面积 419.8 公顷。

5 月 10 日 北海市委书记、市人大常委会主任王乃学参加中央人民广播电台《政务直通》节目的系列直播《一带一路进行时——走进北海》节目，向全球听众介绍北海。

5 月 15 日 北海出口加工区管委会代表北海市与澳门一带一路研究会在北海香格里拉大酒店签署《北海—澳门葡语系国家产业园投资合作协议》。

6 月 6 日 北海市入选国家第二批海洋经济创新发展示范城市。

6 月 28 日 海洋大道通车仪式在海洋大道举行。北海海洋大道起于迎宾大道，终于海景大道，全长 7 380 米。

7 月上旬 北海出口加工区与粤桂合作特别试验区入选广西首批内地与香港、澳门《关于建立更紧密经贸关系的安排》（CEPA）先行先试示范基地。

7 月 13 日 北海市行政审批局在北海市政务服务中心挂牌成立。

7 月 29—30 日 北海市委书记、市人大常委会主任王乃学率队到广东省佛山市开展招商引资工作。其间，北海市市长李延强在佛山市主持召开北海临港新材料产业招商推介会，现场签约项目 12 个，总投资 95.8 亿元。

8 月 20 日 桂台（北海）农渔业合作双创园启动仪式暨合浦县 2017 年台湾渔业风情小镇、月饼小镇产业项目等 12 个项目集中开工仪式在合浦县闸口镇大路山村举行。

9 月 4 日 北海出口加工区创建国家高新技术产品入境再制造 / 全球维修示范区通过国家质检总局考核验收。

9 月 13 日 第 14 届中国—东盟博览会大会集中签约仪式在南宁举行。北海市签约合作项目 5 个，投资总额约 57.81 亿元。

10 月 16 日 北海向海经济研究院成立仪式在市经济研究中心举行。

10 月 国家海洋局第四海洋研究所科研及技术合作中心开工仪式在北海海洋产业科技园区举行。海洋四所所区项目建设总用地面积 15.47 公顷，首期工程主要建设科研中心、中国—东盟海洋技术国家交流中心以及人防地下工程。

12 月 7 日 北海市人民政府与信义集团（玻璃）有限公司在南宁签订项目投资合作框架协议。根据协议，信义集团（玻璃）有限公司在铁山港（临海）工业区选址投资建设汽车前挡夹层玻璃及超白超薄超厚优质浮法玻璃项目，总投资约 30 亿元。

2018年

1月3日　北海市市长李延强主持召开市十五届人民政府第32次常务会议，审议并原则通过《北海市加快电子信息产业发展的若干意见》等事项。

1月3日　北海市委书记、市人大常委会主任王乃学会见信义玻璃控股有限公司行政总裁、信义光能控股有限公司董事局副主席董清世一行，就信义集团在北海落地的汽车前挡夹层玻璃及超白超薄超厚优质浮法玻璃项目前期工作进行对接会谈。王乃学表示，北海市委、市政府将以最有利于企业发展为前提全力推动项目建设，让投资者充分享受到各项优惠政策，确保项目早日建成、早见成效。董清世表示，有信心于3年内在北海建设具有影响力的玻璃产业园。北海市领导彭鸣达、曾子祥，信义集团玻璃控股有限公司副总裁张明、郭建林等参加会见。

1月5日　中国共产党北海市第十一届委员会第五次全体会议召开。会议深入学习贯彻习近平新时代中国特色社会主义思想和党的十九大精神，全面落实中央、全区经济工作会议的决策部署，听取和审议王乃学同志代表市委常委会作的题为《深入学习贯彻党的十九大精神　全力推动北海高质量发展》工作报告。全会一致认为，2017年全市上下在习近平总书记视察广西及北海的鼓舞下，全面落实中央和自治区党委决策部署，以喜迎十九大、学习十九大、贯彻十九大为主线，以学习贯彻习近平总书记视察广西及北海重要讲话精神为动力，把加快发展、为民发展、高质量发展作为全市工作的核心，围绕市第十一次党代会确定的目标任务，统筹推进“五位一体”总体布局和“四个全面”战略布局，撸起袖子加油干，扎实推进“四大会战”，奋力舞起“四个龙头”，干成了许多实事，解决了许多难事，迎来了许多喜事，实现了项目建设、招商引资、深化改革“三突破”，抓好了精准脱贫攻坚、补齐民生短板、全面从严治党“三推进”，取得了生态质量、城市形象、干部作风“三提升”。去年，我市地区生产总值、财政收入、招商引资到位资金和全口径实际利用外资、第三产业、其他营利性服务营业收入五项指标增速排名全区第一。预计全年实现地区生产总值1 200亿元，增长10%；财政收入突破200亿元、增长20.11%，这是2012年突破百亿元后，仅用5年时间就实现翻番；规模以上工业总产值2 535亿元，增长16.2%；增加值595亿元，增长11.5%；固定资产投资1 120亿元，增长11%。实现了经济大发展、环境大改善、面貌大变化，为开启新时代北海发展新征程打下了坚实基础。全会确定北海发展的目标是要力争建成广西副中心城市，要保持各项主要经济指标持续快速增长、排在全区前列。全会明确了2018年要重点抓好的七方面工作：一是围绕贯彻新发展理念打造向海经济抓落实、见成效；二是围绕推动龙头项目带动形成产业集群抓落实、见成效；三是围绕推动旅游文化产业升级抓落实、见成效；四是围绕打造生态亮点建设绿色家园抓落实、见成效；五是围绕创新体制机制激发活力抓落实、见成效；六是围绕完善城市功能提升城市形象抓落实、见成效；七是围绕惠民生补短板抓落实、见成效。

1 月 16 日 北海市政府召开贯彻落实国家海洋督察反馈意见整改工作部署会，传达国家海洋督察组第五组督察自治区情况反馈会精神，提出具体整改意见。市长李延强对整改工作进行具体部署，要求全市各级各有关部门要提高政治站位，认真按照督察意见和自治区陈武主席的要求，强化责任担当，不折不扣地抓好整改落实，坚决整改到位。北海市副市长刘翔主持会议，并传达国家海洋督察组督察自治区情况反馈会精神及提出具体整改意见。北海市副市长李克纯和北海市政府秘书长杨斌参加会议。

1 月 25 日 北海市委副书记蔡中平在市香格里拉大酒店会见到北海考察的香港“一国两制”研究中心总裁张志刚一行，向考察团成员介绍北海对外开放、经济、旅游、文化等方面的基本情况。张志刚总裁表示，未来香港与北海的发展前景光明。

1 月 30 日 由北海市政府、自治区北部湾办联合主办，北海工业园区管委会承办的“2018 年广西北海市新春电子信息产业招商恳谈会”在深圳召开。北海工业园区管委会代表与 TCL 集团旗下的通力电子控股有限公司、深圳市万鑫达电子电源科技有限公司、广西南龙科技发展有限公司等 6 家企业在会上签署投资协议，项目总投资超过 20 亿元。此次恳谈会共邀请约 60 家电子信息企业及 5 家北海金融机构参加。

2 月 5 日 全区旅游工作会议在北海召开。王乃学在致辞中对长期以来关心支持北海旅游工作的自治区旅游发展委和各兄弟城市表示感谢，并向与会人员介绍北海 2017 年的经济社会发展情况。王乃学指出，北海自入选首批国家创建全域旅游示范市以来，北海市委、市政府以“实施全域旅游城市建设大会战”为抓手，出台了实施全域旅游发展总体规划和行动方案、高星级旅游酒店建设等系列扶持政策，大力推进旅游项目，全面改善旅游环境，着力提升服务质量，全市旅游发展进入“快车道”。旅游“创特”“创 A”工作成效显著，“北海遇见北海”“暖冬遇见北海”等旅游推介活动反响强烈，“面朝大海、心仪北海”旅游形象基本形成。今后，北海要认真学习兄弟城市的成功做法和先进经验，用大旅游理念推动北海旅游升级壮大，加快把北海建设成为区域性国际滨海旅游名城和国家全域旅游示范城市。北海市副市长、市委宣传部长黄江出席会议。

同日 广西壮族自治区旅发委主任甘霖率调研组调研北海旅游发展情况。其间，北海市委书记、市人大常委会主任王乃学会见甘霖一行。北海市副市长、市委宣传部长黄江陪同调研组到合浦汉代文化博物馆、金海湾红树林、北海老街调研。

同日 北海市旅发委组织开展“面朝大海，心仪北海”旅游推介会。北海市副市长、市委宣传部长黄江出席会议并致辞。广西壮族自治区旅发委甘霖主任及班子所有成员、广西旅发集团潘鸣总经理、桂林旅游学院程道品院长、全区 14 个市旅发委主任，以及全区 111 个县（市、区）旅游部门负责人和各重点旅游企业家共 200 余人参加推介会。

2 月 6 日 北海出口加工区管委会与北京世盟物流控股股份有限公司在北海富丽华大酒店举行签约仪式，双方共同签署《世盟物流控股股份有限公司保税物流项目投资合同》。北海市委书记、市人大常委会主任王乃学在致辞中表示，市委、市政府一定着力营造好营商环境，为世盟保税物流项目建设提供优质、高效、便捷的服务，为企业的运营和发展提供全方位的保障。南宁海关党组书记、关长李文健，世盟物流控股股份有限公司董事长张经伟表示，助力北海打造好“向海经济”，为广西北部湾经济区的开放开发添砖加瓦。北海市委常委、副市长陈新主持仪式。项目总投资 2.3 亿元，主要为斯道拉恩索公司提供纸板原料供应链管理服务。

2 月 11 日 北海市委书记王乃学主持召开十一届市委常委会第 43 次会议。会议审定《北海市涠洲生态环境保护条例（草案）》；审定开元基金所持 3.5 亿股银投公司股份相关权益事宜；审议侨港镇归侨 55 栋安置楼危旧房参照有产权房进行回建安置事项。陈维、彭鸣达、毛艳琼、缪佃江、刘志明、陈新参加会议。北海市政协主席李蔚、市人大常委会常务副主任伍国辉列席会议。

2 月 26 日 北海市委副书记、市政府党组书记蔡锦军主持召开市十五届人民政府第 35 次常务会议，审议并原则通过《北海市人民政府关于实施质量强市品牌亮市战略的决定》《北海市质量提升行动方案》《北海市政府与信义集团（玻璃）有限公司信义产业园项目进一步扩大投资合作框架协议》等事项。

同日 北海市十五届人大常委会召开第十二次会议。会议决定于 2 月 27—28 日召开市十五届人大四次会议，将依法补选北海市人民政府市长。表决通过《北海涠洲岛生态环境保护条例》，对《北海市合浦汉墓群保护条例（草案）》进行了二审，表决通过了北海市人大常委会 2018 年工作要点，批准北海市与芬兰共和国伊马特拉市缔结友好城市。

2 月 27—28 日 全区耕地保护工作会议暨土地整治现场会在北海召开。会议深入贯彻落实全国耕地保护工作会议精神，全面总结“十二五”以来全区耕地保护工作成效，部署安排今年和今后一段时期全区耕地保护工作，对全区耕地保护工作先进单位和个人进行表彰，北海市、南宁市、防城港市等市区县代表分别作典型发言。北海市委副书记、市政府党组书记蔡锦军在会上致辞时表示，北海市相关部门要认真贯彻落实好本次会议精神，牢固树立“绿水青山就是金山银山”的意识，深入实施乡村振兴战略，全面加强生态国土建设，提高国土资源保障能力，努力实现经济社会发展和生态环境保护协调推进。同时，希望广西壮族自治区国土资源厅和各兄弟城市一如既往地支持北海市耕地保护工作。北海市委常委、副市长曾子祥参加会议。

2月27日 广西壮族自治区国土资源厅与北海市政府签订《共同加强北海市国土资源管理工作支持北海市打造向海经济合作备忘录》，并进行会商座谈会。经友好协商，双方决定从2018年开始，在未来5年内进一步加强合作，加快落实中央赋予广西“三大定位”新使命，深入实施创新驱动、开放带动、双核驱动、绿色发展四大战略，大力推进广西北部湾经济区开放开发，支持北海市坚定不移发展向海经济、主动融入“一带一路”建设，更好地推进北海市国土资源管理工作，促进北海市经济社会又好又快发展。北海市委书记、市人大常委会主任王乃学，自治区国土资源厅厅长陈建军见证了《合作备忘录》的签订。在座谈会上，广西壮族自治区国土资源厅就北海请求支持的相关事项作了一一回应。广西壮族自治区国土资源厅向市政府移交合浦县地球化学评价成果。北海市委常委、秘书长彭鸣达主持签字仪式。北海市副市长李克纯汇报北海市的国土资源工作以及需自治区国土资源厅支持的有关事项。广西壮族自治区国土资源厅副厅长郑杰忠、副巡视员熊仁元，以及广西壮族自治区国土资源厅机关、北海市市直相关单位负责人参加签字仪式。

2月27—28日 广西壮族自治区副主席李彬到北海调研旅游重大项目建设工作。在北海市委副书记、市政府党组书记蔡锦军陪同下，李彬一行先后调研涠洲岛旅游综合体项目、特色民宿改造示范点、鳄鱼山景区创5A项目、南湾街改造项目、南湾海上运动基地项目、银滩景区改造项目、北海邮轮码头建设项目、冠岭旅游综合体及商业配套项目、冠岭山庄喜来登酒店建设项目和铁山港白龙珍珠城等项目，听取和了解北海市重大旅游项目发展过程中遇到的困难和问题，并就如何加快重大旅游项目发展提出意见和建议。北海市副市长、市委宣传部长黄江随同调研。

3月5日 广西壮族自治区人民政府公布2017年成功创建广西特色旅游名县（区）名单，北海市涠洲岛旅游区榜上有名。原本有着“中国最美十大海岛”和“中国十大国家级海洋公园”美誉的涠洲岛旅游区再添一块“金字招牌”。

3月5日 北海市市长蔡锦军主持召开市十五届人民政府第36次常务会议，审议并原则通过《广西北海工业园区调整园区规划范围》等事项。

3月6日 广西壮族自治区党委常委、自治区常务副主席秦如培到北海调研经济稳增长、重大项目、园区产业、营商环境、县域经济、服务业等工作。北海市委书记、市人大常委会主任王乃学和市长蔡锦军陪同调研。广西壮族自治区人民政府副秘书长黄胜杰以及自治区发改委、工信委、财政厅、统计局等部门领导，北海市领导彭鸣达、陈新、陈勋、卓英子等陪同调研。

3月7日 北海市委书记王乃学主持召开十一届市委常委会第45次会议。会议集中学习党的十九届三中全会精神并研究贯彻落实措施；通报推进廊坊市洸远金属制品有限公司投资建设新一代钢铁基地有关工作情况；审定信义集团（玻璃）有限公司信义产业园项目进一步扩大投资建设事项；审定铁山港五号路以北、滨海大道以东2 413.04亩土地供地方案；审定《北部湾智慧生态电子城控制性详细规划及核心区城市设计》《北海工业园区台湾路以北、北海大道以东区域控制性详细规划》；审定北部湾体育中心后续建设方案。蔡锦军、李伦兵、张毅、黄江、彭鸣达、毛艳琼、缪佃江、刘志明、陈新参加会议。北海市政协主席李蔚、市人大常委会常务副主任伍国辉列席会议。

3月7日 北海市滨海国家湿地公园（冯家江流域）水环境治理工程PPP项目正式开工建设。北海市委书记、市人大常委会主任王乃学宣布项目开工。北海市市长蔡锦军在致辞中表示，要把该项目作为战略性、标志性重大项目，按照高标准、高品位、高质量的要求，统筹协调，强力推进，实现治水与造景、生态与发展、公益与经济“三个结合”，打造人民满意的精品工程。北京城市排水集团党委书记、董事长林雪梅表示，按照项目要求，按期全面完成任务。北海市副市长李克纯介绍了项目情况。北海市委副书记、市委组织部长李伦兵主持仪式。北海市领导李蔚、伍国辉、张毅、黄江、彭鸣达、毛艳琼、缪佃江、刘志明、陈新等参加开工仪式。项目总投资额估算约25亿元。

3月13—14日 广西壮族自治区政管办副巡视员杨俭率全区政务服务“一张网”建设调研组到北海市调研，对北海市坚持“以人民为中心”的发展理念，通过“农事网通”“阳光红页”打造直接面向基层的服务平台、公开平台、电商平台、交流平台，一网打通基层群众的服务需求和信息需求等做法给予了高度评价，希望北海市继续深化“放管服”改革，在信息惠民上再创佳绩，打造更好的营商环境。北海市委副书记、组织部长李伦兵与调研组一行进行座谈交流时表示，北海市将继续完善“农事网通”“阳光红页”建设，深入推进“互联网＋政务服务”，让“信息跑路”代替“群众跑腿”，将服务基层“最后一千米”变成“最美一千米”。

3月15日 包括柬埔寨商业部贸促总局展览事务部副部长川·韦托等高层官员在内的参加第15届中国—东盟博览会高官会的东盟10国高官代表一行到北海市出口加工区建兴光电、市工业园区中电北部湾信息港和合浦汉文化博物馆参观考察。其间，北海市副市长陈勋会见代表团一行。

3 月 20 日 广西壮族自治区副主席丁向群到北海调研重点项目、国土资源、住建等工作。丁向群要求北海结合实际和地方特色，充分利用好独特的自然资源和国家各项扶持政策，不断提高城市建设管理和服务水平，为人民群众营造更好的生活居住环境，推动北海高质量发展，为实现广西“三个生态”“两个建成”目标作出积极贡献。北海市市长蔡锦军陪同调研。广西壮族自治区工业和信息化委、财政厅、国土资源厅、住房城乡建设厅、北部湾办、金融办、投资促进局有关负责同志分别参加调研，北海市副市长李克纯参加调研。

3 月 21 日 广西壮族自治区召开传达贯彻全国两会精神电视电话会议。会议强调，学习宣传贯彻全国两会精神是当前和今后一个时期的重要政治任务。全区各级领导班子和领导干部要带头深入学习宣传贯彻全国两会精神特别是习近平总书记重要讲话精神，学出坚定信念、学出绝对忠诚、学出使命担当，进一步解放思想、改革创新，真抓实干、奋发进取，扎实推进富民兴桂，奋力谱写新时代广西发展新篇章，以优异成绩迎接改革开放 40 周年和广西壮族自治区成立 60 周年。广西壮族自治区党委书记鹿心社主持大会并讲话。广西壮族自治区党委副书记、自治区主席陈武传达习近平总书记参加内蒙古、广东、山东、重庆、解放军和武警部队代表团审议时和在闭幕会上的重要讲话精神，以及李克强总理参加广西代表团审议时的重要讲话精神。广西壮族自治区政协主席蓝天立、自治区人大常委会副主任王跃飞分别传达全国政协十三届一次会议、十三届全国人大一次会议精神。受北海市委书记、市人大常委会主任王乃学的委托，北海市委副书记、市委组织部长李伦兵在北海分会场对学习宣传贯彻全国两会精神提出了具体要求。市四家班子领导李蔚、陈维、黄江、刘志明、曾子祥、陈新，市中级人民法院、市人民检察院、北海海事法院主要领导，驻北海市部分厅级离退休老同志，北海市直部门单位以及海城区、银海区、铁山港区、涠洲岛管委会，中直、区直驻市单位主要负责人在北海分会场参加会议。

3 月 22 日 北海市政府与广西德圣源房地产公司等 3 家企业在富丽华大酒店举行北海银滩高星级酒店项目集中签约仪式，分别签署了《投资合作框架协议》。市长蔡锦军在签约仪式上致辞时表示，北海市一定秉持真诚的态度，贯彻诚信政府理念，努力营造良好环境，全力提供优质服务，为项目顺利建设、企业经营发展给予大力支持、提供坚强保障。北海市委常委、宣传部长、副市长黄江代表市政府与广西德圣源房地产开发有限公司、北海市湘坤投资置业有限公司、瑞典环境工程有限公司代表签署了《投资合作框架协议》，市人大常委会副主任谢安河主持签约仪式。签约的 3 个项目中，希尔顿安泊酒店项目计划投资 8 亿元；国际品牌洲际酒店管理集团旗下的华邑酒店及度假村项目计划投资 6 亿元；北海北欧大酒店项目计划投资 3.5 亿元。

同日 “一带一路新机遇”凡普金科集团落户北海揭牌暨凡普金科 &CashWagon 战略合作发布仪式在北海工业园区中电信息港举行。北海市副市长陈勋出席仪式并讲话。

同日 2018 年全市国土资源和测绘地理信息工作会议召开。会议深入学习贯彻全区国土资源管理工作会议精神，总结北海市 2017 年国土资源工作和测绘地理信息工作，分析把握当前形势，部署 2018 年重点工作任务。北海市副市长李克纯出席会议并讲话。

3 月 27 日 桂台产业合作北海示范区合浦·铁山港现代农渔业示范园项目签约仪式在富丽华大酒店举行。合浦县人民政府、铁山港区人民政府分别与台湾、香港的 4 家企业签订了合作协议。北海市委常委、统战部长毛艳琼参加签约仪式并致辞，北海市副市长刘翔参加签约仪式。此次签约的 4 个项目总投资额达 2.4 亿元。

3 月 27 日 钦州市委书记、市人大常委会主任王革冰率钦州市党政考察团到北海考察。北海市委书记、市人大常委会主任王乃学陪同考察。两市就认真贯彻落实好习近平考察广西及北海重要讲话精神，进一步深化交流与合作达成共识，表示要共同开发建设好广西北部湾经济区、为营造“三大生态”、实现“两个建成”作出更大贡献。其间，北海市市长蔡锦军会见了钦州市党政考察团一行。北海市委常委、常务副市长陈维，钦州市委常委、市政府党组副书记、广西钦州保税港区工委副书记、管委会常务副主任、钦州港经济技术开发区工委第一书记王雄昌在两市的座谈交流会上分别介绍两市的经济社会发展情况。北海市领导黄江、彭鸣达、陈尧焕，以及钦州市领导韩流、陆明、梁辉等一同考察或参加座谈交流。

3 月 29 日 北海市委书记、市人大常委会主任王乃学，北海市委副书记、市长蔡锦军率市四家班子领导、市直有关部门单位负责人，对北海市海岸沿线（银滩至铁山港段）和廉州湾海岸规划利用情况进行实地调研。王乃学指出，北海的海岸线既关系到北海城市未来发展的要素摆布、能量释放，更关系到北海城市空间的功能区划和价值提升，保护好北海的海岸线就是保护好北海的生命线，必须控制开发强度，保障滨海生态性。调研中，王乃学、蔡锦军调研北海高德老街保护与开发项目规划情况。北海市领导李蔚、李伦兵、陈维、黄江、彭鸣达、毛艳琼、刘志明、谢安河、欧阳经华、邓昌达、柳金红、李克纯、刘翔、杨志远、欧余军、吴绚、黄忠东等一同调研。

同日 北海市 19 个重点项目集中开竣工，总投资 19.7 亿元，年度计划投资 6.9 亿元，涉及工业能源、交通基础设施、市政及园区基础设施、社会事业、旅游商贸等五大领域。19 个项目中，竣工项目 1 个，开工项目 18 个。

同日 银海区举行“2018年第一批招商项目集中签约仪式”，现场签约项目11个，投资总额140.93亿元，签约的项目涉及工业、现代农业、建材、生物科技、海洋产业和金融服务业。北海市副市长陈勋参加签约会。

3月30日 北海市参展代表团到柬埔寨首都金边钻石岛会展中心参加2018中国—东盟博览会柬埔寨展。代表团由北海市商务局作为组团单位，北海市投资促进局、北海旅发委、北海工业园区参团，通过统一设计、统一特装的形式组织了市电子信息、农资、食品三大类9个企业参展。

4月10日 融创中国西南区域集团（广西公司）与中浙集团北海中加地产发展有限公司正式签订中加广场项目合作协议，拟投资20多亿元，共同打造北海市城市中心地标建筑。中加广场项目位于北京路与西南大道交汇处东南角，占地面积约3.3万平方米，规划建设为集高端住宅、星级公寓、精品酒店、甲级写字楼、特色精品商业商务中心于一体的城市高端综合体，总建筑面积达30万平方米。项目规划包括了一栋61层247米高的超高层中心地标建筑，为北海第一高楼。

4月10—11日 广西壮族自治区党委书记鹿心社到北海调研。其间，鹿心社先后到合浦汉文化博物馆、北部湾电子信息港、惠科电子科技产业园、金海湾红树林生态保护区、北海海滩公园、中石化北海炼化公司、铁山港公用码头、斯道拉恩索（广西）浆纸有限公司等地进行实地考察调研，并主持召开座谈会，听取自治区北部湾办和北海、防城港、钦州及自治区有关部门贯彻落实习近平总书记视察广西重要讲话精神，推动北部湾经济区升级发展、重大项目建设、打造向海经济等方面情况汇报，研究谋划深入贯彻落实习近平总书记视察广西重要讲话精神，进一步推动北部湾经济区开放开发。鹿心社强调，要准确把握和全面贯彻习近平总书记对北部湾经济区发展定位的重要指示精神，坚定不移地将北部湾经济区作为广西开放发展的优先方向，以改革开放40周年和北部湾经济区开放开发上升为国家战略10周年为契机，举全区之力，着力建成落实“三大定位”新使命和“五个扎实”新要求的核心示范区，成为西南中南地区开放发展新的战略支点。广西壮族自治区领导王可、黄伟京和北海市领导王乃学、蔡锦军一同调研。北海市领导彭鸣达、陈尧焕、陈勋一同调研或参加座谈会。

4月11日 北海仲裁委员会中国东盟（北海）海事仲裁中心揭牌成立。北海市副市长卓英子参加揭牌仪式。北海仲裁委员会将落实市委、市政府打造好向海经济的决策部署，充分发挥仲裁化解海商纠纷优势，立足北海、面向东盟、服务好“一带一路”以及向海经济建设，力争成为中国东盟商事仲裁中心排头兵，为打造好向海经济、书写好海上丝绸之路新篇章提供更好仲裁服务。

4 月 12 日 由中国海洋大学、国家海洋局第四海洋研究所主办，海城区委、区政府承办的《海洋经济蓝皮书》发布会暨“向海经济”研讨会在北海举行。《海洋经济蓝皮书》首次从国际标准和专题探讨等视角，对国内外的海洋经济发展、海洋产业优化布局、海洋经济战略空间等方面进行研究，为海洋强国建设和海洋经济可持续发展提供系统、科学的决策依据。大会还举行专家主题报告会。北海市委常委、常务副市长陈维参加会议。

4 月 13 日 由北海市人民政府、广西工信委、广西北部湾办主办，北海工业园区管委会及北海市工信委、投资促进局、北部湾办、驻北京办、中国电子北海产业园发展有限公司承办，中国信息界杂志社协办的 2018 年“商机遇见北海”（北京站）——广西北海市软件与信息服务产业招商恳谈会在北京举行。会上，北海市委常委、常务副市长陈维，广西壮族自治区工信委副主任陈兴忠，广西壮族自治区北部湾办副主任朱文胜分别致辞；北海工业园区管委会主任韦宏就园区投资环境作招商推介；中国电子北海产业园发展有限公司与北京旋极伏羲大数据技术有限公司、北京数字政通科技股份有限公司、国开新能源科技有限公司、广东钜豪照明电器有限公司等 20 家企业就入驻中电北部湾信息港签署合作协议。近 100 家软件与信息服务企业及 5 家北海金融机构参加此次恳谈会。

4 月 15 日 由广西壮族自治区商务厅、自治区非公有制经济组织和社会组织工作委员会联合主办的 2018 广西“壮族三月三”电商节北海分会场启动仪式在市东都百汇商业广场举行。北海市委常委、副市长陈新出席启动仪式并宣布电商节北海分会场正式启动。

同日 国家海洋局第四海洋研究所筹建组组长黄海波与马来西亚大学副校长达图·阿卜杜勒签署《国家海洋局第四海洋研究所与马来西亚大学海洋科技合作谅解备忘录》。双方将在海洋科技研发、科技成果转化、国际人才培养与交流等方面开展务实合作，共同打造开放、包容的合作平台，积极促进两国海洋事业发展。

4 月 16 日 北海市召开“推动新时代自治区工业高质量发展”研讨会。副市长陈勋部署做好新时代工业高质量发展的有关工作。北海市工信委、合浦县政府、北海出口加工区管委会、北海工业园区管委会、北海高新技术产业开发区管委会、铁山港（临海）工业区管委会负责人分别在会上发言。

4 月 17 日 独立第三方机构——竞争力智库和国家发展改革委主管的中国信息协会信用专业委员会联合发布《中国城市全面建成小康社会监测报告 2017》。北海市与南宁市、防城港市、柳州市跻身“中国地级市全面小康指数”前 100 名（含副省级城市）。

4 月下旬 《广西壮族自治区人民政府办公厅关于公布第一批广西特色小镇培育名单的通知》公布，北海的浪漫岛小镇——涠洲镇；海洋小镇——银海区侨港镇；滨海宜居小镇——铁山港区南康镇和合浦县月饼小镇被确定为第一批广西特色小镇培育名单。

4 月 18—20 日 全国台湾同胞投资企业联谊会会长王屏生到北海，在北海市委常委、统战部长毛艳琼的陪同下，到北海工业园区、银滩景区、金海湾红树林、合浦汉代文化博物馆、合浦东红制革公司等地参观考察。其间，北海市市长蔡锦军会见王屏生一行，并介绍北海经济社会发展情况，同时表示，希望全国台企联谊会带动更多台资企业搭乘“一带一路”这趟“顺风车”，为两地经济社会发展带来更强的推动力；王屏生表示，全国台企联谊会将充分发挥桥梁纽带作用，推动更多台资企业到北海投资，实现互利共赢发展。

4 月 25 日 北海市委书记、市人大常委会主任王乃学，北海市委副书记、市长蔡锦军率北海市党政代表团一行到广东省湛江市，在湛江市市委副书记、市长姜建军的陪同下，考察了湛江城市规划馆、湛江港（集团）股份公司。其间，北、湛两市就加快推进合湛铁路项目建设工作召开对接座谈会，对相关工作进行了对接。北海市副市长陈勋、合湛铁路项目总工程师李双义在会上介绍了项目基本情况。湛江市领导郑人豪、罗建君，北海市领导彭鸣达，两市有关部门负责人一同考察或参加座谈会。

27 日 天津市南开区民营企业家代表团到北海考察北海市工业园区、出口加工区以及高新技术创业园区。其间，北海市委常委、副市长曾子祥向代表团介绍北海市经济社会和产业发展情况、投资优势以及重点招商项目，并表示，希望天津及全国各地企业借助北海市优势资源和投资环境，将先进的发展理念、创新的生产方式、雄厚的资金优势带到北海，将企业发展成果与北海共享，真正实现互利共赢。

4 月 23—27 日 由广西壮族自治区人民政府参事室（文史研究馆）、自治区文化厅、自治区旅发委、广西电视台、合浦县委、县政府联合主办的“中华文化八桂行——走进合浦”大型系列文化活动在合浦县举行。广西壮族自治区政协副主席刘慕仁宣布“中华文化八桂行——走进合浦”开幕。北海市政协主席李蔚，北海市委常委、宣传部部长、副市长黄江及 400 多名嘉宾参加开幕式。此次活动具体内容包括文化专题讲座、文化联谊晚会、书画展、资政建言座谈会、现场笔会和采风活动等。国务院参事室副主任赵冰，广西壮族自治区政府副秘书长周长青等到合浦参加活动。

4 月 27 日 2018 年 4 月份重点项目集中开竣工仪式在北海市工人文化宫举行。北海市人大常委会常务副主任伍国辉宣布相关项目的开竣工。此次竣工项目有 2 个，分别为北海市工人文化宫改扩建工程和银海区福成镇中心幼儿园项目，总投资 1.26

亿元；开工项目有6个，总投资4.72亿元，年度计划投资1.51亿元。其中，农林水项目一个，为现代特色农业示范区创建和提升项目，总投资5 000万元，年度计划投资5 000万元；市政及园区基础设施项目3个，为美景路（天隆—云南路路段）、平阳镇石桥塘村特色风情村落建设、北海市重庆路消防站等项目，总投资2.15亿元，年度计划投资8 600万元；社会事业项目一个，为北海市社会福利会“关怀楼”项目，总投资660万元，年度计划投资660万元；旅游商贸项目一个，为流下山海休闲艺术村建设项目，总投资2亿元，年度计划投资800万元。北海市四家班子领导毛艳琼、曾子祥、柳金红、杨志远等参加开竣工仪式。

5月2日 北海市委书记、市委全面深化改革领导小组组长王乃学主持召开十一届市委全面深化改革领导小组第七次会议。会议传达学习中央全面深化改革委员会第一次会议、自治区党委全面深化改革领导小组第八、第九次会议精神，审议并原则通过《北海市委全面深化改革领导小组关于贯彻落实党的十九大精神　加大力度推进全面深化改革工作的实施意见》《关于完善产权保护制度依法保护产权的实施意见》《北海市委全面深化改革领导小组2018年工作要点》《北海市委全面深化改革2018年督察计划》《北海市委全面深化改革2017年工作总结报告》《北海市公安机关警务辅助人员管理实施办法》等改革文件。王乃学强调，要以习近平新时代中国特色社会主义思想为指导，进一步增强“四个意识”，大力弘扬改革创新精神，扎实推进全面深化改革，以优异成绩迎接改革开放40周年和广西壮族自治区成立60周年。北海市领导蔡锦军、伍国辉、李伦兵、陈维、黄江、彭鸣达、毛艳琼、缪佃江、刘志明、陈新、柳金红、李克纯、李伟章、卓英子、吴绚等参加会议。

同日 北海市市长蔡锦军主持召开市十五届人民政府第39次常务会议，审议并原则通过《北海市滨海国家湿地公园（冯家江流域）水环境治理工程PPP项目协议》《北海市政府　农行广西分行振兴南珠产业打造向海经济战略合作备忘录》《北海市政府　北京大学马克思主义学院全面战略合作协议》等事项。

5月14日 由亚太旅游联合会、广西壮族自治区旅游发展委员会、北海市人民政府、中国旅游报社共同主办，以“向海之路，海丝文化与海洋旅游”为主题的2018海上丝绸之路（北海）旅游产业发展投资大会在北海举行。广西壮族自治区旅游发展委员会主任甘霖主持开幕大会。开幕大会上，北海市委书记、市人大常委会主任王乃学在致辞时表示，北海将以本次会议为重要契机，进一步把握机遇，加大工作力度，努力开创北海旅游发展的美好未来；广西壮族自治区旅发委与亚太旅游联合会、北海市政府分别签署战略合作协议；北海市政府与广西旅游发展集团签署战略合作框架协议；广西国有高峰林场与广东省广弘华侨建设投资集团签署合作意向书；北海市市长蔡锦军等作为签约代表参加签约仪式；与会嘉宾围绕如何推动海丝文化与海洋旅游融合共进等作主题演讲。广西壮族自治区政府有关领导，北海市委常委、宣传部长、副市长黄江，以及全国红色旅游办、中国旅游协会、中国海上丝绸之路旅游推广联盟成员单位、北部湾城市群旅游联盟成员单位代表，区内外旅游、金融、科研院所、航空业界、新闻媒体、门户网站代表以及广西各市旅发委负责人等近200名代表参会。

5月17日 北海市总投资16.87亿元的17个重点项目集中开竣工仪式举行。其中，竣工项目共3个：分别是天府路（四川路至云南路段）改造工程、银海区2017年小街小巷改造工程及鑫运汽车展示中心，总投资0.89亿元；开工项目共14个：分别是农林水项目4个、工业能源项目5个、市政及园区基础设施项目1个、旅游商贸项目4个，总投资15.98亿元，年度计划投资5.12亿元。

5月18日 北海市委书记、市人大常委会主任王乃学、市长蔡锦军一行在南宁同广西壮族自治区旅发委主任甘霖等举行工作会谈。双方一致同意为全面落实自治区旅发委与北海市政府不久前签订的《战略合作协议》，尽快建立务实高效的联合工作机制，加快推进旅游重大项目建设和重点改革任务，共同迎接北海旅游的春天。王乃学表示，希望广西壮族自治区旅游发展委员会进一步加强对北海旅游工作的指导和支持，介绍引进更多的重大项目落户北海；蔡锦军代表北海市委、市政府全面介绍北海旅游发展情况及下一步主要工作，重点就银滩、涠洲岛、星岛湖、合浦海丝古港古郡、山口红树林及园博园等项目规划建设作说明。并表示，北海市将加强品牌营销力度，建立与周边重点城市旅客资源共享平台，并进一步改善航空、高铁等大交通，为游客进出北海创造更加便捷的条件。甘霖建议，北海要充分发挥滨海休闲、海岛度假、海洋体验及海丝文化等独有的优势，加大资源整合力度，注重国家级旅游度假区、国家5A级景区及特色项目等核心吸引物打造，努力把北海建设成国际化海洋旅游目的地。广西壮族自治区旅发委副主任赖富强、李广军，北海市委常委、宣传部部长、副市长黄江，北海市委常委、秘书长彭鸣达出席会谈并分别发言。广西壮族自治区旅发委各处室负责人，北海市政府办、市旅发委负责人一同参加。

5月18日 由广西壮族自治区文化厅、北海市人民政府主办，广西博物馆协会、北海市文化新闻出版广电局、中共合浦县委员会、合浦县人民政府共同承办的2018年5·18国际博物馆日广西主会场城市活动暨博物馆宣传月启动仪式在合浦汉代文化博物馆举行。广西壮族自治区文化厅厅长张虹，北海市委副书记、组织部部长李伦兵出席活动并分别致辞。北京大学考古文博学院教授宋向光，广西博物馆协会理事长、广西壮族自治区博物馆馆长吴伟峰及全区各市县文博系统领导、专家学者、社会各界人士出席活动。

5 月 21 日 北海市委书记、市人大常委会主任王乃学率队到安徽省芜湖市考察信义玻璃工业园。王乃学表示，北海市委、市政府将全力以赴支持信义集团投资建设北海玻璃产业园，支持信义集团投资新建铁山港太阳能光伏玻璃生产线项目，为项目建设提供优质高效服务，推动项目早日开工、早日建成、早日投产，实现共赢发展。芜湖市委书记潘朝晖，信义集团董事局主席李贤义，信义玻璃控股有限公司总裁董清世一同考察。北海市领导彭鸣达、陈勋和相关部门负责人参加考察。

同日 北海市政府召开全市经济运行分析会，研究部署下一步工作。北海市市长蔡锦军在会上强调，各级各部门要千方百计抓招商，抓项目，提效率，促投资，稳增长，切实扭转全市固定资产投资下滑趋势，全力确保完成广西壮族自治区下达的年中各项经济指标任务。北海市委常委、常务副市长陈维主持会议，北海市委常委、政法委书记刘志明，北海市副市长李克纯出席会议。

5 月 21—23 日 香港良机网集团董事长、出入境旅游接待协会会长林和忠率团到北海，考察北海港澳台美食街项目选址情况。其间，北海市委常委、统战部部长毛艳琼向林和忠介绍北海的经济社会发展及餐饮、旅游业的整体情况，与考察团就有关投资项目选址进行交流。

5 月 22 日 北海市委书记、市人大常委会主任王乃学率队到安徽省合肥市考察志邦橱柜股份有限公司。其间，在北海、合肥双方召开的工作座谈上，王乃学介绍北海市自然优势、区位优势和经济社会发展情况，以及近期发展规划，并表示，真诚希望志邦橱柜入驻北海，发挥其在专业橱柜行业的领军作用，利用北海林产业加工资源优势，建设环保、高附加值型的橱柜加工项目，延伸壮大产业链，带动北部湾林产加工循环产业发展。北海市委、市政府将大力支持志邦橱柜在北海投资建设，为企业提供优质高效服务，推动合作项目早日落地生根、早日开花结果；志邦橱柜总经理许帮顺表示，将于近期组织工作团队到北海考察和洽谈项目合作事宜。北海市领导彭鸣达、陈勋和相关部门负责人参加考察。

5 月 23 日 北海市委书记、市人大常委会主任王乃学在深圳市会见惠科集团总裁王智勇等高层领导，商洽加快推进惠科集团的移动智能终端产业集群项目、8.6 代液晶面板生产项目、智能显示终端产业新城等项目合作事宜。王乃学表示，真诚希望惠科集团把智能显示终端产业新城项目放到北海。北海市委、市政府和惠科集团将共同推动项目落地各项工作，努力把惠科移动智能终端、液晶面板、智能显示终端三个千亿元产业集群干成，把惠科打造成为北海电子信息高端制造业的旗舰，让惠科真正成为广西电子信息龙头企业，巩固好北海电子信息产业在全区的龙头地位；王智勇表示，一定不辜负广西壮族自治区党委及北海市委的期望，真抓实干、把事干成，在全力推进现有项目早日建成达产的同时，坚定将北海作为惠科集团的重要战略发展基地，把更多的项目布局落户到北海。北海市领导彭鸣达、陈勋和市有关部门负责人参加会见。

5 月 25—26 日 北海市市长蔡锦军分别出席中信集团驻桂企业与北海市招商座谈会、全市发展现代金融服务业和商贸物流业座谈会，并会见香港卫视综艺台台长鲁勇一行。座谈会上，蔡锦军表示，希望中信集团、中信集团驻桂企业支持参与北海的建设，积极推荐客户、合作伙伴到北海考察，发展高端服务业、金融产业、制造业、物流业、文化产业等。希望各位金融专家更多地关注北海，帮助宣传推介北海，吸引和带动更多企业家到北海投资兴业，实现共赢发展。中国财政科学研究院研究员王建新，中央财经大学教授、中国注册税务师、会计师张美中等 20 多位国内知名金融专家作发言，并对北海市拟出台的《北海市深化金融改革加快现代金融服务业开放发展的实施方案》及配套文件提出相关意见和建议；中信国安北海公司董事长杨川、中信集团业务协同部副总经理唐万元、中信银行总行协同创新处处长田佳分别介绍中信集团和中信联合舰队的情况。在会见鲁勇一行时，双方就进一步加强电影节合作，推动地方经济和文化发展，提升城市美誉度作深入探讨和交流。蔡锦军表示，希望香港卫视综艺台充分发挥自身优势，大力宣传推介北海，推动双方互利双赢，促进经济社会可持续健康发展。鲁勇表示，希望能进一步深化与北海的合作，办好电影节，加大宣传力度，把北海的生态特色、文化底蕴完美展现，实现共赢。北海市委常委、宣传部部长、副市长黄江，北海市委常委、副市长陈新和北海市政府秘书长郑定雄参加座谈和会见活动。

5 月 31 日 北海市委、市政府召开工业高质量发展和优化营商环境座谈会。会议传达学习贯彻全区工业高质量发展大会以及全区深化改革优化营商环境大会精神。北海市委书记、市人大常委会主任王乃学主持会议并强调，全市各级各部门要坚持新发展理念，主动对照高质量发展要求，解放思想，抢抓机遇，创新模式，把事干成，以只争朝夕、时不我待的精神全力打造优化营商环境新高地，奋力实现北海经济高质量发展。北海市市长蔡锦军作工作部署。

同日 市政府召开全市重点项目建设工作推进会。会上，北海市市长蔡锦军在听取责任单位有关我市 5 000 万元以上项目存在的征地拆迁、资金、前期审批、政策等问题情况汇报后强调，各级各部门要高度重视重点项目建设工作，把重点项目建设作为推动全市经济社会发展的重要引擎，以项目建设为中心，以解决问题为手段，扎扎实实地把项目往前推。北海市委常委、常务副市长陈维主持会议。北海市委常委、政法委书记刘志明，北海市副市长李克纯、卓英子出席会议并发言。

6月1日 北海市委书记王乃学主持召开十一届市委常委会第50次会议。会议深入学习广西壮族自治区党委第十一届四次全会精神；集中学习全区工业高质量发展大会和全区深化改革优化营商环境大会精神并研究贯彻落实措施；集中学习全区党委办公厅（室）系统学习贯彻习近平总书记“5·8”重要讲话精神交流座谈会精神并研究落实措施；集中学习全区追逃追赃工作会议精神并研究贯彻落实措施；研究北海工业园区管委会参股广西三诺电子信息产业基金有关事宜；审定《北海市沿海沙滩保护条例（草案）》（三次审议稿）；审定《北海之星项目规划建筑设计方案》。蔡锦军、李伦兵、张毅、陈维、黄江、彭鸣达、缪佃江、刘志明、陈新、辛红梅参加会议。市人大常委会常务副主任伍国辉列席会议。

6月1日 国家知识产权局在北海市召开“一带一路沿线各省（区、市）知识产权执法协作工作研讨交流会”。广西、广东、重庆、四川、云南、陕西、甘肃、青海、宁夏、新疆10省（区、市）知识产权局参加会议并交流了经验和做法。

6月6日 中国共产党北海市第十一届委员会第六次全体会议召开。全会深入学习贯彻党的十九大精神和习近平总书记“三农”思想，中央、全区农村工作会议和广西壮族自治区党委十一届四次全会精神，审议通过《中共北海市委员会关于实施乡村振兴战略的决定》。北海市委副书记、市长蔡锦军就《决定（草案）》向全会作说明。北海市委书记王乃学作重要讲话。

6月11日 北海市市长蔡锦军会见北京当红齐天国际文化发展集团有限公司董事长齐笑一行，双方就银滩旅游发展合作达成一致意见。双方计划利用银滩的美丽滨海风光，结合北海的海洋文化和本土文化，联袂打造一台世界级的“SOREAL焕真·北海秀”节目，吸引更多的国内外游客，使之成为北海打造国家全域旅游示范区的“标杆”产品。蔡锦军表示，希望当红齐天集团尽快启动“SOREAL焕真·北海秀”、银滩罗马广场项目的规划和建设，早日建设成为北海旅游的“龙头项目”；齐笑表示，将把双方交流的意见带回去进行“消化”，争取把项目尽快落地，力争把项目做成北海的新旅游品牌和“标杆”。北海市委常委、宣传部部长、副市长黄江主持会见。北海市政府秘书长郑定雄参加会见。当红齐天集团是一家致力于打造VR娱乐生态的公司，旗下拥有VR科技、VR内容体、VR产品营销、VR品牌设计管理、IP授权等几大板块。以SOREAL品牌作为窗口，给娱乐及专业应用市场提供最佳的沉浸式体验。

同日 广西壮族自治区人大常委会副主任、党组副书记张秀隆率广西环保世纪行宣传暨大气污染防治法执法检查组到北海检查大气污染防治法实施情况，同时开展集中采访活动。北海市人大常委会常务副主任伍国辉、副主任邓昌达，北海市副市长陈勋和北海市人大常委会秘书长曹文陪同检查。

6 月 15 日 受广西壮族自治区主席陈武委托，广西壮族自治区副主席李彬率队到北海合浦沙田港码头、北海诚德镍业有限公司、瑞德环保科技有限公司，现场检查中央环境保护督察“回头看”发现问题整改情况。北海市委书记、市人大常委会主任王乃学和市长蔡锦军一同检查。北海副市长陈勋参加检查活动。

6 月 20 日 北海市委书记、市人大常委会主任、市委全面深化改革领导小组组长王乃学主持召开十一届市委全面深化改革领导小组第八次会议。会议深入学习中央全面深化改革委员会第二次会议、十一届广西壮族自治区党委全面深化改革领导小组第十次会议精神，审议并原则通过《中共北海市委全面深化改革领导小组工作规则》《中共北海市委全面深化改革领导小组专项小组工作规则》《中共北海市委全面深化改革领导小组办公室工作细则》《北海市推进生态文明体制改革和生态文明建设实施方案》《北海市关于完善农村土地所有权承包权经营权分置办法的实施方案》《北海市关于稳步推进农村集体产权制度改革的实施方案》。北海市领导蔡锦军、李蔚、伍国辉、李伦兵、张毅、陈维、黄江、彭鸣达、缪佃江、刘志明、陈新、李克纯、刘翔、卓英子和有关部门负责人参加会议。

6 月 20 日 铁山港 1—4 号泊位铁路专用线项目开工仪式在铁山港公共码头举行。北海市副市长陈勋参加开工仪式。北海铁山港 1—4 号泊位铁路专用线项目是中新互联互通南向通道 2018 年重点项目，也是广西“一带一路”建设 2018 年重点项目。

6 月 28 日 北海市 2018 年 6 月份重点项目集中开竣工仪式在北海出口加工区固态硬盘生产加工项目现场举行。全市 6 月份集中开竣工的重点项目共 17 个，总投资 15.83 亿元，年度计划投资 6.1 亿元。其中，竣工项目 7 个，总投资 5.2 亿元，分别为固态硬盘生产加工项目、北部湾海洋科技创新港（一期）项目、合浦胶合板生产项目、合浦细木工集成板生产项目、复印机维修 / 再制造扩能项目、复印机维修 / 再制造项目、北海职业学院三期工程实训大楼；开工项目 10 个，总投资 10.63 亿元，年度计划投资 3.3 亿元。北海市委常委、副市长陈新出席仪式并宣布项目开竣工。北海市人大、政协相关领导参加仪式。

6 月 28 日 国家市场监督管理总局副局长甘霖一行到北海调研督导打击传销工作。其间，北海市市长蔡锦军汇报了北海市打击传销工作情况，并表示，北海市将牢固树立“险恶务尽，斩草除根”的必胜信念，坚持以“零容忍”的态度重拳打击传销，以最大的决心、最严厉的手段，大力铲除传销这一危害社会的“毒瘤”，做到举报就查，露头就打，对传销进行集中专项整治，坚决打赢传销歼灭战，摘掉传销重点整治城市的“帽子”。北海市委常委、政法委书记刘志明陪同调研。

6 月 29 日 2018 年环广西公路自行车世界巡回赛北海赛段比赛筹备工作动员会召开。会上，北海市市长蔡锦军对 2018 环广西北海赛段的工作作全面部署，强调，环广西自行车赛是一个极为难得的宣传广西、宣传北海的平台，赛事各成员单位要从讲政治的高度，继续把环广西自行车赛作为提升城市管理的难得契机，高标准、高质量继续完成北海赛段的工作，确保赛事取得圆满成功。北海市委常委、宣传部部长、副市长黄江主持会议，北海市领导李克纯、陈勋和赛事各成员单位负责人参加动员会。2018 年环广西公路自行车世界巡回赛计划于 10 月 16—17 日在北海举行首站比赛。

（北海市志办、市党史研究室供稿）

后　记

在我国改革开放40周年和广西壮族自治区成立60周年之际，也迎来了北海实施《广西北部湾经济区发展规划》10周年。

十年峥嵘岁月，十年沧桑巨变。北部湾开放开发的10年是北海向海发展风劲帆满的10年，也是北海开放开发砥砺前行中最值得浓墨重彩的10年。10年在历史的滚滚潮流中，犹如弹指一挥间，但在北海这片神奇的热土却发生了翻天覆地的变化：木薯地变成现代化厂区，盐碱滩变成深水港，旱坡地变成产业园，冷清僻壤变成了高楼林立、车水马龙、商贾云集的繁华区域……

一路走来一路歌，一路豪情远蹉跎。回眸北部湾开放开发10年流金岁月，北海走过了一段艰难而辉煌的发展历程。勤劳勇敢、善于开拓的北海人民踏着时代发展浪潮，以勇于创新发展的担当、拼搏进取的精神、只争朝夕的干劲，书写了北海向海发展的壮丽史诗，演绎了北海无愧于时代发展的好故事，唱响了北海跨越发展奇迹的好声音。

向海而行，依港而兴，乘风破浪，扬帆远航。如今，经过10年的淬炼，北海已打破“潮起匆匆”的困局，从昔日创造“速度”奇迹的峥嵘岁月，走进了而今再领“质量”风骚的新时代。

俄罗斯著名作家果戈理说：“城市是一本石头的大书，每个时代都留下光辉的一页”，一页一页叠加起来的才是一部历史。总结好历史，才能把握现实，开创未来。在深入贯彻落实党的十九大精神、决胜全面建成小康社会重要时期，我们组织编写了《黄金十年向海路——广西北部湾经济区开放开发看北海》一书，旨在总结展示北海实施《广西北部湾经济区发展规划》十年的发展成果，以存史鉴今。

本书选取的新闻报道篇目、图片和大事记，主要基于如下考虑：一是站位高。《人民日报》《光明日报》《经济日报》等中央媒体对北海报道的篇目，大多是在专题系列宣传活动涌现出来的精品力作，这些篇目能立足大局、把握基调、紧贴热点，信息量大，涉及范围广，报道深度足，具有很强震撼力和吸引力。二是接地气。《广西日报》《当代广西》等广西壮族自治区党报党刊对北海报道的篇目，主要出自驻地记者和通讯员的手笔，他们对基层情况了解，新闻触角敏锐，更能捕捉到事关发展全局、事关群众切身利益的重要信息，作品贴近生活、贴近实际、贴近群众。三是可读性。受限于篇幅，我们尽量发挥图文并茂的优势，用图片来表达10年来的重大活动情况和重大成果，以增强本书的可读性、针对性、实效性。同时，也充分发挥图片直观的效果，更好地展示北海城乡建设风貌。四是全覆盖。突出向海发展主题，重点摘录10年来全市重大活动大事记，尽可能弥补新闻报道和图片描述的不足。

在本书的编写过程中，得到了北海市委和北海市委领导同志的高度重视。特别值得一提的是，作为北海市委、市政府的合作单位，上海社会科学院对本书的修改给予了悉心指导和大力支持，该院党委书记于信汇亲率专家组到北海，提出了许多指导意见，并出资帮助我们出版本书，体现了该院坚定推进合作的决心和意愿。对此，我们向上海社会科学院表示崇高敬意和衷心感谢!

北海市委政研室和北海市委办黄载杰科长提供了相关资料，北海市志办副主任杨宇、市党史办罗颂华科长提供了《北海大事记》的材料和图片资料，北海市统计局提供了年度经济发展统计数据，北海市人大办、市政协办、市委组织部电教中心、市外宣办、市摄影家协会等部门和单位提供了珍贵的图片资料，也在此一并表示衷心感谢。

由于本书编写时间紧，工作量大，限于编者水平，本书难免有错漏之处，恳请读者批评指正。

需要说明的是，本书的文图中除了标明作者之外，部分因联系方式不详很难查寻到作者，特在此鸣谢。请相关作者见到此书后，及时与本书编辑联系，以示酬谢!

联系人：宁　霞　电话：13977939911

编　者

2018年10月

图书在版编目（CIP）数据

黄金十年向海路：广西北部湾经济区开放开发看北海：2008—2018 / 北海市社会科学界联合会，上海社会科学院合编. —上海：上海社会科学院出版社，2019
ISBN 978-7-5520-2931-4

Ⅰ.①黄… Ⅱ.①北… ②上… Ⅲ.①北部湾—经济开发区—经济发展—研究—北海—2008-2018 Ⅳ.①F127.673

中国版本图书馆CIP数据核字（2019）第206309号

黄金十年向海路
——广西北部湾经济区开放开发看北海（2008—2018）

编　　者：北海市社会科学界联合会、上海社会科学院
责任编辑：熊　艳
封面设计：周清华
出版发行：上海社会科学院出版社
上海顺昌路622号　邮编200025
电话总机021-63315947　销售热线021-53063735
http://www.sassp.org.cn　E-mail: sassp@sassp.cn
排　　版：南京展望文化发展有限公司
印　　刷：上海盛通时代印刷有限公司
开　　本：787×1092毫米　1/16开
印　　张：21.5
插　　页：1
字　　数：402千字
版　　次：2019年11月第1版　　2019年11月第1次印刷

ISBN 978-7-5520-2931-4 / F · 588　　定价：98.00元